حقوق الإنسان

في

ظل العولمة

تأليف
د. علي يوسف الشكري

دار أسامة للنشر والتوزيع
عمان - الأردن

الناشر

دار أسامة للنشر و التوزيع

الأردن - عمان

- الإدارة: هاتف: ٥٦٥٨٢٥٣ - فاكس: ٥٦٥٨٢٥٤
- المكتبة: العبدلي: تلفاكس: ٥٦٥٨٢٥٣
- المكتبة: البلد: تلفاكس: ٤٦٤٧٤٤٧

ص. ب: ١٤١٧٨١

الطبعة الأولى

١٤٣١هـ - 2010م

رقم الإيداع لدى دائرة المكتبة الوطنية

(٨٢٩/ ٤/ ٢٠٠٦)

٣٢٣

الشكري، علي يوسف

حقوق الإنسان في ظل العولمة/ علي يوسف الشكري.- عمان: دار أسامة، ٢٠٠٦.

(   ) ص ،

ر.إ :(٨٢٩/٤/٢٠٠٦).

الواصفات : /حقوق الإنسان//العولمة/

* تم إعداد بيانات الفهرسة و التصنيف الأولية من قبل دائرة المكتبة الوطنية

المقدمة

ولد الاهتمام بحقوق الإنسان، مع ولادة الإنسان، باعتبار أن هذا الموضوع يرتبط ارتباطا لازما به، إذ لا

يمكن الحديث عنه بعيدا عن الإنسان ﴿واتل عليهم نبأ ابني آدم بالحق إذ قربا قربانا فتقبل من أحدهما ولم

يتقبل من الآخر قال لأقتلنك قال إنما يتقبل الله من المتقين﴾ (المائدة:٢٧).

وما يميز موضوع حقوق الإنسان أن الاهتمام به ودراسته لا يختص بفرع معين من فروع العلوم

الإنسانية، فهذا الموضوع يبحث في علم القانون وعلم الاجتماع والإعلام وفروع العلم الأخرى.

وحتى مطلع القرن العشرين، كان موضوع حقوق الإنسان لا يبحث إلا في نطاق القوانين الداخلية

(القانون الدستوري) لسيادة الاعتقاد بأن معاملة الدولة لمواطنيها تخرج عن نطاق القانون الدولي، وتعد من

صميم الاختصاص الداخلي للدولة، الأمر الذي كان يعني بالضرورة عدم جواز التدخل في كيفية تنظيم الدولة

لعلاقتها بمواطنيها.

ومنذ الحرب العالمية الأولى وما خلفته من مآس وما جلبت على العالم من ويلات، بدأ الاهتمام

الدولي بموضوع حقوق الإنسان وأخذ يشغل حيزا هاما على الصعيدين الرسمي والفقهي.

فعقدت العديد من المؤتمرات وأبرمت الكثير من المعاهدات المتعلقة بحقوق الإنسان، بل وأنشئت

منظمات وفروع من منظمات للاهتمام بحقوق الإنسان، مثل منظمة العمل الدولية ولجنة حقوق الإنسان

التابعة للمجلس الاقتصادي والاجتماعي أحد أجهزة الأمم المتحدة.

بل إن ميثاق الأمم المتحدة عد انتهاك حقوق الإنسان من أسباب تهديد السلم والأمن الدولي، إذا

ما علمنا أن من بين أهم أسباب إنشاء الأمم المتحدة، السعي للمحافظة على السلم والأمن الدوليين.

وربما كان من أهم إنجازات الأمم المتحدة في السنوات الأولى لإنشائها، هو إصدار الإعلان العالمي

حقوق الإنسان، وتبع ذلك إبرام العديد من المعاهدات المتعلقة بحقوق الإنسان، من بينها العهد الدولي

للحقوق المدنية والسياسية والعهد الدولي للحقوق الاقتصادية والاجتماعية والثقافية لسنة ١٩٦٦، واتفاقية

المساواة في الأجور لسنة ١٩٥١ واتفاقية الحقوق السياسية للمرأة لسنة ١٩٥٢ واتفاقية اليونسكو الخاصة

بمكافحة

التمييز في مجال التعليم لسنة ١٩٦٠، وإعلان القضاء على التمييز ضد المرأة لسنة ١٩٦٧ هذا إضافة للعديد من المعاهدات والاتفاقيات الأخرى.

ورغم هذا الاهتمام الدولي المتزايد بحقوق الإنسان، إلا أن كل هذه الجهود لم تفلح في وضع نظام لحقوق الإنسان، يحقق ولو الحد الأدنى من الحماية، في الوقت الذي نجحت فيه الشريعة الإسلامية منذ أكثر من ألف وأربعمائة سنة من وضع نظام متكامل لحقوق الإنسان.

والملاحظ أن النظام الإسلامي لحقوق الإنسان ليس نظاما متكاملا فحسب بل إنه نظام صالح للتطبيق في كل زمان ومكان واستطاع هذا النظام أن يحقق توازنا في علاقة الدولة الإسلامية بمواطنيها لم يسبقه إليه نظام، بل ولم يأت بعده نظام استطاع تحقيق مثل هذا التوازن حتى يومنا هذا.

ومنذ تفكك الاتحاد السوفيتي السابق وظهور سياسة القطب الواحد، ظهرت العديد من المصطلحات الجديدة في القاموس السياسي، ربما كان من أبرزها مصطلح العولمة، وتغير مفهوم العديد من المصطلحات والمفاهيم في ظل هذا المصطلح الجديد، ومن بين هذه المفاهيم، مفهوم حقوق الإنسان.

فالمتتبع لمفهوم حقوق الإنسان قبل ظهور العولمة يجد انه يختلف عما هو عليه بعد ظهور هذا المصطلح وشيوعه، فقبل ذلك كنا نفهم أن حق الإنسان في الحياة يعني كفالة هذا الحق في مواجهة كل ما يتهدده، إضافة لكونه من الحقوق الطبيعية التي لم يمن به عليه أحد، وبعد ظهور هذا المصطلح، صرنا نرى أن هذا الحق عرضة للتهديد في أي وقت، هذا إضافة إلى أن بني البشر لم يعد متساوين فيه كما كانوا من قبل، فقد أصبح حقا مكفولا في النصف الشمالي من الكرة الأرضية، وحقا مهدورا في النصف الجنوبي.

وفي هذا الكتاب سوف نبحث في المفهوم الجديد لحقوق الإنسان في ظل العولمة، وسوف نحاول التركيز على بعض الحقوق والحريات، وقبل الخوض في المفهوم الجديد لحقوق الإنسان سنتطرق لمفهوم العولمة وأهدافها والموقف منها (المعارضة والتأييد).

وأخيرا نأمل أن نكون قد وفقنا في البحث في هذا الموضوع المتجدد الشائك، ونستمح القارئ الكريم عن الشطط الذي قد يظهر في عملنا هذا، وحسبنا أجر المجتهد، فإن أصبنا فمن الله، وإن أخطأنا فمن أنفسنا والشيطان.

الباب الأول

مفهوم العولمة

وتطور حقوق الإنسان

الفصل الأول

مفهوم العولمة ونشأتها

المبحث الأول

ظهور مفهوم العولمة

باستقراء التاريخ، يتبين أن العولمة ليست ظاهرة جديدة ولا هي وليدة الوقت الحاضر، فهي ظاهرة نشأت مع ظهور الإمبراطوريات في القرون الماضية.

ففي ما مضى حاولت الإمبراطوريات مثل الإمبراطورية الرومانية والفارسية أن تصبغ الشعوب التي تبسط نفوذها عليها بثقافتها وتسعى لترسيخ هذه الثقافة في مختلف جوانب حياة هذه الشعوب، كما عملت هذه الإمبراطوريات على توجيه فهم هذه الشعوب وتقاليدها وفق أنماط الحياة التي تريدها، فكانت هذه الخطوة الأولى نحو العولمة[1].

وظهور العولمة على حسب رأي من الباحثين يرجع إلى القرن الخامس عشر (عصر النهضة الأوربية الحديثة) حيث التقدم العلمي في مجال الاتصال والتجارة، ويدلل أصحاب هذا الرأي على رأيهم بأن العناصر الأساسية في فكرة العولمة تكمن في ازدياد العلاقات المتبادلة بين الأمم سواء المتمثلة منها في تبادل السلع والخدمات أو في انتقال رؤوس الأموال أو في انتشار المعلومات والأفكار أو في تأثر أمة بقيم وعادات غيرها من الأمم يعرفها العالم من ذلك التاريخ.

وعلى حسب هذا الرأي أن ثمة أمور مهمة جديدة طرأت على ظاهرة العولمة في السنوات الثلاثين الأخيرة منها :-

---

١ - د. عدنان محمد زرزور - العالم المعاصر مدخل إلى الحضارة البديلة - مؤسسة الرسالة - ١٤١٠ هـ - ١٩٩٠ - ص ١٢ وما بعدها.

-اكتساح تيار العولمة مناطق مهمة في العالم كانت معزولة، ومن هذه المناطق الدول الأوربية الشرقية والصين.

- الزيادة الكبيرة في تنوع السلع والخدمات التي يجري تبادلها بين الأمم والشعوب وتنوع مجالات الاستثمار التي تتجه إليها رؤوس الأموال.

- سيطرة تبادل المعلومات والأفكار على العلاقات الدولية.

- ارتفاع نسبة السكان التي تتفاعل مع العالم الخارجي.

- النشاط المتزايد والفعال للشركات متعددة الجنسيات في مجال تبادل السلع وانتقال رأس المال والمعلومات والأفكار واتخاذها العالم كله مسرحا لعملياتها في الإنتاج والتسويق وما يتبع ذلك من هدم الحواجز الجمركية وإلغاء نظام التخطيط وإعادة توزيع الدخل والنظر في دعم السلع والخدمات الضرورية للسكان وتخفيض الإنفاق على الجيوش والجانب العسكري.

ومرت العولمة في أطوار نشأتها بمراحل ثلاث :-

- **المرحلة الأولى:**

بدأت مع ظهور مشروع مارشال لإعادة إعمار أوروبا بعد الحرب العالمية الثانية وإعادة تنظيم العلاقات النقدية وأسعار الصرف ووسائل الدفع الدولية.

وتمثل ذلك بظهور البنك الدولي وصندوق النقد الدولي، وكانت هذه المرحلة بداية نشأة العولمة، لكنها لم تصمد أمام حاجة أوربا لنظام اقتصادي وتجاري ونقدي إقليمي مميز.

- **المرحلة الثانية (مرحلة العولمة الإقليمية):**

بدأت هذه المرحلة في النصف الثاني من عقد الخمسينات من القرن العشرين وذلك عن طريق إنشاء سوق مشتركة ضمن معاهدة روما، فسوق أوروبية موحدة، فاتحاد اقتصادي ونقدي ضمن معاهدة ماستريخت، الأمر الذي يعني ظهور فضاء اقتصادي وتجاري ونقدي واجتماعي أوروبي، وقد انتشرت العولمة الإقليمية في أرجاء المعمورة فشملت الأمريكيتين وأسيا وأفريقيا تحت مسميات مختلفة.

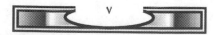

● **المرحلة الثالثة (مرحلة العولمة الكونية):**

بدأت طلائع هذه المرحلة خلال الأعوام (١٩٨٥- ١٩٩١) (البيروستويكا - سقوط جدار برلين - حرب الخليج الثانية) حيث كان لهذه الأحداث أبرز الأثر لتسيد الولايات المتحدة على العالم وبروز ما يسمى (بالأحادية القطبية) حيث تمكنت من التعجيل في وضع النظم والقوانين وإيجاد المؤسسات المختلفة لتمويل العولمة من إطارها الإقليمي إلى إطارها الكوني الشامل وذلك من خلال تحرير التجارة تحريرا كاملا، وكوسيلة لإنجاح هذا المشروع الحيوي أنشأت منظمة التجارة العالمية عام ١٩٩٥، كما تم تدعيم ذلك بالتوقيع في جنيف عاد ١٩٩٧ على أول اتفاق دولي لتحرير المبادلات الخدمية المتطورة.

كما أضفى توسع حلف شمال الأطلسي شرقا عام ١٩٩٧ ليشمل روسيا ودول الكتلة الشرقية بعدا استراتيجيا جديدا على التحول العولمي ناهيك عن الدور القيادي الأمريكي الذي دعم بعث نظام عالمي جديد[١].

ويذهب توماس فيردمان[٢] إلى أن (العولمة الحالية هي مجرد جولة جديدة بعد الجولة الأولى التي بدأت في النصف الثاني من القرن التاسع عشر بحكم التوسع الهائل في الرحلات البحرية باستخدام طاقة البخار والتي أدت إلى أتساع حجم التجارة الدولية بشكل لم يسبق له مثيل).

ويرجع بعض الفقهاء البداية الحقيقية للعولمة إلى عام ١٩٩٢ تحديدا حيث وجه الرئيس السوفيتي السابق (ميخائيل كرباتشوف) الدعوة لخمسمائة من قادة العالم في مجال السياسة والمال والاقتصاد في فندق (فيرمونت) في سان فرانسيسكو، لتبني معالم الطريق إلى القرن الحادي والعشرين[٣].

---

١ - انظر محمد سعيد بن سهو أبو زعرور - العولمة - ماهيتها - نشأتها - أهدافها دار البيارق - عمان - ١٤١٨ هـ - ١٩٩٨ م - ص ١٠ وما بعدها.

٢ - صحفي أمريكي يعمل في صحيفة نيويورك تايمز.

٣ - هارالد مارتين - فخ العولمة - الاعتداء على الديمقراطية والرفاهية - ترجمة د. عدنان عباس علي - مراجعة د. رمزي زكي - سلسلة عالم المعرفة - الكويت - المجلس الوطني للثقافة والفنون والآداب - تشرين أول - أكتوبر ١٩٩٨.

وبخلاف هذا الاتجاه الفقهي، يرجع جانب آخر من الفقه ظهور العولمة، إلى الحرب العالمية الأولى حينما خرجت روسيا من النمط الرأسمالي، وتوسع نطاق هذا الانقسام بعد الحرب العالمية الثانية، حيث خرجت أكثر من نصف دول العالم عن النمط الرأسمالي، فأصبح العالم عالمين (ثنائية القطب) يتطوران بصورة مستقلة وفقا لآليات مختلفة، وكان العداء هو السمة الغالبة في العلاقة بينهما، الأمر الذي قاد إلى تطور هائل في الصناعة العسكرية وتشكيل الأحلاف[1].

إن انقسام العالم إلى (قطبية ثنائية) متكافئة من حيث القوة العسكرية أسس لظهور وضع عالمي محدد، حيث كبحت إمكانية التطور الطبيعي في إطار النمط الرأسمالي، وفرض سياسات ليست بالضرورة متطابقة ومصلحة الرأسمالية، كما أفضى إلى فرض أمر واقع تمثل في تحقيق تطور صناعي هام في الدول الاشتراكية عبر استقلالية تطورها ونهوض اقتصادها وتحديثها لتصبح في معظمها دولا صناعية حديثة تمتلك المقدرة على المنافسة في السوق العالمية أو تمتلك المقدرة على تطوير صناعاتها بما يسمح لها بالمنافسة في السوق العالمية.

وبالتالي فإن التحاقها بالنمط الرأسمالي يفرض توسع المنافسة، كما أن وجود النمط الاشتراكي العالمي كان يسهل على الدول المتخلفة تحقيق التطور الصناعي، سواء عبر الاعتماد على الدول الاشتراكية أو اضطرار الدول الرأسمالية أو بعضها على الأقل إلى الإسهام في تصنيع هذه الدول كبديل للدول الاشتراكية.

أو أن التوسع الشيوعي فرض على الدول الرأسمالية تطوير بعض المناطق من أجل وقف المد الشيوعي، من هنا ظهر النمط الآسيوي (كوريا الجنوبية - تايوان - هونك كونغ - ماليزيا) حيث اضطرت الدول الرأسمالية إلى الإقرار بضرورة تطورها الصناعي وتحديثها وأسهمت في ذلك بشكل مباشر عبر الدعم المالي غير المحدد في أسواقها الداخلية[2].

---

١ - للمزيد من التفاصيل انظر نايف علي عبيد- العولمة والعرب - مجلة المستقبل العربي - مركز دراسات الوحدة العربية - بيروت - ص ٢٨.

٢ - عزت السيد احمد - النظام الاقتصادي العالمي الجديد - من حرب العصابات إلى حرب الاقتصاد - مكتبة دار الفتح - دمشق - ١٩٩٣ - ص ٥٠ وما بعدها.

وكان التحاق دول حركات التحرر الوطني والدول الاشتراكية بالنمط الرأسمالي سيزيد حتما من أزمة هذا النمط ويفضي إلى الفوضى، من هنا كان من الضروري إعادة صياغة النمط في ضوء الواقع الجديد وبما يسمح بحل أزمة النمط ذاته، وهذا يعني رفض تحول الدول الجديدة (الاشتراكية تحديدا) إلى قوة المنافسة وإنهاء دور الدول الأسيوية ما دام الظرف الذي فرض توحيدها قد انتهى.

أما دول حركات التحرر الوطني التي بدأت بالانهيار منذ بداية السبعينات فقد أخضعت مذاك لسياسة تفرض تكيفها ومتطلبات حل أزمة النمط الرأسمالي عبر صندوق النقد والبنك الدوليين، حيث يمكن الوقوف على عدد من المؤشرات التي سعت إلى تحقيق ذلك، من بينها إلغاء تدخل الدولة في الاقتصاد وفرض سياسة السوق الحرة والخصخصة وهما السياسة العملية لإلغاء تدخل الدولة وضمان استثمارات رأس المال العالمي في أسواق المال والتجارة وإلغاء دعم السلع وحقوق العمال... وبالتالي وضع قوى الإنتاج في المنافسة غير المتكافئة وحماية الدولة الوطنية لهذا الوضع غير المتكافئ، وهي السياسات ذاتها التي فرضت على الدول الاشتراكية الملتحقة بالنمط[١].

ورافق هذه العوامل، تناقض في إطار النمط الرأسمالي أفضى إلى قيام الحرب العالمية الثانية الأمر الذي استلزم بالضرورة إعادة ترتيب العلاقة فيما بين المراكز الرأسمالية على أسس جديدة وبما لا يسمح بانقلاب التنافس الاقتصادي إلى تناقض بينها، وربما كان هذا هو الهدف من خطة مارشال التي فرضت على أوربا، حيث انتهت هذه الخطة إلى قيام علاقة جديدة فيما بين رأس المال قللت تدريجيا من طابعه القومي وأعطته سمة رأسمالية أعم[٢].

وكان رأس المال الأمريكي قد لعب دورا محوريا في هذه العملية وأفضى إلى هيمنة على مجمل رأس المال في إطار النمط الرأسمالي ترافق ذلك والدور المركزي الذي لعبته (الولايات المتحدة) في إطار النمط الرأسمالي طيلة مرحلة الحرب الباردة.

---

١ - Carol Kennedy _ Managing with the Gurus - Century Business Books - London - ١٩٩٤ - p. ١٤.

٢ - د. عزت السيد احمد - المرجع السابق - ص ٦٥.

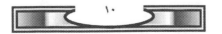

حيث غدت القوة العسكرية الأولى القائدة والمحركة لمجمل الدول الرأسمالية كما كان اقتصادها هو المحرك والقائد لمجمل الاقتصاد الرأسمالي[1].

لقد تداخل رأس المال وتشابك وأصبح ينشط ليس في حدود دولة قومية، بل في مجمل النمط ليصبح عالميا بمعنى ما، فأصبحت الشركات الاحتكارية تنشط في مجمل المراكز وإن ظل مركزها في الوطن الأم، هذه العملية أسست لنشوء ما اسمي بالشركات متعدية أو متعددة الجنسية، وهي عملية موضوعية تستند إلى قانون الرأسمالية الأساسية حيث تفضي المنافسة إلى التمركز، والتمركز إلى الاحتكار.

إن تشابك وتداخل رأس المال فرض أو تجاوز التمركز في حدود الدولة القومية ليجري في إطار مراكز النمط ليندمج الرأس المال القومي في رأس مال قومي آخر لتشكل احتكارات من رأس مال متعددة القوميات، لكن قوة الاقتصاد القومي الأمريكي ودور الرأس مال الأمريكية في إعادة الإعمار جعلت الرأس مال الأمريكي هو المركز الجاذب ومركز تشكل الاحتكارات وهذا ما يظهر في غلبة الرأس مال الأمريكي في مجمل الشركات متعدية الجنسية[2].

وبالرغم من أن غموض مفهوم العولمة يعكس التباس الواقع الذي يفترض بهذا المفهوم أن يمثله، كمحاولة لتنظيم التفكير بهذه القضية فإننا نرى أن قضية العولمة تأتي نتيجة لتظافر حركات ثلاث :-

١- حركة علمية تكنولوجية مثلتها القفزات المتسارعة في ميدان المعلوماتية والبث الفضائي والشبكات الدولية للاتصالات الأمر الذي مكن من تغطية كل أرجاء الأرض وهو ما دعا بعض الباحثين إلى القول بان هذه التغطية حملت في ثنياها نهاية الجغرافية.

١- Carol Kennedy - cit - p. ٢٥ .

٢ - انظر د. عمر صالح بن عمر - العولمة الاقتصادية وسبل تفعيل إقامة سوق إسلامية مشتركة - مجلة كلية الدراسات الإسلامية والعربية - دبي - ع ٢٦ - شوال ١٤٢٤ هـ - ديسمبر ٢٠٠٣.

٢- حركة سياسية وأيديولوجية تمثلت في انهيار المعسكر الشرقي وزوال الحواجز السياسية والأيديولوجية أمام تدفق الإعلام والأفكار والأموال والسلع، ثم افتقاد أيديولوجيات وحركات الاعتراض على الرأسمالية لقدر كبير من قوتها الاجتماعية والتعبوية.

٣- حركة اقتصادية ومالية، تمثلت بسهولة حركة الأموال في معظم بقاع الكرة الأرضية وانتقال الصناعات إلى حيث الأيدي العاملة الرخيصة والخبرات العلمية قليلة الكلفة، ورافق ذلك غياب قوانين حماية البيئة وما يتبع ذلك من اهتزاز القدرة التفاوضية للنقابات العمالية في الغرب وتآكل سيادة الدولة في العالم غير الغربي.

المبحث الثاني

تعريف العولمة

يذهب بعض الفقه إلى أن مصطلح العولمة طرح أول مرة في التداول السياسي من قبل الكاتبين الأمريكيين (ماك لولهان وكينتين فيور) في كتابهما (الحرب والسلام في القرية الكونية)[١]. ولم يدخل هذا المصطلح إلى القواميس السياسية والاقتصادية إلا في التسعينات من القرن العشرين، وسبق ظهور هذا المصطلح حدثان هامان كان لهما أبرز الأثر في حركة العلاقات الدولية واتجاهاتها :-

أولهما - سقوط المعسكر الشرقي الذي اتخذ من سقوط جدار برلين شعارا له عام ١٩٨٩[٢].

ثانيهما - حرب الخليج الثانية عام ١٩٩١، وهي حرب شبه عالمية لكن من طرف واحد ودون تكافؤ القوى، وانتهت هذه الحرب بانتصار أمريكي غربي أضيف إلى النصر التاريخي على المعسكر الشرقي.

هذان الحدثان أتاحا لأمريكا نوعا من التسيد على العالم مستغلة تقدمها التقني والاقتصادي وقوتها العسكرية في تكريس هذا التسيد، وفي ظل هذا الظرف التاريخي ظهرت العديد من المصطلحات الجديدة مثل النظام العالمي الجديد والعولمة[٣].

١ - من محاضرة للمؤرخ العراقي د. سيار الجميل - العولمة - الموضوعي والذاتي في المشهد العربي الراهن - الملتقى الفكري لمعرض الشارقة الدولي الثاني والعشرين للكتاب - ٢٠٠٣.

٢ - عبد الإله بلقزيز - سلسلة الزمان - العولمة والممانعة - ٢٠٠١.

٣ - يستخدم بعض الكتاب مصطلح العولمة مرادفا لمصطلح النظام العالمي الجديد (New World order) وكان الرئيس الأمريكي الأسبق (جورج بوش الأب) أول من استخدم المصطلح الأخير (النظام العالمي الجديد) في خطاب وجهه للامة الأمريكية بمناسبة إرسال القوات الأمريكية إلى الخليج العربي بعد أسبوع من نشوب الأزمة في أغسطس ١٩٩٠، ففي معرض حديثه عن هذا القرار، تحدث عن فكرة عصر جديد وحقبة للحرية وزمن للسلام لكل الشعوب، وبعد أقل من شهر، دعا إلى إقامة (نظام عالمي جديد) يكون متحررا من الإرهاب وأكثر أمنا في طلب السلام، عصر تستطيع فيه كل أمم العالم أن تنعم بالرخاء وتعيش في تناغم.

واصطلاح العولمة مشتق من المصطلح الفرنسي (Mondialisation) أي جعل الشيء على مستوى عالمي، والمصطلح الأخير هو ترجمة لمصطلح (Globalisation) الإنجليزي الذي استخدم أول مرة في الولايات المتحدة الأمريكية بمعنى تعميم الشيء وتوسيع دائرته ليشمل الكل.

وفي اللغة العربية، أجاز مجمع اللغة في القاهرة استعمال العولمة في التداول، بمعنى جعل الشيء عالميا.

والعولمة لغة ومثلها الرودنة[1] والحوقلة[2] والقوقعة والهوجلة[3] على وزن فوعله من المصادر[4]، القياسية في اللغة العربية، وبالتالي فهي مصطلح سليم من حيث النحت والتركيب.

والمصادر في اللغة العربية وفي كثير من اللغات وغيرها، تختص دون سواها من المفردات باتساع اتجاهاتها الدلالية من حيث إمكان اتجاهها أكثر من وجهة وربما في الآن أو السياق المستخدم ذاته، فهي قد تنوب مناب الفعل فيكون معناها أداء الفعل الذي مادته البذر اللغوي الذي هو العالم هنا وبذلك يكون معنى العولمة: جعل الشيء مادة العولمة عالميا أو على مستوى العالم، وقد يكون المصدر مفعولا مطلقا فيكون بذلك مؤكدا لفعله والمصدر في الأصل: اسم دال على حدث جار على فعله.

والعولمة على وزن قولبه، مصطلح نسبة إلى العالم - بفتح العين - أي الكون، وليس نسبة إلى العلم - بكسر العين - والعالم لا مفردة له كالجيش، وهو مشتق من العلامة على ما قيل، وقيل مشتق من العلم، فالعولمة كالرباعي في الشكل فهو يشبه

---

١ - الرودنة :التعب.

٢ - الحوقلة: سرعة المشي ومقاربة الخطو، وهي عند اللحياني: الإعياء والضعف، وفي الصحاح حوقل حوقلة وحيقالا إذا كبر وفتر عن الجماع.

٣ - الهوجلة: النوم الخفيف.

٤ - المصدر عند الكوفيين مصدر لصدوره عن الفعل، فيما عند البصريين أصل المشتقات لصدور الأفعال عنه. انظر أبو البركات الأنباري - الإنصاف في مسائل الخلاف - المسألة ٢٨.

(دحرجة) المصدر، لكن (دحرجة) رباعي منقول، أما (عولمة) فرباعي مخترع إن صح التعبير، وهذه الكلمة بهذه الصيغة الصرفية لم ترد في كلام العرب، والحاجة المعاصرة قد تفرض استعمالها وهي تدل على تحويل الشيء إلى وضعية أخرى، **ومعناها:** وضع الشيء على مستوى العالم، وأصبحت الكلمة دارجة على ألسنة الكتاب والمفكرين في أنحاء الوطن العربي.

واصطلاحا طرحت عدة تعاريف للعولمة، فقد عرفها جانب من الفقه بأنها (التدخل الواضح لأمور الاقتصاد والاجتماع والسياسة والثقافة والسلوك دون اعتداد يذكر بالحدود السياسية للدول ذات السيادة أو انتماء إلى وطن محدد أو لدولة معينة ودون حاجة إلى إجراءات حكومية)[١]. وما يلاحظ على هذا التعريف أنه يبتعد إلى حد ما عن المفهوم الدقيق للعولمة، والذي يعني هيمنة نمط الإنتاج الرأسمالي وانتشاره بعمق لا بل هيمنة النمط الأمريكي سيما وأن هذا التعريف يقر بأن الرأسمالية كنمط إنتاج تتغير ملامحها وأساليبها في الاستغلال عبر الزمن، كما يربط هذا التعريف بين نشأة العولمة وانتشار شركات متعددة الجنسية.

ويعرف جيمس روزانو[٢]. العولمة بأنها (العلاقة بين مستويات متعددة لتحليل الاقتصاد والسياسة والثقافة والأيديولوجيا وتشمل إعادة الإنتاج وتداخل الصناعات عبر الحدود وانتشار أسواق التمويل وتماثل السلع المستهلكة لمختلف الدول نتيجة الصراع بين المجموعات المهاجرة والمجموعات المقيمة).

أما وليم جيردر فيعرف العولمة بأنها (آلة عجيبة نتجت عن الثورة الصناعية والتجارية العالمية وأنها قادرة على الحصاد وعلى التدمير وأنها تنطلق متجاهلة الحدود الدولية المعروفة وبقدر ما هي منعشة فهي مخيفة فلا يوجد من يمسك بدقة قيادتها ومن ثم لا يمكن التحكم في سرعتها ولا في اتجاهاتها)[٣].

---

١ - د. إسماعيل صبري مقلد - الكوكبة الرأسمالية في مرحلة ما بعد الإمبريالية - مجلة الطريق - ع٤- تموز - آب - ص ٤٧.

٢ - جيمس روزانو - أحد علماء السياسة الأمريكان.

٣ - وليم جيردر - عالم واحد ... مستعدون أم لا - ص ١٠ وما بعدها.

وعرفت العولمة بأنها (نظام عالمي جديد يقوم على العقل الإلكتروني والثورة المعلوماتية القائمة على المعلومات والإبداع الفني غير المحدود دون اعتبار للأنظمة والحضارات والثقافات والقيم والحدود الجغرافية والسياسية القائمة في العالم).

كما عرفت العولمة بأنها (حرية حركة السلع والخدمات والأيدي العاملة ورأس المال والمعلومات عبر الحدود الوطنية والإقليمية)[١]. وعرفت بأنها (القوى التي لا يمكن السيطرة عليها للأسواق الدولية والشركة المتعدية الجنسية التي ليس لها ولاء لأي دولة قومية)[٢].

ويعرف البعض العولمة بأنها (الاختراق المتبادل في الاقتصاديات الرأسمالية المتطورة بدرجة أولى، ثم توسيع المبادلات التجارية بين الشمال والجنوب على اعتباره يمثل سوقا مهما)[٣].

ويحدد البعض مفهوم العولمة بـ(تكثيف التبادل التجاري والثقافي والمعلوماتي بين أقاليم العالم المختلفة وتصاعد لمعدلات التأثير المتبادل بين السياقات المحلية)[٤]. وعرف البعض العولمة تعريفا تقنيا واقتصاديا (توسيع الكتلة المالية والكتلة التواصلية مما يؤدي إلى إزالة الحواجز بين الأسواق المالية تتجاوز البنيات الدولية والوطنية وظهور أشكال تنظيمية جديدة في ميدان الإنتاج وأساليب التسويق)[٥]. وفي ذات الاتجاه عرفت العولمة بأنها (اندماج أسواق العالم في حقول التجارة والاستثمارات المباشرة وانتقال الأموال والقوى العاملة والثقافات ضمن إطار رأسمالية السوق

١- Carol Kennedy - op - cit - p. ٥٠.

٢ - عزت السيد احمد - المرجع السابق- ص ٢٠ وما بعدها.

٣ - د. سمير أمين - إمبراطورية الفوضى - ترجمة سناء أبو شقرا --دار الفارابي - بيروت - ١٩٩١- ص ٥.

٤ - جيرا في عالم واحد - ترجمة مجموعة من المترجمين - سلسلة عالم المعرفة - المجلس الوطني للثقافة والفنون والآداب - الكويت - العدد ٢٠١- ١٩٩٥ - ص ٣٠.

٥ - انظر د. جلال صادق العظم - ما هي العولمة - محاضرة ألقيت في إطار الأسبوع الثقافي الفلسفي الرابع - كلية الآداب - جامعة دمشق - ٧ ذو الحجة ١٤١٧ هـ - ١٤ نيسان ١٩٩٧.

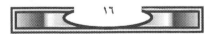

الحرة[١]. وعرفها الدكتور عزمي بشارة بأنها (طغيان قوانين التبادل العالمي المفروضة من قبل المراكز الصناعية الكبرى على قوانين وحاجات الاقتصاد المحلي)[٢]. أما ألفين توفلر فيعرفها بأنها (المعرفة التي تعمل على توفير الوقت والمكان سواء في أماكن التخزين أو وسائل النقل وفي سرعة التوزيع والاتصال بين المنتج والمستهلك)[٣]. وعرفت موسوعة الإدارة والأعمال، العولمة بأنها (عملية زيادة الالتحام في الحضارة العالمية)[٤].

والملاحظ على مجمل التعريفات التي استعرضناها، أنها لا تبتعد عن النشاط والحركة الاقتصادية، لكن هذا النشاط وهذه الحركة ليست بالأمر الجديد أو المستحدث، فهما محور أهداف منظمة التجارة العالمية (GATT) وهي بدورها مرتبطة بوثيق الصلات وأوشجها مع الجذر الفلسفي للمدرستين (التجارية) التي ظهرت مع بداية القرن الخامس عشر واهتمت بكيفية رفع الفائض في الميزان التجاري، و(المدرسة الطبيعية) التي ظهرت في فرنسا في منتصف القرن الثامن عشر وأكدت على ترك النشاط الاقتصادي حرا من كل قيد أو تدخل. على أنه لا يمكننا إغفال أنه عندما باشرت الجات عملها فإنها جعلت البيئة التجارية أكثر انفتاحا[٥].

ولكن نرى أن الحرية الاقتصادية ليست هي كل المبتغى الذي تسعى إليه العولمة، وفي ذات الاتجاه يذهب الدكتور سمير أمين (إن العولمة ليست مجرد تكثيف للعلاقات الرأسمالية ، إذ أنها اجتازت عتبة جديدة خلال السنوات الأربعين المنصرمة، بكثافة المبدلات والمواصلات المتنوعة وبالقدرة الشاملة لوسائل التدمير... ولكنه تكثيف

---

١ - محمد عابد الجابري - عشرة اطروحات حول العولمة والهوية الثقافية - صحيفة السفير - بيروت- ع٢٤ - ١٩٩٨.

٢ - د. عزمي بشارة - مجلة البيان - ع ١٦٧ - أكتوبر - ٢٠٠١- ص ٨.

٣ - عبد الحكيم محمد بدران - عرض لكتاب بناء حضارة جديدة - ألفين توفلر - ترجمة سعد زهران - مجلة العربي - الكويت - ع٤٦٦- أيلول / سبتمبر ١٩٩٧ - ص ١٩٤.

٤ - The International Encyclopaedia of Business and Management - ١٩٩٦. p. ١٦٤٩.

٥- Carol Kennedy - op - cit - p. ٢٥١.

نوعي يضع أمامه وفي اعتباره أن النظم الاقتصادية التقليدية، نظم الإنتاج والتسويق والتوظيف، لم تعد تفي بغرض المرحلة القادمة)[1].

أما الأستاذ جورج طرابيشي فيذهب إلى أن العولمة هي (الظاهرة التاريخية لنهاية القرن العشرين وبداية القرن الواحد والعشرين مثلما كانت القومية في الاقتصاد والسياسة والثقافة، هي الظاهرة لنهاية القرن التاسع عشر وبداية القرن العشرين)[2].

ويذهب الأستاذ علي حرب إلى أن العولمة هي (ليست شيئا بسيطا يمكن تعيينه ووصفه بدقة، بقدر ما هي جملة عمليات تاريخية متداخلة تتجسد في تحريك المعلومات والأفكار والأموال والأشياء وحتى الأشخاص، بصورة لا سابق لها من السهولة والآنية والشمولية والديمومة، إنها قفزة حضارية تتمثل في تعميم التبادلات الاقتصادية والاجتماعية والثقافية على نحو يجعل العالم سوقا للتبادل أو مجالا للتداول أو أفقا للتواصل)[3].

وفي ذات الاتجاه يذهب الأستاذ محمد عابد الجابري (أن العولمة ليست مجرد آلية من آليات التطور الرأسمالي، بل هي أيضا وبالدرجة الأولى عقائدية تعكس إرادة الهيمنة على العالم، والعولمة التي يجري الحديث عنها الآن نظام أو نسق ذو أبعاد تتجاوز دائرة الاقتصاد، إنها نظام عالمي أو يراد لها أن تكون كذلك، ليشمل مجال المال والتسويق والمبادلات والاتصال... كما يشمل أيضا مجال السياسة والفكر، فالعولمة إلى جانب أنها تعكس مظهرا أساسيا من مظاهر التطور الحضاري الذي يشهده عصرنا، هي أيضا تعبر بصورة مباشرة عن إرادة الهيمنة على العالم وأمركته)[4].

---

١ - د. سمير أمين - المرجع السابق - ص ٦.
٢ - نقلا عن الأستاذ سيار الجميل - المرجع السابق- ص ٥٣.
٣ - الأستاذ علي حرب - صدمة العولمة في خطاب النخبة - جريدة السفير - ع ٨٠١٢ - السبت ٦ حزيران ١٩٩٨.
٤ - الأستاذ محمد عابد الجابري - نفس المرجع السابق.

المبحث الثالث

أهداف العولمة

بشر دعاة العولمة في الغرب للعولمة في المنطقة العربية بحجج ومبررات، من بينها أن العولمة تبشر بالازدهار الاقتصادي والتنمية والرفاهية لكل الأمم والعيش الرغيد للناس كلهم ونشر التقنية الحديثة، كما أنها تسهل الحصول على المعلومات والأفكار عبر الاستفادة من الثورة المعلوماتية الحديثة، ناهيك عن كونها توفر فرص الانطلاق للأسواق الخارجية وتضمن تدفق الاستثمارات الأجنبية التي تتمتع عادة بكفاءة عالية الأمر الذي ينتهي إلى انتعاش الاقتصاد الوطني والقومي.

لكن سرعان ما اكتشف الباحثون والمفكرون والسياسيون، أن تلك المقولات ما هي إلا شعارات استهلاكية جوفاء، فقد حذر (مهاتير محمد) رئيس وزراء ماليزيا السابق من مخاطر العولمة الاقتصادية بقوله (إن منظمة التجارة العالمية تسمح للدول الغنية بابتلاع الدول الفقيرة).

أما الرئيس الفرنسي (جاك شيراك) فقد حذر من مخاطر العولمة في الخطاب الذي ألقاه بمناسبة اليوم الوطني الفرنسي (١٤ يوليو ٢٠٠٠) بقوله (إن العولمة بحاجة إلى ضبط لأنها تنتج شروخا اجتماعية كبيرة، وإن كانت عامل تقدم فهي تثير أيضا مخاطر جدية ينبغي التفكير بها جديا، ومن هذه المخاطر أنها تزيد من ظاهرة الإقصاء الاجتماعي، وتنمي الجريمة العالمية، وتهدد أنظمتنا الاقتصادية).

أما (وليم جيردر) فقد وصف العولمة بأنها (آلة عجيبة نتجت عن الثورة الصناعية والتجارية العالمية، وإنها قادرة على الحصاد والتدمير، وإنها تنطلق متجاهلة الحدود الدولية، وبقدر ما هي منعشة هي مخيفة، فلا يوجد من يمسك بدقة قيادتها، ومن ثم لا يمكن التحكم في سرعتها ولا في اتجاهاتها... إن تلك الثورة المادية التي حررت رأس المال وجعلت المادة تسبق الفكر وتتخطى جمود السياسات كانت نتيجتها ظهور تحولات عظمى في العالم أجمع، وبقدر ما بعثت وأنعشت الطموح والرغبة في تكديس

الثروات، خلفت وراءها عدم الاستقرار وعدم الأمان، وبقدر ما أتاحت من تكنولوجيات حديثة، فإنها بعثت البربرية من جديد)[١].

وعندما نعود إلى مفهوم العولمة كما يطرحه الغرب، فإن أول ما يستوقفنا هو أن دعاة العولمة ينظرون إلى التفاعل البشري على أنه آلة تفاعل بين طرف ذكي قوي، وطرف غبي ضعيف، طرف يمتلك وطرف يجب أن يكون فاقدا للتملك، وإذا نظرنا إلى آلية هذه العولمة يبرز لنا على الفور مفهوم إلغاء الآخر وليس بالضرورة أن يكون هذا الإلغاء هو الإفناء التام للوجود، وإنما تدلل على الآلية الغربية على أن العولمة هي الفرز الحقيقي بين سيد وعبد، بين منتج ومستهلك، بين من يصنع التكنولوجيا ويؤسس لتقدم علمي سريع وبين من يراد له أن ينسلخ عن ماضيه الحضاري تماما ومن عقيدته وينبهر بمعالم التقدم العلمي الغربي السريع.

وبصفة عامة يمكن تلخيص أهم الأهداف التي تسعى العولمة إلى تحقيقها بما يلي :-

أولا- الأهداف الاقتصادية :-

ترتبط العولمة بتدويل النظام الاقتصادي الرأسمالي، حيث تم توحيد العديد من أسواق الإنتاج والاستهلاك.

ومن خلال المؤسسات المالية الدولية كصندوق النقد الدولي والبنك الدولي، تدخلت الولايات المتحدة في الأوضاع الاقتصادية للدول، ومن خلالها مارست الإملاءات الاقتصادية المغايرة لمصالح الشعوب.

فالولايات المتحدة هيمنت على اقتصاديات العالم، من خلال القضاء على سلطة وقوة الدولة في المجال الاقتصادي بحيث تصبح الدول تحت رحمة صندوق النقد الدولي تستجدي منه المعونة والمساعدة عبر بوابة القروض ذات الشروط المجحفة والخاضعة لسيطرة الاحتكارات والشركات الأمريكية الكبرى على اقتصاد الدول، ولعل تركيا وماليزيا من النماذج الشاخصة للدول التي عصف بها تيار العولمة لصالح المستثمرين

---

١ - وليم جيردر - المرجع السابق - ص ٢٥.

الأمريكيين، وإدراكا لهذه الحقيقة ذهب رئيس الوزراء الماليزي السابق (مهاتير محمد) إلى (أن العالم المعولم لن يكون أكثر عدلا ومساواة، وإنما سيخضع للدول القوية المهيمنة، كما أدى انهيار الحرب الباردة إلى موت وتدمير الكثير من الناس، فإن العولمة يمكن أن تفعل الشيء نفسه ربما أكثر من ذلك في عالم معولم سيصبح بإمكان الدول الغنية المهيمنة فرض إرادتها على الباقين الذين لن تكون حالهم أفضل مما كانت عليه عندما كانوا مستعمرين من قبل أولئك الأغنياء).

لقد أصبح رأس المال في عصر العولمة عالميا سواء من حيث انغلاق حلقات رواجه أم من حيث ملكيته أو أماكن توطنه وهو بذلك تخطى جميع العوائق أمام حرية حركته وانتقاله، فحسب إحصائيات منظمة مؤتمر الأمم المتحدة للتجارة والتنمية(UNCTAD) هناك ما يقارب من أربعين ألف شركة تمتلك مصانع في ما يزيد على ثلاث دول، وتهيمن الشركات العابرة للقارات على ثلثي التجارة العالمية[١].

وتشير الإحصائيات الدولية إلى أن عدد الشركات المتعددة الجنسية قد أرتفع من (١١) ألف شركة تتحكم بـ(٨٢) ألف شركة فرعية تزيد مساهمتها عن (٢٥) بالمائة من حجم التجارة العالمية عام ١٩٧٥ إلى (٣٧,٥) ألف شركة تتحكم بـ (٢٠٧) ألف شركة فعلية وتتعامل بأكثر من حجم التجارة العالمية في عام ١٩٩٠[٢].

ومع أن المبادلات التجارية والتدفقات الاستثمارية المباشرة كانت تنمو خلال الفترة (١٩٧٥- ١٩٨٥) بنسب متقاربة، إلا أنه منذ منتصف الثمانينات من القرن الماضي أخذ تدفق الاستثمارات الخارجية يفوق نمو التجارة الدولية، فازدادت التجارة الدولية خلال النصف الثاني من عقد الثمانينات من القرن المنصرم بنسبة وسطية سنوية قدرها (٩) بالمائة، بينما ازدادت الاستثمارات الأجنبية المباشرة بنسبة (٣٤) بالمائة، علما أن التدفقات الاستثمارية الخارجية إلى البلدان النامية فاقت ذلك بكثير، حيث

---

١ - United Nations Conference on trade and development , world Investment report - New York , Genf - ١٩٩٥.

٢ - د. إسماعيل صبري مقلد - المرجع السابق - ص ١٢.

وصلت خلال الفترة (١٩٩١- ١٩٩٦) إلى نحو (٥٠) بالمائة[1]. فعلى سبيل المثال ازدادت الاستثمارات اليابانية من (٧١) مليار دولار في عام ١٩٨٠ إلى (٢١٧) مليار دولار في عام ١٩٩٠، وارتفعت الاستثمارات الأمريكية من (١١٠) مليار دولار عام ١٩٨٠ إلى (٢٠٦) مليار دولار في عام ١٩٩٩١، وازداد حجم التعامل في البورصات المالية الدولية من (٣٠٠) مليار دولار في عام ١٩٨٠ إلى (١٢٠٠) مليار دولار في عام ١٩٩٥[2]. بالإضافة إلى ذلك فقد نمت التدفقات المصرفية بصورة هائلة بحيث وصلت قيمتها ثلاثة ترليون دولار. وبلغت كتلة الاستثمارات المصرفية في البورصات والأسهم والسندات وفي النقود الإلكترونية وبطاقات الائتمان (١٠٠) ترليون دولار[3].

وقابل هذه الزيادة في الاستثمارات الأجنبية، زيادة في الديون الخارجية للبلدان النامية ومن بينها الدول العربية، حيث بلغت ديونها عام ١٩٩٥ (٢٥٠) مليار دولار وتتفاقم ديونها بمقدار (٥٠) ألف دولار في الدقيقة الواحدة.

ومما لاشك فيه أنه كلما ارتفعت وتيرة الديون كلما ترسخت التبعية ووجدت الذريعة للتدخل، فبسبب هذه الديون التي بدأت بتشجيع من الغرب عن طريق البنك الدولي وصندوق النقد الدولي اللذين عملا على إغراق الدول المستهدفة بالديون، أصبح اقتصاد معظم هذه الدول متخبطا يستطيع وبصعوبة بالغة ملاحقة خدمة الديون وفوائدها المتراكمة، فهي في الحقيقة وسيلة لبسط النفوذ على البلاد تماما كما كانت في الماضي، فقد أكد التقرير الاقتصادي الصادر عن مجلس الوحدة الاقتصادي العربي، أن الجزائر تخسر سنويا ما بين (١,٥) إلى (٢) مليار دولار بانضمامها وتطبيقها لقرارات اتفاقية التعريفة الجمركية (الجات).

١ - International Monetary fund (I.M.F) world Economic outlook - October - ٢٠ table - no ٧ p. ٢٩.

٢ - د. سمير أمين - في مواجهة أزمة عصرنا - مؤسسة الانتشار العربي - بيروت - سينا للنشر - القاهرة - ١٩٩٧ -ص ٩٦.

٣ - نفس المرجع - ص ٩٦.

وكوسيلة لتحقيق العولمة لأهدافها الاقتصادية، سعت الولايات المتحدة والدول الكبرى إلى إضعاف قوة موارد الثروة المالية للدول النامية ومن بينها الدول العربية وفي مقدمة هذه الموارد النفط، حيث أضعفت أهميته كسلعة حينما تم استثناؤه من السلع الخاضعة لحرية التجارة الدولية أسوة بتجارة المعلومات، من تخفيض الضرائب والقيود الجمركية المفروضة عليه من قبل الدول المستهلكة، فما زالت هذه الدول وعلى رأسها الولايات المتحدة الأمريكية ترفض اعتبار النفط والمشتقات البتروكيمياوية من السلع التي يجب تحريرها من القيود الجمركية والضرائب الباهضة التي تفرضها الدول المستهلكة وبذلك تجني هذه الدول الأرباح الهائلة من وراء ذلك وهي تعادل ثلاثة أمثال العائدات إلى الدول المنتجة في القوت الحاضر، بل أن الكونغرس الأمريكي أصدر تشريعا يقضي بفرض العقوبات على دول في منظمة أوبك إذا شاركت في رفع أسعار النفط أو عملت على تثبيتها[1].

وقابل هذه السياسة النفطية، العمل على رفع أسعار المواد الغذائية في الدول النامية من خلال إلغاء هذه الدول للدعم المالي الذي كانت تقدمه للسلع الغذائية، وبسبب قيود الجودة وشروط المواصفات العالمية التي تفرضها الاتفاقيات التجارية والصناعية الدولية، وهي شروط لا تستطيع الدول النامية الوفاء بها، عملت الحكومات على الابتعاد عن التدخل في النشاط الاقتصادي وقصر دورها على حراسة النظام وهو ما نشأ عنه تقويض الصناعات والمؤسسات الوطنية لصالح المنتجات والبضائع الأوروبية والأمريكية المستوردة.

وربما كانت السياسة الأخطر التي اتبعت لتحقيق أهداف العولمة الاقتصادية، اللجوء لسياسة الإغراق التي ترتبط بالسعر، وذلك من خلال طرح بضائع مستوردة بأقل كثيرا عن سعر المثيل في الأسواق المحلية أو عن سعر المثيل في سوق الدولة المنتجة لهذه السلعة وتصدرها.

---

١ - محمد الأطرش - العرب والعولمة - ما العمل ؟ المستقبل العربي - مركز دراسات الوحدة العربية - بيروت - ع ٢٢٩ - ١٩٩٨ - ص ١٢٥ وما بعدها.

أو تخفيض سعر البيع عن سعر تكلفة الإنتاج، وتداولها لفترة زمنية بهدف استرداد نفقاتها ومن ثم تحقيق الربح فيها، ففي هاتين الحالتين تعتبر السلع المستوردة بمثابة سلع أو واردات إغراق ومثل هذه المشكلة لم تكن لتظهر حينما كانت الدول تتحكم بسعر سلعها من خلال سياستها الجمركية، الأمر الذي كان ينتهي إلى زيادة سعر المنتج المستورد على المنتج المحلي أو على الأقل يساويه في الثمن[١].

ثانيا - الأهداف السياسية :-

إذا كان الهدف الأساسي للعولمة اقتصاديا، فإن التوجهات التي خلقتها هذه الظاهرة جعلت الأمر ابعد من أن يقتصر على البعد الاقتصادي، بل أن دعاة العولمة قد جندوا كافة الوسائل السياسية والاقتصادية والإعلامية من أجل جعل العالم ذا ملكية خاصة، من هنا أتخذ الأمر أبعادا جديدة ونمت ظواهر غريبة بدأت تشكل نفسها من خلال النمو المتزايد لعالم المعلومات الإلكترونية.

ولاشك أن أهم مخطط تطرحه الولايات المتحدة، هو العولمة السياسية، وجعل العالم وحدة سياسية تحت القيادة الأمريكية، مع وضع هامشي روتيني للأمم المتحدة.

وشعار مبشري العولمة حينئذ هو تحول العالم إلى قرية كونية بحيث يجد كل فرد أينما حل خارج حدوده الوطنية بأنه معترف به ومقبول، وهذه هي المواطنة العالمية كما يدعون.

والواقع أن هذه الدعوات كانت تعني بالضرورة تقويض أسس الدولة الوطنية وخصوصا سيادتها على إقليمها وشعبها، وهو مفهوم الدولة الذي كان سائدا في مرحلة الرأسمالية التقليدية، وُعبر عن ذلك بدقة وزير مالية الولايات المتحدة الأسبق (روبرت روبن) في رده على رئيس وزراء ماليزيا السابق (مهاتير محمد)[٢]، (أهم حقيقة حول العولمة هي أن أحدا لا يسيطر، على أسواق مال تشبه الانترنيت، كل يوم تحكينا بدرجة أكثر التصاقا، ولا يوجد أحد في مركز السيطرة... سوق العولمة عبارة عن

---

١ - نفس المرجع - ص ١٣٠.

٢ - ورد هذا الرد في مقال نشره الصحفي الأمريكي توماس فريدمان.

قطيع من متاجرين مجهولين بالعملات والأسهم وسندات المشاركة، يجلسون وراء أجهزة الكومبيوتر وهؤلاء لا يعترفون بالظروف الخاصة لأي دولة وإنما يعترفون بقواعدهم وهي إلى حد بعيد متسقة، فهم يحددون نسبة الادخار التي يجب أن تحققها دولتك ومستوى الفوائد ونسبة عجز الموازنة للناتج المحلي الإجمالي ومستوى عجز ميزان المدفوعات الجاري، فالقطيع الإلكتروني يرعى في (١٨٠) دولة لذلك ليس لديه الوقت لأن ينظر إلى وضعك بالتفصيل..."[١].

ويذهب بعض الباحثين في شؤون المستقبل إلى أن (السلطة ستكون في المستقبل القريب في يد مجموعة متحدة من رجال أعمال دوليين وحكومات مدن همها الأول هو تعزيز القوة التنافسية لتلك المشاريع والمؤسسات العالمية المستوطنة في مدنها).

وفي ظل الظروف الجديدة تلعب بيوتات المال دور الشرطي لضبط انصياع الدول لقواعد العولمة، والمسألة في غاية البساطة، فإذا لم تلتزم الدولة المضيفة لرأس المال بالمعايير التي يمليها عليها، فإنه يدفع الاستثمارات غير المباشرة والعديد من التوظيفات المتحركة للنزوح عن الدولة المتمردة، مما يؤدي إلى انخفاض أسعار عملاتها وأسعار أسهمها وسنداتها، وفي المحصلة يتسبب في انخفاض احتياطيات مصرفها المركزي مما يضطرها إلى الاستقراض من صندوق النقد الدولي وبالتالي الخضوع لشروطه التي هي بالضبط شروط ومعايير رأس المال المعولم، ومثل هذا ما حدث في المكسيك عام ١٩٩٤ وما حدث في دول جنوب أسيا عام ١٩٩٧.

والملاحظ أن مؤسسة تصنيف الأمم بناء على ملاءمتها المالية تقرر أحيانا مصير حكوماتها سياسيا من خلال بيان أو نبأ يشير إلى تدني الملاءمة المالية للدولة المعنية فتهرب منها بعدئذ الاستثمارات المالية المتحركة، فتنخفض أسعار عملاتها وأسهمها وتنتشر البطالة وهذا ما حصل لاستراليا عام ١٩٩٠ وكندا عام ١٩٩٥ والسويد عام ١٩٩٦.

١- Tomas L. Friedman " Excuse me Mohammed " New York Times , September ١٩٩٧- p. ٢٠. -

وبخلاف دور الدولة السياسي في ظل الرأسمالية التقليدية، حيث كان الحفاظ على إقليمها واستقلالها السياسي من أولويات مهامها، أخذت الدول في ظل العولمة تتنافس في استجداء عودة المستعمر الذي سبق وإن طردته من أراضيها كسبيل لعودة رؤوس أمواله واستثماراته إليها من خلال تقديم كل التسهيلات اللازمة لضمان هذه العودة ومن بينها ما يسمى بالمناخات الملاءمة للاستثمار مثل تخفيض الضرائب أو تقليص الإنفاق الحكومي بل وحتى التضحية بالعدالة الاجتماعية التي كانت تتفاخر بها دول عديدة.

وفي ظل العولمة بدأت الدول تفقد السيطرة على ضرائبها التي بدونها تفقد عنصرا هاما من عناصر قوتها ووظيفتها العامة، فالتهرب الضريبي سمة من سمات العولمة، فحسب أدنى التخمينات فإن ما تخسره ألمانيا من ضرائب يصل إلى (٥٠) مليار مارك سنويا، وهو مبلغ يعادل ما تقترضه الحكومة الاتحادية سنويا.

وحسب المعهد الألماني للبحوث الاقتصادية في برلين، أنخفض في ألمانيا متوسط الضريبة الفعلية على أرباح الشركات والعاملين لحسابهم الخاص منذ عام ١٩٨٠ وحتى عام ١٩٩٤ من (٣٧) بالمائة إلى (٢٥) بالمائة، وإن إمبراطورية (سيمنز) التي لها فروع في (١٨٠) دولة دفعت في عام ١٩٩١ نصف أرباحها إلى الدول المضيفة على شكل ضرائب، لكنها بعد أربع سنوات فقط انخفضت هذه النسبة إلى (٢٠) بالمائة وهي لم تدفع لألمانيا البلد الذي تنتمي إليه أكثر من مائة مليون مارك من الأرباح المعلنة في التقرير السنوي عام ١٩٩٤ - ١٩٩٥ والبالغة (٢,١) مليار مارك، وفي عام ١٩٩٦ لم تدفع شيء[١].

والملاحظ أن التهرب الضريبي أصبح ظاهرة عامة في جميع الدول، فحسب إحصائيات صندوق النقد الدولي فإن الخسارة من جراء التهرب الضريبي تصل بالنسبة لمجموع دول العالم إلى (٢٠٠٠) مليار دولار[٢].

١ - انظر. New York Times - ٥,٩,١٩٩٥
٢ - انظر هارالد مارتين - فخ العولمة - المرجع السابق - ص ١٢٥.

ولم تضعف سيطرة الدولة على إقليمها من حيث التهرب الضريبي فقط، بل لم تعد قادرة على السيطرة على الجريمة المنظمة أيضا، فقد انتشرت تجارة المخدرات وعمليات غسيل الأموال وتهريبها، وأصبحت المافيا العالمية حكومات ظل تتمتع بنفوذ كبير، فحسب تقديرات مجموعات الخبراء التي شكلتها الدول السبع الكبرى اقتصاديا في عام ١٩٨٩، ارتفع حجم المبيعات في السوق العالمية للهروين حتى عام ١٩٩٠ إلى عشرين ضعف في خلال العشرين سنة الماضية، أما تجارة الكوكائين فقد ارتفعت إلى خمسين ضعف[١].

وتقدر الشرطة الاتحادية السويسرية الأموال التي جمعت من روسيا بطرق غير مشروعة وهربت إلى الدول الغربية بنحو (٥٠) مليار دولار حتى عام ١٩٩٥.[٢]

ويذهب الخبراء إلى أن الجريمة المنظمة عالميا أضحت أكثر القطاعات الاقتصادية نموا بحيث أنها تحقق أرباحا تصل إلى (٥٠٠) مليار دولار في العالم، وكشفت التحقيقات أن أربع منظمات للمافيا الإيطالية تمتلك ثروة تتراوح بين (١٥٠) و (٢٠٠) مليار مارك لم تستطع الدولة مصادرة أكثر من (٢,٢) مليار مارك منها[٣].

ثالثا - الأهداف الثقافية :-

من الصعب وضع تعريف محدد للثقافة، لكنها تعني فيما تعني، الخليط الهائل من المعلومات والإبداعات والقيم التي تدخل في نطاق الهوية الحضارية لشعب من الشعوب أو جماعة من الجماعات البشرية.

وربما كان اخطر تحدي يواجه الدولة الوطنية، هو التحدي الذي تواجهه في ثقافتها، فحينما يفقد مواطنو دولة ما خصوصيتهم الثقافية وهويتهم الوطنية يتحولون إلى مجرد قطيع هائم في عالم اللاانتماء والغربة، ففي الحقل الثقافي يتحدد مصير الدولة الوطنية إلى حد بعيد كما أن نجاح العولمة في اختراقها للخصوصيات الوطنية يتوقف

---

١. Financial Action Task force working , Status report - Paris - ١٩٩٠.

٢ - انظر التقرير الذي قدمته المجموعة البحثية المختصة بشؤون الأموال الشرقية لدى وزارة العدل والشرطة السويسرية - ١٩٩٥.

٣ - انظر تقرير لجنة مكافحة المافيا التابعة للبرلمان الإيطالي - ١٩٩٦.

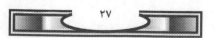

إلى درجة كبيرة على مدى اختراقها للثقافات الوطنية.

وتقوم العولمة في الجانب الثقافي على انتشار المعلومات وسهولة حركتها وزيادة معدلات التشابه بين الجماعات والمجتمعات أي تقوم على إيجاد ثقافة عالمية، وعولمة الاتصالات عن طريق البث التلفزيوني عبر الأقمار الصناعية وبصورة اكثر عمقا عبر شبكة الانترنيت التي تربط البشر بكل أنحاء المعمورة، كما تعني العولمة الثقافية توحيد القيم وخاصة حول المرأة والأسرة، وبمعنى آخر تقوم العولمة الثقافية على مفهوم الشمولية، ثقافة بلا حدود وآلة ذلك الإعلان والتقنيات.

ولعل من اخطر الأهداف التي تسعى العولمة إلى تحقيقها، هي الأهداف الثقافية، فهي تتجاوز الحدود التي أقامتها الشعوب لتحمي كيانها وثرواتها الطبيعية والبشرية وتراثها الفكري الثقافي حتى تضمن لنفسها البقاء والاستمرار والقدرة على التنمية ومن ثم لعب دور مؤثر في المجتمع الدولي.

فالعولمة الثقافية تقوم على تسييد الثقافة الرأسمالية لتصبح الثقافة العليا كما أنها ترسم حدودا أخرى مختلفة عن الحدود الوطنية مستخدمة في ذلك شبكات الهيمنة العالمية على الاقتصاد والأذواق والثقافة، هذه الحدود هي (حدود الفضاء السبرنيتي) والذي هو بحق وطن جديد لا ينتمي لا إلى الجغرافية ولا إلى التاريخ، هو وطن بدون حدود، بدون ذاكرة، وطن تبنيه شبكات الاتصال المعلوماتية الإلكترونية.

إن العولمة لا تكتفي بتسييد ثقافة ما، بل تنفي ثقافة المقابل، ذلك لان الثقافة التي يجري تسييدها تعبر عن عداء شديد لأي صورة من صور التمييز.

إن الثقافة الغربية تريد من العالم أجمع أن يعتمد المعايير المادية المنفعية الغربية كأساس لتطوره، وكقيمة اجتماعية وأخلاقية وبهذا فإن ما تبقى يجب أن يسقط وما تبقى هنا هو ليست خصوصية قومية بل مفهوم الخصوصية نفسه، وليس تاريخا بعينه بل فكرة التاريخ، وليس هوية بعينها وإنما كل الهويات، وليس منظومة قيمية بل فكرة القيمة وليس نوعا بشريا وإنما فكرة الإنسان المطلق نفسه.

ويذهب (شتراوس هوب) إلى أن (المهمة الأساسية لأمريكا توحيد الكرة الأرضية تحت قيادتها، واستمرار هيمنة الثقافة الغربية وهذه المهمة لابد من إنجازها

بسرعة في مواجهة نمور أسيا وأي قوى أخرى لا تنتمي للحضارة الغربية)[١].

لقد استطاع الإعلام بفضل التكنولوجيا المتقدمة، أن يتخطى الحدود الوطنية ويجعل الناس يهتمون بقضايا عديدة لم تكن تشغل بالهم أو ليست وليدة بيئتهم الثقافية وخصوصيتهم التاريخية، من هذه القضايا مثلا الانشغال بما يشكل الذوق الاستهلاكي وتفحص الشخصية الغربية في مظاهر سلوك الحياة[٢].

وأصبح ما يسمى بصرعات (الموضة) منتج ثقافي يحاول دعاة العولمة تسويقه باعتباره من أخطر ما يهدد الثقافة الوطنية التي ينظر إليها دعاة العولمة على أنها السبب الرئيسي للانقسام بين الشعوب[٣].

فهناك موضة في كل حقل من حقول الثقافة، في الفكر والفنون والآداب، كما أن هناك موضة في كل حقل من حقول الإنتاج المادي، في المأكل والملبس والسيارة ولا يخرج عن ذلك الانشغال الراهن بقضايا العولمة، ففيها الكثير من الموضة خصوصا من ناحية طريقة المعالجة والإيهام الأيديولوجي.

لقد تحولت الموضة إلى عامل هام من عوامل توسيع السوق وتنمية الأذواق وصرف الانتباه عن القضايا الوطنية والمحلية وعن القضايا العالمية، لذلك يجري الحديث في الوقت الراهن عن خلق ما يسمى بالبيئة الثقافية للعولمة، فالسرعة في تقبل العولمة يتوقف إلى حد بعيد على إزالة التوترات بين القيم الثقافية المحلية والقيم الثقافية التي تنادي بها العولمة[٤].

إن منطق العولمة السائد يزعم أن العديد من أنماط التفكير والقيم العائدة إلى

---

١ - شتراوس هوب - توازن الغد - ١٩٩٥ - ص ١١٥- ١١٦.

٢ - هربرت شيلر - المتلاعبون بالعقول - ترجمة عبد السلام رضوان - سلسلة عالم المعرفة - المجلس الوطني للثقافة والفنون والآداب - الكويت - ١٩٩٩ - ص ٧.

٣ - احمد مصطفى عمران - إعلام العولمة وتأثيره على المستهلك - المستقبل العربي - مركز دراسات الوحدة العربية - بيروت - ع٢٥٦ - ٢٠٠٠ - ص ٧٨.

٤ - روشكييف دافيد - في مديح الإمبريالية الثقافية - ترجمة أحمد خنفر - الثقافة العالمية - الكويت - تشرين الثاني / نوفمبر - ع ٨٥ - ١٩٩٧ - ص ٢٦.

مرحلة الرأسمالية التقليدية وما قبلها تتسم بالجمود والانغلاق ورفض الاندماج وبالتالي فهي تشكل عقبات كبيرة أمام رسملة العالم لابد من إزاحتها[1]. لكن واقع الحال لا يشير إلى استبدال هذه الأنماط من التفكير والقيم التي يعتبرها دعاة العولمة عقبة أمام اندماج العالم بقيم أخرى عالمية الطابع إنسانية المحتوى، بل على العكس تماما تحاول العولمة تكريس معايير ثقافية جديدة تكرس قيم النفعية والفردانية والأنانية والنزعة المادية الغرائزية المجردة من أي محتوى إنساني.

رابعا - الأهداف الاجتماعية :-

إن عمليات العولمة المتسارعة آخذة في دمج العالم على قاعدة تفارقية من التناقضات والصراعات.

ففي جهة من العالم تتراكم الثروات وتتحسن باطراد مؤشرات الحياة لفئة من الناس، وفي الجهة الأخرى ينمو التخلف والفقر ويستعر الصراع الاجتماعي مع أنه يبدو مسدود الأفق تلجمه العمليات الاندماجية الجارية على الصعيد العالمي.

لقد بدأت ملامح تلك المرحلة التي تحدث عنها ماركس قبل قرن ونيف من الزمن بالتميز والوضوح، حيث يتحول العالم من جراء اشتغال القوانين العامة للرأسمالية وحركتها الداخلية، إلى عالم بؤس تسود فيه القطبية الحادة، في مكان منه تتجمع ثروات كبيرة وفيض هائل من الإنتاج، وفي مكان آخر يتراكم البؤس والتخلف، فحسب مصادر الأمم المتحدة فإن (٢٠) بالمائة من دول العالم تستحوذ على (٨٤,٧) بالمائة من الناتج الإجمالي وعلى (٢,٨٤) بالمائة من التجارة الدولية ويمتلك سكانها (٥,٨٥) بالمائة من مجموع مدخرات العالم[2].

وتشير مصادر الأمم المتحدة إلى أن هناك (٣٥٨) ديرا يمتلكون معا ثروة تضاهي ما يملكه (٢,٥) مليار من سكان المعمورة، أي أنها تضاهي مجموع ما يملكه

---

١ - عبد الإله بلقزيز - المرجع السابق - ص ٩٦.

٢ - راجع تقرير الأمم المتحدة بشأن التنمية في العالم - ١٩٩٤، كذلك التقرير الصادر عن معهد التنمية الاجتماعية التابع لمنظمة الأمم المتحدة - ١٩٩٥.

نصف سكان الأرض ^(١).

وفي آخر إحصاء كشف تقرير بريطاني بشأن النمو العالمي تبين أن ثروة ثلاثة أغنياء أمريكان تعادل أو تزيد على ثروة (٤٨) دولة فقيرة، وأن (٢٢٥) ثريا يملكون ألف مليار دولار وأن (٤٨) أمريكيا تزيد ثروتهم على ثروة الصين التي يصل عدد سكانها (١,٣) مليار نسمة ويصل ناتجها المحلي إلى (٧٠٠) مليار دولار ^(٢).

ويشير التقرير الخاص بالموارد العالمية، إلى أن الجزء الأعظم من العالم تحول إلى عالم بؤس، عالم غني ببضع مدن كبرى فقط، وبأحياء فقر وجوع هي الأخرى كبرى ويسكنها مليارات من البشر لا يسدون رمقهم إلا بعناء ^(٣).

إن دولة الرفاهية التي كانت تباهي بها الرأسمالية التقليدية في أوربا البلدان المتقدمة الأخرى قد غدت تهديدا للمستقبل، وبالتالي (فإن شيئا من اللامساواة الاجتماعية قد أضحى أمرا لا مناص منه) ^(٤).

والملاحظ أن كل شيء في عصر العولمة كان قد تحول إلى ضده، فبدلا من استخدام قدرات الإنسان الإنتاجية المتنامية في إشباع حاجاته، تستخدم لإفقاره ماديا وروحيا، وبدلا من أن يتسام الإنسان أخلاقيا وروحيا بفضل إمكانياته الثقافية والمعرفية، ينحط إلى أبشع حالات الدناءة.

وبدلا من أن توظف شعارات حقوق الإنسان والنصوص الواردة في المواثيق الدولية توظيفا فعليا لحماية الشعوب من اضطهاد حكامها وبطشهم، استخدمت هذه النصوص والشعارات للوصول بالأفراد والشعوب إلى المدى الذي يتحررون فيه من كل قيود أخلاقية أو دينية وصولا إلى مرحلة العدمية.

١- UNDR , Human development report ,١٩٩٦ - New York.
٢- نقلا عن ميهوب غالب أحمد - العرب والعولمة - مشكلات الحاضر وتحديات المستقبل - المستقبل العربي - مركز دراسات الوحدة العربية - بيروت - ع٢٥٦ - ٢٠٠٠ - ص ٦٤ وما بعدها.
٣- World resource - ١٩٩٦ - ١٩٩٧ : The Urban environment - Washington D.C . p. ٣.
٤- Frankfurter Allgemeine - ٢٩/١/١٩٩٦ - ٣٠/٤/١٩٩٦.

لقد أدرك دعاة العولمة أن السعي إلى تغيير المفاهيم الاجتماعية للدول والشعوب غاية لا تدرك دون تغيير المفاهيم المتعلقة بالأسرة والأم والطفل، من هنا راح دعاة العولمة ينادون بحقوق هؤلاء وسبل حمايتها من الاضطهاد، إلا أن هذه الدعوات كانت تسعى في الواقع إلى إفساد هؤلاء واختراقهم وإفساد المرأة والمتاجرة بها واستغلالها في الإثارة، وتعميم فكرة تحديد النسل وتعقيم النساء وتأمين هذه السياسات وتقنينها بواسطة المؤتمرات ذات الصلة.

وبمراجعة بسيطة لمقررات المؤتمر الدولي للسكان والتنمية الذي عقد في القاهرة للفترة من ٥-١٣ / سبتمبر ١٩٩٤ يمكن الوقوف على ما يلي :-

١- أن هذه المقررات ركزت على كون الفرد هو الأساس ومصالحه ورغباته هي المعيار، لا الدين ولا الأمة ولا العائلة ولا التقاليد ولا العرف.

٢- أنها تحدثت عن ممارسة الجنس دون أن تفترض وجود رابطة الزواج، والمهم في نظر هذه الوثيقة ألا تؤدي هذه الممارسة إلى انتشار الأمراض، من خلال توعية المراهقين وتقديم النصائح المتعلقة بممارسة الجنس ومنع الحمل وتوفير منتهى السرية لهم واحترام حقهم في الاحتفاظ بنشاطهم الجنسي سرا على الجميع.

٣- أن هذه المقررات استهجنت الزواج المبكر كونه يؤدي - وفقا لرأي المؤتمرين - إلى زيادة معدل المواليد.

٤- أن الوثيقة لا تدين الإجهاض حتى ولو لم يكن ثمة خطر على صحة الأم، المهم أن يكون الإجهاض آمنا لا يهدد حياة الأم.

٥- استهجنت الوثيقة الأمومة المبكرة دون أن تميز بين ما إذا كانت هذه الأمومة قد حدثت في نطاق الزواج الشرعي أم خارجه، لأنها ترى أن هذه الأمومة تزيد من معدلات النمو وتقيد المرأة من العمل والمساهمة في الإنتاج.

٦- استخدمت الوثيقة تعبير القرينين بدلا من الزوجين، باعتبار أن تعبير قرينين اكثر حيادا، لأن هذا التعبير لا يفترض وجود رباط قانوني معين وهذا الحياد يجعل الشذوذ الجنسي والعلاقات الجنسية دون زواج أمرا جائزا ومعقولا.

٧- تدعو الوثيقة إلى المساواة التامة بين الرجل والمرأة، وحثت المرأة على إلغاء الفوارق الطبيعية بينها وبين الرجل من خلال إقناعها بضرورة اشتراك الرجل معها بالأعمال المنزلية وتربية الأطفال دون النظر إلى اختلاف الظروف البيولوجية النفسية والاقتصادية والاجتماعية.

وفي معرض تعليقه على مقررات مؤتمر القاهرة، ذهب المفكر الفرنسي (جارودي) إلى أن (من المدهش أن رئيسة جمعية الأمهات الصغيرات في أمريكا حذرت المسلمين في مؤتمر القاهرة من خطورة الأمركة، فقالت " لقد دمروا المجتمع الأمريكي وجاءوا الآن بأفكارهم إلى المجتمعات الإسلامية، حتى يدمروها ويدمروا المرأة المسلمة ودورها فيها")[١].

وربما كانت اخطر آثار العولمة في جانبها الاجتماعي، زيادة معدلات الجريمة، ليس في البلدان النامية والإسلامية حسب، بل وفي كل الدول الغنية منها والفقيرة.

ففي البلدان الصناعية الكبرى تتحدث دوائر الشرطة والقضاء عن طفرة بينة في نمو الجريمة المنظمة، ففي تصريح لأحد موظفي الشرطة الدولية ان (ما هو في مصلحة التجارة الحرة هو في مصلحة مرتكبي الجرائم أيضا... إن النتائج المترتبة على الجريمة المنظمة تثير الرعب، ففي منظور الخبراء أضحت اليوم الجريمة المنظمة عالميا أكثر القطاعات الاقتصادية نموا، إنها تحقق أرباحا تبلغ خمسمائة مليار دولار في العام).

ويمكن أن نمثل بالولايات المتحدة الأمريكية أبرز قلاع الرأسمالية، فالجريمة المنظمة اتخذت هناك أبعادا خطيرة بحيث أصبحت وباء واسع الانتشار، ففي ولايات كلفورنيا التي تحتل بمفردها المرتبة السابعة في قائمة القوى الاقتصادية العالمية، فاق الإنفاق على السجون المجموع الكلي لميزانية التعليم، وهناك (٢٨) مليون مواطن أمريكي (١٠ % من السكان) يحصنون أنفسهم في أبنية أحياء سكنية محروسة، من هنا

---

١ - انظر صحيفة الشعب الناصرية - العدد الصادر في ١٦ / ٩ / ١٩٩٤.

ليس من المستغرب أن ينفق المواطنون الأمريكيون على حراسهم المسلحين ضعف ما تنفق الدولة على الشرطة، إذا ما علمنا أن في الولايات المتحدة تقع الجريمة كل (١٢) ثانية وجريمة قتل كل ساعة وجريمة اغتصاب كل (٢٥) دقيقة وجريمة سرقة كل خمس دقائق وسرقة سيارة كل دقيقة.

المبحث الرابع

مناهضة العولمة

تتناقض وتتصارع الاتجاهات والجماعات المناهضة للعولمة، فهناك حركة انقسمت بين أقصى اليسار الراديكالي وأقصى اليمين الفاشي.

لقد عرف الاقتصاد السياسي نظريتين في شرح بنية الاقتصاد الرأسمالي العالمي، **الأولى نظرية التبعية** والتي تقسم العالم إلى مركز رأسمالي متقدم يستغل ويسيطر على الأطراف المتخلفة مسببا تكريس هذا التخلف في نفس الوقت من خلال علاقات التبادل غير المتكافئ مما يستتبع من هذه الأطراف اتباع سياسات قومية متنوعة للتحرر من استغلال المركز أما بالاستقلال الكامل عنه أو بفرض تبادل متكافئ عليه والتخلص من سيطرته ورفض هيمنة السياسة وذلك للخروج من دائرة التخلف والتبعية.

أما النظرية الثانية، **فهي نظرية النظام العالمي**، والتي تعتبر العالم منذ أن سادته الرأسمالية في القرن السادس عشر، يحكمه نظام اقتصادي عالمي واحد، والدولة القومية فيه ليس لها تواريخ منفصلة عن بعضها أو موازية لبعضها، وقدر كل دولة قومية داخل هذا النظام الواحد محدد بوصفها داخل الاقتصاد العالمي الواحد، وهذا الشكل الضروري والمستمر للرأسمالية يتناقض مع تاريخية المركز الغني والمحيط الفقير في نظرية التبعية ومن ثم فهو يعتبر أن هذه التراتبية بين الأغنياء والفقراء تستند على نمط التقسيم الدولي للعمل، فالقيمة المضافة في قطاعات الزراعة والتعدين والصناعة التجميعية التي يتخصص فيها الفقراء أقل من القيمة المضافة للصناعات المتطورة التي يتخصص فيها الأغنياء وهو ما يعمل على تقدم الدول الغنية وزيادة ثراءها.

واقتصرت شهرة هذه النظرية على دوائر محددة، ولم تلق هذه النظرية نفوذا يذكر في حركات سياسية مؤثرة وخصوصا في البلدان الرأسمالية المتخلفة.

والملاحظ أن اليسار كان قد أنقسم بشأن النظريتين السابقتين إلى فريقين :-

الفريق التقليدي :-

استند هذا الفريق على نظرية التبعية واعتبر الصراع السياسي الأهم وأحيانا الوحيد، هو الصراع القومي والذي لابد من حسمه أولا ليأتي وقت الصراع الطبقي والتحالف مع القوى القومية وخصوصا في البلاد المتخلفة، وبناء على ذلك فهو يناضل من اجل الدولة القومية الشمولية القوية المسيطرة على كل العناصر الاجتماعية المادية والسياسية والثقافية من أجل دفعها للنمو واللحاق بالمركز المتقدم.

الفريق الراديكالي الهامشي :-

واستند أنصار هذه النظرية على نظرية النظام العالمي، واعتبر الصراع الوحيد الممكن هو الصراع الطبقي داخل هذا النظام العالمي الواحد ما بين الرأسمالية والطبقة العاملة ، والذي لابد من حسمه بوحدة عمال كل بلاد العالم من أجل إنهاء هذا النظام على نطاق عالمي، وخلق نظام أكثر تقدما وعدالة يقضي على انقسام العالم لفقراء وأغنياء.

والحقيقة إن اصطلاح العولمة ليس تعريفا لظاهرة طارئة على الرأسمالية يمكن تعريفها بتعداد مظاهرها المختلفة وأسبابها كما يرى البعض، وإنما هي ببساطة أحدث أشكال نمط الإنتاج الرأسمالي وأكثرها تقدما وارتباطا بالقوى الأكثر تقدما للإنتاج ومن ثم فهناك من يعارضون العولمة بدوافع رجعية من اجل العودة لما هو اكثر تخلفا كما عارض الرأسمالية في بدايتها النبلاء الإقطاعيين والحرفيين والفلاحين المستقلين المتطلعين لعلاقات الإنتاج الإقطاعية القديمة.

وهناك من يعارضون العولمة بدوافع تقدمية من اجل تجاوزها لنمط أكثر تقدما كما عارض شيوعيو القرن التاسع عشر الرأسمالية متطلعين لعلاقات أكثر تقدما.

وعرفت الرأسمالية ثلاث مراحل، ارتبطت كل مرحلة منها بنمط من أنماط الإنتاج ومستوى معين من التطور التكنولوجي ولم يمنع هذا بالطبع أن تتجاور هذه الأشكال جنبا إلى جنب وإنما كان في كل مرحلة هناك شكل ما سائد كان له سماته الخاصة في العلاقات المتبادلة ما بين كل من العمل ورأس المال والدولة.

وكان أول أشكال الرأسمالية ظهورا، هو الرأسمالية التنافسية وارتبط هذا الشكل بظهور الطاقة البخارية وساد هذا النمط حتى أواخر القرن التاسع عشر وهو شبيه في كثير من سماته لسمات الرأسمالية الكوكبية الحالية من حيث حرية انتقال رأس المال والسلع والعمالة عبر العالم وحرية التجارة ونمو الحركات العمالية الجذرية المعادية للرأسمالية بنظرتها الأممية للصراع الطبقي وقوة الاتجاهات الليبرالية والمحافظة على معسكر البرجوازية.

ومنذ أواخر القرن التاسع عشر ظهرت الرأسمالية الاحتكارية وارتبط ظهورها باكتشاف الطاقتين البترولية والكهربائية، ووصفت هذه الحقبة بحقبة ترويض الطبقة العاملة، سواء بقمعها أو استيعابها بالإصلاحية والفاشية والاشتراكية البيروقراطية وترسيخ مفهوم قومية الصراع الاجتماعي وطمس الصراع الطبقي.

وتميزت هذه المرحلة بدولنة الإنتاج والتوزيع والتبادل والسياسات الحمائية ضد حرية تبادل السلع وحرية انتقال رأس المال وهجرة العمالة وتقييد الاستثمار الرأسمالي في أشكاله التنافسية ويمكن وصف هذه الحقبة بحقبة نمو اليسار التقليدي والإصلاحية على حساب القوى الأخرى.

ومع بداية السبعينات من القرن العشرين، ظهرت الرأسمالية الكوكبية المترجمة خطئا (العمولة)، الآمر الذي قد يجعل فهمنا له مشوشا، فيعتبرها البعض مجرد ظاهرة مرتبطة بنهاية الحرب الباردة وظهور القطب الواحد والهيمنة الأمريكية على العالم، وهو تفسير خاطئ لا علاقة له بجوهر عملية الكوكبة التي هي ليست سوى الرأسمالية نفسها أو أكثر أشكالها تقدما.

فالرأسمالية تسعى إلى توسيع سوقها عبر العالم هربا من ميل معدل الربح نحو الهبوط، وهي في إطار هذه العملية لابد وان تحطم كل ما ينفق في مواجهة هذا التوسع من حدود وقيود، وعندما سيتم لها هذا كاملا غير منقوص ستواجه حدود الكوكب نفسه الذي لا امتداد بعده، مما سيؤدي لنهايتها على نطاق عالمي، وهي عملية تندفع لها الرأسمالية بعنف وهو يحاول إبطاء هذه العملية أو عرقلتها فهو يهدف لإطالة عمر الرأسمالية أكثر مما ينبغي.

وارتبط ظهور الرأسمالية الكوكبية (العولمة) بالثورة العلمية والتكنولوجية الحديثة التي لاحت بوادرها مع نهاية الحرب العالمية الثانية وعاق تقدمها انقسام العالم ما بعد الحرب، وما أن سقط أحد المعسكرين حتى انطلقت الرأسمالية الكوكبية محطمة كل الحدود القومية ومقيدة سيادة الدولة القومية ومسيطرة على ما دونها من أشكال أكثر تخلفا واقل إنتاجية، فبدأت منذ تلك الفترة وعبر العالم بأسره، على قدم وساق، سياسات التحرير الاقتصادي والخصصة وسحب المكتسبات الاقتصادية والاجتماعية والثقافية للطبقتين العاملة والوسطى التي حازتها خلال المرحلة السابقة لتعود سمات المرحلة التنافسية للقرن التاسع عشر ولكن على نطاق عالمي أكثر عمقا واتساعا مرة أخرى.

وكما ظهرت معارضتان متناقضتان للرأسمالية التنافسية، تعبران عن قوى اجتماعية تضررت منها من زوايا مصالح مناقضة، ظهرت معارضتان متناقضتان للعولمة أو الرأسمالية الكوكبية تعبران بدورهما عن قوى اجتماعية متضررة هي الأخرى من زوايا متناقضة.

أحدهما يمينا تنشد الوضع السابق على الرأسمالية الكوكبية بما فيها السياسات القومية الحمائية والتدخلية للدولة، وتطالب بتقييد بل وضع حرية انتقال السلع ورأس المال والعمالة وتسعى لتقوية دور الدولة القومية في مواجهة دكتاتورية أسواق المال العالمية وحرية الثقافات القومية والمحلية أمام ثورة المعلومات والاتصالات.

والثانية يسارا تنشد عالم بديل يتجاوز الرأسمالية تماما كنمط إنتاج، ببناء مجتمع بلا قهر أو استغلال يتمتع فيه كل سكان الكوكب بالحرية والمساواة، إنها عودة

للأصول العميقة للمعارضة الشيوعية الأممية الجذرية للرأسمالية في القرن التاسع عشر التي تم تشويهها وتحريفها في القرن العشرين بالقومية والبيروقراطية والشمولية.

ولأن الرأسمالية الكوكبية ما زالت في طور النشأة ولم تكتمل بعد، ومن ثم لم تصل لحالة الاستقرار والتبلور النهائي، فكذلك هي حالة كل من الحركة المناهضة لها والقوى الاجتماعية المستندة عليها، ولذلك فإن الحدود الفاصلة بين كلتا المعارضتين اليمنية واليسارية لم تتحدد بوضوح حتى الآن، حيث تتدخلان فيما بينها في الشعارات والقوى الاجتماعية المعبرة عنها بتلك الشعارات، ومن ثم فكلا الاتجاهين في حركة مناهضة العولمة يضم أحيانا قوى اجتماعية ليست في معسكرها الطبيعي بل تقف في المعسكر المضاد لمصالحها الاستراتيجية.

من ذلك مثلا القطاعات الواسعة من الطبقة العاملة في العالم الرأسمالي المتقدم، المتضررة من انتقال الاستثمارات إلى بلاد الجنوب المتخلف مما يفقدها فرص التوظف، كما تعادي العمالة المهاجرة لبلادها والتي تنافسها في سوق العمالة الذي يزداد ضيقا ومن ثم فهي تطالب بوقف الهجرة وتقييد حرية انتقال العمالة، ومنع انتقال الصناعة والاستثمارات لبلاد الجنوب، ومن ثم فهي تعارض العولمة من خلال رؤية اليمين العنصرية.

والحقيقة أن هذه الطبقة هي الأكثر تضررا من العولمة نتيجة لما تم سحبه منها من حقوق وحريات اجتماعية واقتصادية وثقافية حصلت عليها في الفترة الاحتكارية والدولتية، لا تقاس بها تلك الحقوق الضئيلة التي يخسرها العمال الآن في بلاد الجنوب نتيجة الرأسمالية الكوكبية.

كما أن عمال قطاع الدولة سواء في الجنوب أو الشمال المناهضون لخصخصة القطاع العام يدافعون في الحقيقة عن الشكل الأكثر استغلالا واستعبادا لهم وتسببا لاغترابهم. وإن كان يبدو اكثر حماية لهم ظاهريا، وهؤلاء يعارضون العولمة من زاوية يمينية تدافع في جوهرها عن البطالة المقنعة وضعف الإنتاجية الذي يتميز به قطاع الدولة.

ولكن هذه أوضاع مؤقتة لمواقف الطبقة العاملة سرعان ما تنتهي مع اكتمال

الكوكبية، فعندما يتساوى العمال في ظروف عملهم وحياتهم عالميا في مواجهة الرأسمالية الكوكبية، فإن مواقفهم ستتوحد بالضرورة في مواجهتها وهذا ما تسعى إليه بعض جماعات مناهضة العولمة برفعها شعارات مثل الحرية والهجرة مقابلة حرية التجارة وتعويضات متماثلة لقوة العمل مقابل نفس الإنتاجية في بلدان المركز والمحيط.

كما يتضرر من العولمة أيضا من زاوية اليمين، الرأسماليون المحليون الذين يتضررون من المنافسة الأجنبية ومزاحمتها لهم في سوقهم المحلي، ذلك السوق الذي كانوا يتمتعون فيه بأوضاع شبه احتكارية تحقق لهم هوامش ربح مرتفعة للغاية برغم عدم قدرتهم على المنافسة عالميا، حيث ينفردون بالمستهلك المحلي، فيبيعون له بضاعة أردأ أو أغلى لا لشيء سوى أنه لا يوجد سوى سلعهم المحمية بالسياسة الحمائية.

وحتى بالنسبة لهؤلاء فإن إفلاس غالبيتهم المنتظر نتيجة الرأسمالية الكوكبية سيؤدي بأقليتهم الأكثر قدرة على تطوير وسائل إنتاجها للاندماج في السوق العالمية الموحد وتحسين منتجاتها لإكسابها قدرة أعلى على المنافسة، وسيكفون عن معارضتهم للعولمة بذوبان أي فروق ما بين ما هو قومي وما هو عالمي في الإنتاج.

ينضم لهؤلاء بيرقراطيو قطاع الدولة الذين كانوا يحتكرون السوق المحلي، والذين ما زالوا قادرين بما توفر لديهم من أموال نتيجة أوضاعهم السابقة على الاندماج في الاقتصاد العالمي ومن ثم سيكفون بدورهم عن المعارضة.

من هنا يبدو جليا أن الحديث عن العولمة بشكل يركز على أنها مجرد الهيمنة الأمريكية على العالم والخضوع لمنظمة التجارة العالمية والبنك الدولي أمر يجانب الفهم الصحيح للعولمة، فالذي يحكم العالم ليس الرئيس الأمريكي ولا منظمة التجارة العالمية ولا البنك الدولي ولا منظمة الثمانية الكبار، فكل هذه مجرد أدوات ومؤسسات تعمل في خدمة ديكتاتورية أسواق المال العالمية التي بسبب طابعها العالمي لا تعرف الجنسية ولا القومية ولا الدين الأمر الذي سينتهي بالضرورة إلى السيادة الكاملة للرأسمالية الكوكبية (العالمية).

المبحث الخامس

موقف العالم الإسلامي من العولمة

الإسلام دين يتميز بالعالمية، وينصرف معنى العالمية هنا، إلى عالمية الهدف والغاية والوسيلة، ويرتكز الخطاب القرآني على توجيه رسالة عالمية للناس جميعا، فقد ورد في القرآن الكريم ﴿وما أرسلناك إلا رحمة للعالمين﴾ (الانبياء:١٠٧)، وقوله تعالى: ﴿وما أرسلناك إلا كافة للناس بشيرا ونذيرا ولكن أكثر الناس لا يعلمون﴾ (سبأ:٢٨). ووصف الخالق عز وجل نفسه بأنه (رب العالمين) وذكر اللـه عز وجل، الرسول صلى اللـه عليه وعلى آله وسلم مقترنا بالناس والبشر جميعا، فقد ورد في قوله تعالى: ﴿وكذلك جعلناكم أمة وسطا لتكونوا شهداء على الناس ويكون الرسول عليكم شهيدا﴾ (البقرة: من الآية١٤٣). ﴿ قل يا أيها الناس إني رسول اللـه إليكم جميعا الذي له ملك السماوات والأرض لا إله إلا هو يحيي ويميت فآمنوا بالله ورسوله النبي الأمي الذي يؤمن بالله وكلماته واتبعوه لعلكم تهتدون﴾ (الأعراف:١٥٨).

وعلى هذه المبادئ، قامت الحضارة الإسلامية إلى جانب الحضارات الأخرى، فقبلت الآخر وتفاعلت معه، بل أن الحضارة الإسلامية تعاملت مع الاختلاف بين البشر باعتباره من سنن الكون، لذلك دعا الخطاب القرآني إلى اعتبار الاختلاف في الجنس والدين واللغة من عوامل التعارف بين البشر باعتبار أن الإسلام يوحد بين البشر جميعا في أصل الخلق والنشأة والكرامة والإنسانية والحقوق الأساسية العامة ووحدانية الإله وحرية الاختيار وعدم الإكراه ووحدة القيم والمثل الإنسانية...

ومع ذلك فقد انقسم عالمنا الإسلامي إلى قسمين، الأول منهما يتقبل كل ما يأتي من الشرق أو الغرب دون تفحص، ويتحمس له ويتهم الرافضين بالجهل والتخلف والرجعية، فعنده كل ما يأتي من البلاد المتقدمة لابد أن يكون متضمنا لأسباب التقدم والرقي.

أما الفريق الثاني فيبدي تخوفه وحذره عند ظهور أي تيار فكري جديد أو مذهب اقتصادي أو نظرية سياسية، من منطلق خشيته على القيم الدينية الأمر الذي يدفعه إلى رفض هذا التيار أو ذاك، لما يمثله في نظره من غزو فكري أو اقتصادي، وقد يميل إلى الاعتقاد بأن هذا الغزو يمثل أحد فصول مخطط مرسوم للنيل من الإسلام أو الهوية الإسلامية.

وفي مواجهة تيار العولمة أبدى هذا الفريق رفضه الشديد لهذا التيار مستندا إلى صراعات الماضي البعيد ابتداء من الحروب الصليبية ومرورا بالهيمنة الاستعمارية المباشرة وغير المباشرة على الدول العربية في القرنين التاسع عشر والعشرين وانتهاء بالسياسات التي تمارسها الدول الرأسمالية المتقدمة إزاء القضايا العربية.

وتحت هذا الهاجس نظر هذا الفريق إلى العولمة لا باعتبارها عملية موضوعية بل بدعة غربية ومشروعا أمريكيا تحديدا يراد من خلاله فرض الهيمنة الكاملة على العالم العربي والإسلامي بأسم الموضوعية والحتمية التاريخية.

وعلى حسب هذا الرأي فإن العولمة مشروع غربي جديد يستهدف مواجهة وتخريب الرؤية الكونية الشمولية للإسلام والمسلمين، إنها مشروع معادي قديم بلباس جديد. واستند أصحاب هذا الرأي إلى الثوابت التالية في بناء رأيهم المناوئ للعولمة:-

١- إنها تهديد مباشر للهوية العربية والإسلامية، فهي تهديد للدين والثقافة والتاريخ واللغة والثقافة والعادات والوطن، فالبعض منهم يدعي أنها تبشر بالفكر الديني المسيحي، والبعض الآخر يذهب إلى أنها تروج للثقافة الغربية المناهضة للثقافة الشرقية والإسلامية.

٢- إن العولمة بطبيعتها الكونية المناهضة للكونية الإسلامية تسعى إلى إلغاء التنوع الثقافي، وفرض ثقافة بعينها، هي الثقافة الإنجلوأمريكية بأسم العولمة، ولاشك في أن كثرة من الكتابات في الدول الرأسمالية المتقدمة، تقدم أدلة غير قليلة على هذا المنحى في سياسات العولمة وفي صراعها ضد الثقافات الأخرى، ومنها الثقافات الإسلامية، فقد ذهب صموئيل هنتنكتون في كتابه (صدام الحضارات) إلى انه (في

هذا العالم لن تكون الصراعات المهمة والعنيدة والخطيرة بين الطبقات الاجتماعية أو بين الأغنياء والفقراء أو بين جماعات محددة اقتصاديا، الصراعات ستكون بين شعوب تنتمي إلى كيانات ثقافية مختلفة... وكما يظهر سوف لن تكون العلاقات بين الدول والجماعات التي تنتمي إلى ثقافات مختلفة علاقات وثيقة، بل غالبا ما ستكون عدائية، بيد أن هناك علاقات ثقافية هي اكثر عرضه للصراع من غيرها، على المستوى الأصغر، فإن أشد خطوط التقسيم الحضاري عنفا هي تلك الموجودة بين الإسلام وجيرانه الأرثوذكس والهندوس والأفارقة والمسيحيين الغربيين، وعلى المستوى الأكبر فإن التقسيم السائد هو بين الغرب والبقية مع أشد الصراعات القائمة بين المجتمعات الإسلامية والمجتمعات الآسيوية من جهة الغرب من جهة أخرى ومن المرجح أن تنشأ في المستقبل أخطر الصراعات نتيجة تفاعل الغطرسة الغربية والتعصب الإسلامي والتوكيد الصيني).

٣- إن القيم الغربية المعولمة وأيديولوجيا العولمة يراد من خلالها القضاء على القيم الإسلامية والسماوية، فالعولمة تهديد مباشر للثوابت الدينية السماوية باعتبارها سنن كونية لا يمكن ولا يجوز تغييرها فهي في نشاطها ضد العولمة تؤكد على ما يلي (إن العالم يسير وفق سنن كونية ثابتة وهي من عند الله ولا يمكن تعديلها أو تغييرها، وإن الدين الإسلامي دين كوني وشمولي يجسده القرآن والشريعة الإسلامية، وهي أحكام قابلة للتطبيق عالميا وفيها الإجابة عن كل الأسئلة التي تطرحها الحياة على مدى العصور، كما لا يجوز فصل الدين عن الدولة في حين تسعى العولمة إلى فرض العلمانية والقضاء على الدولة والسيادة الوطنية لصالح الغرب والشركات متعددة الجنسيات... وإن الصراع الراهن مع الغرب ليس إلا عملية تجديد للتحديات السابقة التي واجهها العالم الإسلامي من جانب الغرب قبل قرون عديدة) وإن العولمة الجديدة التي تستند إلى حضارة المجتمعات التكنولوجية المتطورة تريد نشر الفساد والمظالم والتفسخ الأخلاقي وتغيير القيم والعادات في جميع أرجاء العالم الإسلامي والقبول بها يعبر عنها أضعف المسلمين إزاء تحديات الغرب، إذ أن العولمة تريد فصل الإنسان العربي عن وطنه وأمته ودولته ودينه

ليصبح مفرغا من أي محتوى فكري وثقافي وسياسي لتفرض عليها أيديولوجيا العولمة الغربية وإن السبيل الوحيد المتاح لمواجهة كل ذلك يكمن في العودة إلى الأصول، إلى ماضي الإسلام الذي عاشه المسلمون في زمن النبي محمد صلى الله عليه وعلى آله وسلم والخلفاء الراشدين، ولذلك فالشعار الذي تطرحه هذه الجماعات هو الإسلام هو الحل.

وبعد هذا العرض الموجز لما ذهب إليه بعض مناوؤا العولمة من المفكرين المسلمين، نشير إلى أن هناك قوى إسلامية معتدلة لكنها قليلة تحاول أن تجد لغة مشتركة مع العولمة الجارية والتمييز بين ما هو قابل للأخذ وما يفترض رفضه منها.

الفصل الثاني

تطـور مفهوم حقوق الإنسـان

المبحث الأول

الأساس التاريخي لحقق الإنسان

ارتبط الحديث عن حقوق الإنسان والمطالبة بها، بالنظريات المطروحة في أصل نشأة الدولة باعتبار أن منح وانتهاك حقوق الإنسان ارتبط بالقابضين على السلطة ومصدرها.

فقديما طرحت النظرية الثيوقراطية (الدينية) لتبرير أصل نشأة الدولة، وعلى حسب هذه النظرية، فإن الـلـه عز وجل هو صاحب السيادة وإليه ترجع السلطة والأمور[1].

من هنا طالب أنصار هذه النظرية بتقديس السلطة، فالحاكم بموجب هذه النظرية ما هو إلا وسيلة لتنفيذ الإرادة والمشيئة الإلهية، الأمر الذي يستتبع بالضرورة أن تكون إرادة الحاكم فوق الجميع.

ومع اتفاق أنصار هذه النظرية على أن السيادة لله إلا انهم اختلفوا في الأسس التي يتم بموجبها اختيار من يزاول السلطة.

فذهب الاتجاه الأول، إلى أن الحاكم هو الإله (نظرية الطبيعة الإلهية للحاكم) (La nature divin des gouvernants) وحيث أن الحاكم هو الإله كان لا بد أن يعبد وتقدم له القرابين، فالحاكم آله يعيش وسط البشر ويحكمهم[2].

---

١ - د. عبد الحميد متولي - القانون الدستوري والنظم السياسية - ج١- ط٤ - ١٩٦٥ - ص ٣٢.

٢ - د. عبد المنعم محفوظ ود. نعمان الخطيب - مبادئ النظم السياسية - دار الفرقان للنشر والتوزيع - الأردن - ١٩٨٧ - ص ٦٠.

ووجدت هذه النظرية لها عدة تطبيقات في الحضارات القديمة ومنها الحضارة الفرعونية والحضارة الصينية[1].

أما الاتجاه الثاني فذهب إلى أن الحاكم ليس هو الإله، لكنه مختار من قبل الإله بصورة مباشرة (نظرية الحق الإلهي المباشر) (Droit divin surnaturel Theo'rie) فعلى حسب هذه النظرية، أن الـلـه عز وجل خلق كل شيء والدولة إحدى هذه المخلوقات وهي من صنعه، خلقها بطريقة مباشرة وأقام عليها حكاما من قبله وحملهم أمانة الحكم على مخلوقاته، على ذلك أن الحاكم يستمد سلطاته مباشرة من الإله، من هنا لا يسأل الحاكم إلا من قبل الإله ولا سلطان عليه إلا من قبل الأخير.

ويرجع جانب من الفقه هذه النظرية إلى رجال الدين المسيح في القرنين السابع والثامن عشر، حين كانت الشريعة المسيحية تؤكد على كرامة الإنسان والحد من سلطة الملوك الدينية، غير أن هذه الدعوة صاحبها صراع بين الملوك ورجال الدين بشأن من تكون له السلطة العليا، واهتدى رجال الدين وعلى رأسهم (سان بيير - وسان بول) إلى تفسير قول المسيح (دع لقيصر ما لقيصر وما لله لله) على أنه دعوة لفصل السلطة الزمنية عن السلطة الدينية وانتهوا إلى أن للسلطة سيفان[2]:-

الأول: سيف السلطة الدينية ويودعه الرب للبابا في الكنيسة.

الثاني: سيف السلطة الزمنية ويودعه الرب بإرادته المباشرة للإمبراطور.

فالقديس بولس كان يقول (على كل شخص وجوب الخضوع للإمبراطور صاحب السلطة لأن كل سلطة مصدرها الـلـه، وحيث أن سلطة الحاكم من الـلـه فقد وجبت طاعته لأن في معصيته معصية الـلـه).

---

١ - د. عبد الحميد متولي - الوسيط في القانون الدستوري - دار النهضة العربية - القاهرة - ١٩٥٦ - ص ٢٣.

٢ - د. إبراهيم درويش - علم السياسة - دار النهضة العربية - القاهرة - ١٩٧٥ - ص ١٥٩.

ولاقت هذه النظرية رواجا في فرنسا، حيث لجأ إليه ملوك فرنسا كوسيلة للتخلص من تدخل البابا في سلطاتهم الدنيوية[١]. ومن بين الملوك الذين تمسكوا بهذه النظرية لويس الرابع عشر، والخامس عشر الذي أشار في إحدى خطبه إلى (أننا نتلقى التاج من الله فسلطة عمل القوانين هي من اختصاصنا وحدنا لا يشاركنا في ذلك أحد ولا تخضع مزاولة عملنا لأحد)[٢].

وفي ظل طروحات النظرية الدينية (الثيوقراطية) فإنه لا يمكن الحديث عن حقوق الإنسان أو المطالبة بها أو انتهاكها، باعتبار أن الحاكم هو الإله أو مختار مباشرة من قبل الإله وحيث الأمر كذلك فله الأمر من قبل ومن بعد ولا يمكن محاسبته أو مطالبته بما لم يذد به أو يتكرم به على الرعية.

وإلى جانب النظرية الدينية، طرحت نظريات أخرى في بيان أصل نشأة الدولة، من بينها نظرية القوة، إذ يرجع أصحاب هذه النظرية أصل نشأة الدولة إلى القوة المادية التي يفرضها أحد الأفراد على الباقين ، ويتحدد مفهوم القوة وفق هذه النظرية بالقوة المادية تحديدا دون قوة الإقناع[٣].

ويبدو لنا أن هذه النظرية وما طرحته من آراء، جاءت متأثرة بواقع ما كان يعيشه الأفراد في المجتمعات القديمة، حيث كان يسودها الصراع من اجل السلطة والهيمنة، ويطغي عليها طابع القوة المادية، فنشأت بذلك العشائر والقرى والمدن التي كان يرأسها الأقوى ماديا وبدنيا.

والملاحظ أن هناك العديد من الفقهاء الكبار قالوا بهذه النظرية، ربما كان من أبرزهم الفقيه (ديجي) الذي ذهب إلى أن (السلطة في الدولة تكون بيد من يملك القوة)

---

١ - د. محمد سليمان الدجاني ود. منذر سليمان الدجاني - السياسة - نظريات ومفاهيم - دار بالمينوس - عمان - أوستن - ١٩٨٦ - ص ٧٤.

٢ - نقلا عن الدكتور محمد كامل ليلة - النظم السياسية - دار النهضة العربية - القاهرة - ١٩٦١ - ص ٢٠٢ .

٣ - انظر سعيد أبو الشعير - القانون الدستوري والنظم السياسية المقارنة - ج١- ط٢- دار المطبوعات الجامعية - الجزائر - ١٩٩١- ص ٢٢.

وفي ألمانيا ذهب (أوبنهايمر) إلى أن (الدولة هي نظام اجتماعي فرضه الغالب على المغلوب). أما الفقيه (بلونارك) فذهب إلى أنه (الدولة تخضع لقانون حكم الأقوى) وبذات الاتجاه ذهب الفقيه (بلنتشي) الذي يرى أن (الظفر بالحرب هو بمثابة حكم أصدره الإله لصالح من عقد له النصر).

ومما لا شك فيه أنه لا يمكن الحديث عن حقوق الإنسان في ظل نظرية تقوم على أساس مبدأ القوة المادية لإخضاع الأفراد لسلطة الحاكم، فهذه النظرية لا تؤمن بالحوار والإقناع والشرعية في اختيار الحاكم، وبالتالي كان للأخير أن يفرض سلطته بالقوة على الأفراد ويعصف بحقوقهم وحرياتهم ويصادرها كيفما يشاء وحينما يشاء.

على ذلك وفي ضوء ما طرحناه من آراء نظرية وواقع فعلي، فإن ولادة حقوق الإنسان والمواطن، لم تكن بالأمر اليسير إذ استوجبت عدة قرون من المخاض والنضالات المتوالية التي انطلقت من إنجلترا في القرن الثالث عشر وفي الولايات المتحدة وفرنسا في القرن الثامن عشر.

فقد كانت الطبقات الصاعدة بهذه البلدان، وراء هذه النضالات السياسية الهادفة إذ عانت هذه الطبقات من الأنظمة السياسية والاقتصادية التي بنيت على الحكم المطلق وتكبيل الحريات وتجاهل حقوق الإنسان والمواطن.

ووجدت هذه الطبقات ضالتها في الفلاسفة والمثقفين بصفة عامة الذين عملوا على وضع نظريات جديدة تقوم على المواطنة بوصفها قيمة مطلقة مفندة بذلك النظريات القديمة التي قامت وتقوم عليها حتى الآن بعض النظم السياسية والاقتصادية والتي كانت تعد الحاكم آله أو على الأقل مستمد سلطته من الإله، وبالتالي فلا مناص من طاعتهم وتقديسهم بغض النظر عن تصرفاتهم وظلمهم وطغيانهم.

وكانت الطبقات الصاعدة في إنجلترا وفرنسا على وجه الخصوص وليدة النهضة الاقتصادية التي عرفتها أوروبا الغربية منذ القرن السادس عشر آثر اكتشاف العالم الجديد وطرقات لم تكن مألوفة لديها من قبل والتي فتحت أمام تجارتها آفاقا واسعة الأمر الذي أسفر عن بروز نمط من الاقتصاد أتخذ بعدا عالميا وأصبح يعرف

بـ(الاقتصادي العالمي) وتعززت من جراء ذلك في إنجلترا وفرنسا فئات رأسمالية ترتكز على البعض من الفلاحين والصناعيين الأغنياء وفئة قليلة من النبلاء وخصوصا على التجار الذين أثروا من التجارة العالمية.

وكانت هذه الطبقات الصاعدة رغم تفوقها الاقتصادي مهمشة سياسيا إذ بقيت تخضع لأنظمة سياسية تقوم على الحكم المطلق إذ كان ملوك إنجلترا حتى القرن السابع عشر وملوك فرنسا حتى ثورة ١٧٨٩ يتصرفون في شؤون البلاد حسب نزواتهم وبما تقتضيه مصالحهم وذلك باحتكار كل السلطات باعتبارهم ملوكا متوجين من قبل الإله، وبالتالي فهم يستمدون نفوذهم وسلطانهم من العناية الإلهية ومن المسلم به في مثل هذه الظروف لا يكون للشعب بمن فيهم الطبقات الصاعدة حق الإلهام في تحديد مصيرها باعتبار السكان رعايا لا مواطنين.

ثم إن مثل هذه الأنظمة تغيب فيها المساواة السياسية والاجتماعية بين السكان، إذ أنها تبنى على تمتع النبلاء وكبار رجال الدين بامتيازات سياسية واقتصادية وجبائية على حساب ميزانية الدولة، كما تتميز بانفراد الأرستقراطية التقليدية بالحكم وإصرارها على إبقاء الفئات الرأسمالية خارج السلطة، وإلى جانب ذلك كان المجتمع يرزح تحت سيطرة الكنيسة التي تمثل ثاني ركائز هذه الأنظمة التي بقيت تروج تصورات لا تساعد على التقدم السياسي والاقتصادي وتبرر كل التجاوزات الناجمة عن النظام السياسي، فهذه الأنظمة التي تتنافى مع الحرية بمفهوميها السياسي والاقتصادي ومع المساواة، وتتناقض مع حقوق الإنسان التي هي أساس التقدم.

وهكذا كان على الفئات الرأسمالية الصاعدة العمل على إزالة هذه العراقيل لتحقيق طموحاتها المتمثلة أساسا في تنمية أرباحها والمشاركة في الحكم لإرساء نظام سياسي جديد يبنى على الحرية والمساواة وينتقل فيه السكان من طور الرعية إلى طور المواطنة، وعندما اصطدمت مساعيها برفض الطبقة الأرستقراطية ورجال الكنيسة المتشبثين بامتيازاتهم، سعت إلى افتكاك السلطة منهم للقضاء على جميع العراقيل وبعث نظام سياسي جديد مما استوجب الدخول في نضال سياسي طويل اشتدت فيه الحاجة

إلى أفكار ومبادئ جديدة لدك المبررات الأيديولوجية التي كانت تتحصن وراءها القوى المحافظة.

وقد اضطلع بهذا الدور فلاسفة التنوير الذين احتضنتهم الفئات الرأسمالية الصاعدة ودعمتهم ماديا وأدبيا وبرز هذا التيار في بداية الأمر في إنجلترا التي كان لها نصيب الأسد في التجارة العالمية حيث شعرت طبقاتها الرأسمالية الصاعدة بحاجة إلى التغيير منذ القرن السابع عشر.

المبحث الثاني

الأساس الفلسفي لحقوق الإنسان

يقرن الباحثون في مجال حقوق الإنسان، الأساسي الفلسفي لحقوق الإنسان بنظرية العقد الاجتماعي.

وكان الأولى بهؤلاء الباحثين التمييز بين آراء القائلين بهذه النظرية (هوبز - لوك - روسو)[1]، حيث اتفق من قال بها في جوانب معينة واختلفوا في جوانب أخرى، فاتفقوا على إن الأفراد كانوا يقاسون في حياتهم البدائية وانهم انتقلوا من حياة الفطرة إلى الحياة المنظمة بموجب العقد.

لكنهم اختلفوا في أطراف العقد والتزاماتهم ونتيجة العقد وطبيعته، فقد سخر توماس هوبز كل كتاباته السياسية لتدعيم الملكية المطلقة في إنجلترا وإضفاء الشرعية على الحكم المطلق لآسرة (ستيورات) ومحاربة الدعوات التي نادى بها (كروميل) ضد

---

١ - ذهب جانب من الفقه إلى أن هذه النظرية تعود إلى فلاسفة القرنين السابع والثامن عشر وتحديدا من قبل (توماس هوبز وجون لوك وجان جاك روسو).

* **انظر د. إبراهيم درويش:**

في حين يذهب الرأي الغالب في الفقه إلى أن هذه النظرية ترجع إلى فترات زمنية بعيدة، ونسبها البعض إلى الفيلسوف أرسطو حيث أكد على الصفة الرضائية في تكوين الدولة، كما تعّرض فلاسفة القانون الروماني لفكرة العقد الاجتماعي بصدد تحليلهم لطبيعة القانون وقبوله من قبل الجماعة إلا أن السبب في اقتران هذه النظرية بكل من هوبز ولوك وروسو هو انهم قاموا بتأصيل هذه النظرية وعرضها بطريقة واضحة.

انظر مؤلفنا - القانون الدستوري والنظم السياسية - دار إيتراك للطباعة والنشر - القاهرة - ٢٠٠٤ - ص ١٣ ز وكذلك د. محمد انس قاسم جعفر - النظم السياسية والقانون الدستوري - دار النهضة العربية - القاهرة - ١٩٩٩- ص ٣١، كذلك د إبراهيم درويش - المرجع السابق- ص ١٦٩، كذلك د. عبد المنعم محفوظ ود. نعمان الخطيب - المرجع السابق - ص ١٠٥ كذلك د. سعيد أبو الشعير - المرجع السابق - ص ٣٢.

الملكية المطلقة ابتغاء تحقيق سيطرة البرلمان على العملية التشريعية وكان ذلك يهدف إلى تحقيق الاستقرار الداخلي للدولة والحد من الأزمات التي كانت تعصف بإنجلترا آنذاك لا سيما وإن أسبانيا كانت تهدد إنجلترا بالغزو[١].

وبنى هوبز آراءه في العقد الاجتماعي على أساس أن المصلحة الإلزامية هي محرك السلوك الإنساني، فقد تميزت حياة الأفراد بالصراعات لقيامها على العزلة والبدائية والوحشية[٢]، وسيطرة قانون شريعة الغاب على حياة الأفراد وصور الإنسان باعتباره جزءا من هذا العالم لا يسعه إلا أن يخضع لقانون الحركة، إذ تتحرك نفسه نحو الأشياء الخارجية التي ترضي رغباته ونوازعه، وينفر من الأشياء التي لا تتفق ودوافعه النفسية ومصدر انجذابه ونفوره هي الأنانية التي تتمثل في حرصه على صون ذاته واجتناب ما يضرها كل ذلك جعل من الحياة الإنسانية جحيما قانونها الحرب المستمرة والخوف والشقاء والوحشية[٣].

وللحد من تلك الحالة الفوضوية بدأ الإنسان يبحث عن الوسيلة التي تمكنه من الخروج من هذا الواقع إلى حياة يسودها الأمن والاستقرار، فاهتدى إلى فكرة العقد الاجتماعي[٤]. وبموجب هذا العقد يلتزم كل فرد بالتنازل الكلي المطلق والنهائي عن كافة حقوقه وحرياته الطبيعية للسلطة المدنية أيا كان مساؤها واستبدادها[٥]. لأنها مهما بلغت من سوء وطغيان تبقى خيارا أفضل من حياة الفوضى التي كان يعيشها الأفراد قبل هذا التنازل.

ويرى هوبز أن هذا العقد جرى إبرامه بين كل الأفراد في المجتمع إلا الحاكم، حيث أن الأخير (الحاكم) ليس طرفا في العقد ولكن جرى التنازل له من

---

١ - د. محمد عبد المعز نصر - المرجع السابق- ص ٦٩.
٢ - انظر جان وليم لا بيير- السلطة السياسية - - ترجمة الياس حنا الياس - منشورات عويدات - بيروت - باريس - ط٢ - - ١٩٧٧ - ص ١٢.
٣ - د. محمد عبد المعز نصر - المرجع السابق - ص ٧٠.
٤ - انظر سعيد أبو الشعير - المرجع السابق - ص ٣٢.
٥ - د. عبد المنعم محفوظ ود. نعمان الخطيب - المرجع السابق - ص ١٠٧.

قبل باقي الأفراد عن كل الحقوق التي يمتلكونها لكي يوفر لهم حياة الأمن والاستقرار.

وحيث أن الحاكم ليس طرفا في العقد فلا يقع عليه أي التزام ولا تثار مسئوليته تجاه الأفراد الذين تنازلوا له عن حقوقهم وإن استبد أو أساء استخدام صلاحياته.

وليس للأفراد التحرر من التزامهم بالطاعة المطلقة للحاكم إلا إذا عجز الأخير عن كفالة الأمن لهم، أو إذ نزل عن الحكم بنفسه أو إذا هزم في الحرب أو أصبح نفسه أسيرا.

والواقع أن هذا التطرف في مناصرة الحكم المطلق والدعوة إلى العصف بحقوق الأفراد وحرياتهم لم يكن من باب التقرب للحاكم أو الدعاية للنظام السياسي ولكن يأتي انعكاسا للظروف التي أحاطت بـ(هوبز)، فقد عاش هوبز بفترة تاريخية (١٥٨٨ - ١٦٧٩) تميزت بالاضطرابات في كل من إنجلترا وفرنسا مما كان له أبلغ الأثر على فكره الذي كرسه لتأييد الحكم المطلق [1].

لكن الطبقة البرجوازية الإنجليزية وجدت ضالتها في الفيلسوف (جون لوك) (١٦٣٢- ١٧٠٤) الذي كان بمثابة المنظر لها وبالتالي لثورة ١٦٨٨، فالشعب الإنجليزي لم يكتف بنجاحه في الإطاحة بالحكم المطلق، لكنه كان يبحث على من يؤيده فكريا في الثورة حتى بعد انتصارها من خلال توضيح مفاهيمها وترسيخ مبادئها في قلوب الأجيال الحاضرة والمتعاقبة.

لقد أسهم لوك ووالدة في الثورة ضد الملكية المطلقة في إنجلترا وكان من الشخصيات التي ساهمت في إعلاء شأن الفرد وإبراز هويته السياسية والاجتماعية [2]، وسجل(لوك) في كتابه (في الحكم المدني) أفكاره السياسية التي تقوم على مناهضة الحكم المطلق وتعضيد نضال البرلمان ضد الملك وتدعيمه للثورة باعتبار أن الملك (جيمس الثاني) أخل بشروط العقد الاجتماعي [3].

---

١ - انظر د. فؤاد العطار - المرجع السابق - ص ١٢٢.

٢ - د. محمد أنس قاسم جعفر - المرجع السابق - ص ٣٤.

٣ - د. إبراهيم درويش- المرجع السابق - ص ١٧١.

ويتفق لوك مع هوبز في أن الإنسان كان يعيش في حياة الفطرة حالة من الفوضى والاضطراب وتعارض المصالح والحقوق، إلا أنه اختلف معه في وصف حياة الفطرة، فقد كان لوك يرى أن الفرد في حياة الفطرة كان ينعم بالخير والرخاء والسعادة والحرية والمساواة وفق مبادئ يحكمها قانون الطبيعة.

وبالرغم من هذه الحياة الهادئة التي كان يعيشها الإنسان في حياة الفطرة، إلا أنه كان يسعى لحياة أفضل، تتمثل في إقامة دولة تحكمها مبادئ معينة تستند إلى قانون أشمل وأدق من قانون الطبيعة.

هذا إضافة إلى أن الإنسان بالرغم مما كان ينعم به من هدوء واستقرار إلا أن استمراره لم يكن مؤكدا بسبب ما كان يمكن أن يتعرض له من اعتداء من قبل الآخرين، فحياته كانت مليئة بالمخاطر المتجددة[1]. ناهيك عن أن حياة الفطرة كانت تفتقر إلى سلطة تأخذ على عاتقها تنفيذ مبادئ القانون الطبيعي، من هنا اتفق الأفراد على إبرام عقد من شأنه نقلهم من حياة الفطرة إلى حياة المجتمع المدني المنظم.

وأطراف العقد عند لوك الأفراد والحاكم، وبموجب هذا العقد يتنازل الأفراد عن القدر الضروري من حقوقهم الطبيعية لإقامة السلطة مع الاحتفاظ بباقي الحقوق التي على الحاكم الاعتراف بها والتعهد بحمايتها وتوجيه جهوده لتحقيق الصالح العام واحترام حقوق الأفراد الخاصة ومن بينها حق الملكية.

على ذلك يمنح هذا العقد كل من طرفيه حقوقا ويفرض عليه التزامات، وإذا ما أخل أي طرف بالتزاماته كان للطرف الأخر تقويمه، فللشعب عزل الحاكم وللحاكم محاسبة الشعب[2]. على ذلك أن لوك يقر بشرعية الثورة كلما خرق الحاكم أحكام العقد الاجتماعي (إذ يرفض أن يكون الناس كالبهائم)، أو إذا قام الحكم على القوة والعنف أي على إنكار الحقوق الطبيعية للإنسان، وقد ورد هذا المعنى في كتابه (في الحكم المدني) (انطلاقا من أن جميع الناس أحرارا ومتساوون ومستقلون بعضهم عن البعض

---

١ - د. عبد المنعم محفوظ ود. نعمان الخطيب - المرجع السابق - ص ١٠٨.

٢- John Locke - The second treaties of Government Indiana polis - The Bobbs Merrill co - ١٩٥٢ - p.٨ -

ولا يجوز أن يخضع أحدهم للآخر دون رضاه... وإذا ما أنتزع هذا الحق من الشعوب والأفراد وأصبحت تحكمهم سلطة غير شرعية فبإمكانهم أن يثوروا ضدها...).

فاحترام حقوق الإنسان أي حقه في الحياة والملكية والمساواة والحرية يمثل في نظر لوك شرطا من شروط الاستقرار السياسي وبالتالي التنمية والتقدم، وقد كان لأفكار لوك شديد الأثر في إنجلترا وفرنسا والمستعمرات الإنجليزية في أمريكا الشمالية حيث أسهمت في بلورة بعض مذاهب حقوق الإنسان هناك.

فتأثر بها الفيلسوف الفرنسي (مونتسكيو) (١٦٨٩ - ١٧٥٥) الذي أقام في إنجلترا زهاء السنتين وأنبهر بنظامها السياسي المنبثق عن ثورة ١٦٨٨ وبأفكار لوك حول الحقوق الطبيعية للإنسان. وعمل آثر عودته إلى فرنسا على بعث نظرية تقوم على إرساء نظام سياسي يضمن الحقوق الطبيعية، وذلك بترجمتها إلى حقوق وضعية تجسدها دولة القانون والمؤسسات.

لقد طرح (مونتسكيو) أفكاره بشأن نظام الحكم في فرنسا في كتابه الشهير (روح القوانين) ووجد (مونتسكيو) أن النظام السياسي الأمثل لفرنسا، هو النظام الملكي الذي يخضع فيه الملك لرقابة برلمان يمثل الأمة ويقوم على الفصل بين السلطات، فالفصل بين السلطات في نظره يوفر أسباب الانتقال من طور الرعية إلى طور المواطنة، ويمكن المواطن من محاسبة الحاكم، فقد جاء في كتابه روح القوانين (توجد في كل دولة ثلاثة أنواع من السلطات وهي السلطة التشريعية والتنفيذية والقضائية.. وحينما تندمج السلطة التشريعية مع السلطة التنفيذية تنعدم الحرية، لأن الشخص أو المؤسسة الذي يتقلد مثل هذه السلطة المزدوجة قد يسن قانون جائر ويعمل على تطبيقه بطريقة تعسفية...).

والملاحظ أن نظرة (مونتسكيو) لحقوق الإنسان كانت شاملة إذ لم تنحصر في الإنسان الأوروبي، فلم يتوان هذا الفيلسوف في التنديد بالسياسة الاستعمارية المنافية للحقوق الطبيعية للإنسان ولحق الشعوب في تقرير مصيرها، كما ندد بالعبودية إذ أثارته تجارة العبيد وإرسال الزنوج إلى أمريكا في ظروف قاسية، ودافع عن حرية التعبير والرأي والفكر والمعتقد، وبصفة عامة فإن مونتسكيو كان يعتبر الإنسان قيمة

مطلقة مهما كان جنسه أو لونه أو دينه، وبالتالي فإن كل ما يمسه أمر يتناقض مع القانون الطبيعي الذي يقوم على الحرية والمساواة وعدم التمييز بين البشر.

أما الفيلسوف الفرنسي (فولتير) (١٦٩٤- ١٧٧٨) فقد ندد بالاضطهاد السياسي والديني ودعا إلى حرية الرأي والمعتقد باعتبار أن التعصب مجلبة للتعسف والظلم وبالتالي للمس بالكرامة الإنسانية، فقد جاء في كتابه الصادر سنة ١٧٦٣ (دراسة في التسامح) (إن المتعصبين هم الذين يقضون بإعدام الذين لا جرم لهم سوى أنهم يفكرون مثلهم، وعندما يفسد التعصب العقول فإن المرض يكون غير قابل للشفاء...).

لقد عايش (فولتير) عن كثب الاضطهاد السياسي، إذ أودع سجن الباستيل مرتين بسبب أفكاره، مما أضطره عند خروجه من السجن إلى مغادرة فرنسا ليقيم في إنجلترا ثم بقلعة فرنسية قريبة من سويسرا، كما عايش عينات من التعصب الديني التي أثارت حفيظته، تمثلت في ملاحقة البروتستانت من طرف الكنيسة الكاثوليكية وتعذيبهم بل وحتى إعدامهم بطرق وحشية، فكرس جراء ذلك حياته للنضال من اجل الحرية والمساواة والتسامح ضد الاستبداد والتعصب والتمييز والقمع المنافي لحقوق الإنسان.

وبذات الاتجاه ذهب الفيلسوف الفرنسي (جان جاك روسو) (١٧١٢- ١٧٧٨) الذي كان أكثر ثورية من (فولتير) وفلاسفة التنوير، إذ لم يكن ناقما على النظام السياسي المستبد حسب بل كذلك على النظام الاجتماعي الذي تميز بالتفاوت في الثروة بين مختلف الفئات الاجتماعية، وهذا ما يفسر دعوته لتحديد الملكية إذ أن الثروة المغالى فيها مجلبة للظلم والاستبداد.

لقد نادى روسو وعلى حد سواء مع هوبز ولوك بنظرية العقد الاجتماعي، لكنه بنى أفكاره في العقد الاجتماعي على أساس السيادة الشعبية، إذ يرى أن الدولة وجدت على اختلاف تشكيلاتها من الأفراد، وظهرت هذه التشكيلات بفعل عقد اجتماعي يجري إبرامه بطريق اختياري تارة وبالترهيب تارة أخرى وفي كلا الحالتين يفترض أن هناك أفراد يعيشون حياة الفطرة لكنهم منضبطون بقانون طبيعي[١].

١ - د. عبد المجيد عرسان العزام ود. محمد ساري الزعبي - دراسات في علم السياسة - دون ذكر اسم المطبعة ومكان الطبع - ١٩٨٨ - ص ١١٧.

لقد كان الانتقال من مجتمع الفطرة إلى المجتمع السياسي أمر بالغ الأهمية والحساسية لأنه يقتضي بالضرورة إقامة المجتمع الجديد على أسس توفر مزايا اكبر للأفراد من المزايا التي كانت توفرها لهم حياة الفطرة، إذ كان الأفراد يتمتعون في حياة الفطرة بالحرية والمساواة فالفرد قبل العقد الاجتماعي كان يملك حقوقا طبيعية أسبق في النشأة من المجتمع السياسي الذي أنشأه العقد الاجتماعي.

ويتفق روسو مع لوك في أن الإنسان كان يعيش في حياة الفطرة حياة هادئة تقوم على السلام والمساواة وعدم الاعتداء، إلا انه يختلف معه في أسباب إبرام العقد وأطرافه، فهو يرى أن الأفراد لم يتنازلوا عن حقوقهم إلى الحاكم إلا لخشيتهم من استبداده بفعل التطور المستمر للمجتمع وما ينتج عنه من مظاهر ومغريات قد تدفع الحاكم إلى الاستبداد أو تقييد الحرية للاستئثار بما أفرزه التطور.

أما أطراف العقد عند روسو هم الأفراد الذين يبرمون العقد مع أنفسهم بصفتهم أفرادا منفصلين عن بعضهم وباعتبارهم أفرادا متحدين في الجماعة السياسية التي يرغبون في إقامتها[١].

وبموجب هذا العقد يتنازل كل فرد عن حقوقه الطبيعية لمجموع الأفراد الذين تمثلهم في النهاية الإرادة العامة، على أن التنازل لا يفقد الأفراد حرياتهم وحقوقهم لأن الحقوق والحريات الطبيعية التي جرى التنازل عنها استبدلت بحقوق وحريات مدنية كانت نتاج هذا التنظيم الجديد الذي حل محل حياة الفطرة التي كان يعيشها الأفراد[٢].

لقد ذهب روسو إلى أن أي نظام لا يمكن أن يكون ديمقراطيا ما لم يكن فيه الشعب صاحب السيادة، أي صاحب الحق الوحيد في سن القوانين وتعيين الحكومة لتطبيقها تحت مراقبته، وصاحب الحق في عزلها كلما تجاوزت صلاحياتها على حساب مصالحه وحقوقه باعتبار أن للشعب حقا أخلاقيا في الثورة على كل نظام يخل بواجباته ويتجاوز حدوده. فقد جاء في كتاب العقد الاجتماعي لـ(روسو) ما نصه (إن الإرادة

١ - سعيد أبو الشعير - المرجع السابق - ص ٣١.

٢ .sJ.J. Rosseau: Du contrat social- ٢٤٣ - ٢٤٤.

الجماعية تستطيع وحدها أن تسيير دواليب الدولة، ولا يمكن أن يخضع الشعب لقوانين لا يسنها بنفسه، إن السلطة التشريعية هي ملك الشعب ولا يمكن أن تكون لغيره، وكل قانون لا يصادق عليه الشعب بنفسه يعتبر ملغى أو بالأحرى لا يعتبر قانونا)[1].

وتأثر الفيلسوف الألماني (كانط) (١٧٢٤ - ١٨٠٤) بفلسفة التنوير في فرنسا وقامت فلسفته على أن حقوق الناس هي غاية في حد ذاتها. ولكنه وعلى خلاف فلاسفة التنوير يرى بأن حقوق الإنسان ليس بالضرورة حتمية الطبيعة والماضي، بل أنها تعود إلى القيم الأخلاقية التي هي أساس التقدم والحضارة، والقانون الأخلاقي عند (كانط) يقوم على العقل الذي يرشد إلى الطريق القويم والذي يميز الإنسان عن بقية الكائنات، ويبعث فيه حسن الاستعداد ،أي الميل إلى القيام بالواجب نحو أخيه الإنسان، على أن يكون ذلك غاية في حد ذاتها لا وسيلة لتحقيق غاية. وعلى القانون تلبية حاجات الإنسان وطباعه التي تقوم على الحرية والعقلانية وعلى احترام المبدأ التالي (تصرف بطريقة يكون فيها الإنسان غاية لا أن يكون أبدا وسيلة، وتصرف على أن تتعايش حرية إرادتك مع حرية الآخرين).

وهذا المبدأ ينطبق على رأي (كانط) على الدولة التي لا يجوز مقاومتها كلما انتهكت حقوق الإنسان والمواطن وأخلت بواجباتها اتجاهه.

كما أكد (كانط) على حق الملكية الذي يمكن كل فرد من دائرة يمارس فيها حريته وضمان كل هذه الحقوق، يستوجب في نظره نظاما جمهوريا، فندما تقر جميع البلدان دستورا جمهوريا يكون بوسعها بعث جمعية أمم، وبالتالي قانون دولي وضمان السلم الذي هو من حقوق الإنسان.

١- J. J. Rosseau: Du contrat social - ٢٤٥.

المبحث الثالث

الأساس الشرعي لحقوق الإنسان

● **المطلب الأول- حقوق الإنسان في الديانة المسيحية:**

نزلت التوراة على يد سيدنا موسى (عليه السلام) ونادت بالمحبة والإخاء والتحرر من العبودية، وأمرت اليهودية بطاعة الله ومحبة الآخرين بما يحبونه لأنفسهم كما أمرتهم بالإحسان لأعدائهم، وبينت لهم أن الحياة الصالحة أعلى درجة ورحمة من حياة العداوة والبغضاء التي اعتادوا عليها.

لكن اليهود لم يتمسكوا بما جاءت به التوراة، بل أضافوا إليها على يد أحبارهم العديد من الأسفار وجمعوها تحت اسم التلمود[١].

فشريعتهم المدونة في معاداة الإنسانية ترتكز على أساس عنصري، حيث يدعي اليهود بأنهم شعب الله المختار مستندين في ذلك إلى التلمود حيث ورد فيه ما نصه (لأنك شعب مقدس للرب إلهك، إياك قد اختار الرب إليك لتكون له شعب أخص من جميع الشعوب الذين على وجه الأرض...)[٢].

ويجيز التلمود اليهودي قتل غير اليهودي، حيث ورد فيه ما نصه (أقتل الصالح من غير الإسرائيليين لأن من يسفك دم الكافر يقدم قربانا لله) كما أجاز التلمود الرق ولكن لليهود على غير اليهود باعتبارهم شعب الله المختار، ولا يختلف مركز المرأة عند اليهود عن الرقيق، فهي محرومة من الحقوق المدنية، بل هي عندهم مخلوق

غير طاهر كونها تحيض وتدخل النفاس نتيجة الولادة[٣].

---

١ - الشيخ عبد الله غوشة - رعاية الإسلام للقيم والمعاني الإنسانية في الدولة الإسلامية - المؤتمر السادس لمجمع البحوث الإسلامية في الأزهر - ١٩٧١- ص ١٦٧.

٢- الإصحاح السابع (سفر التثنية) الكتاب المقدس، العهد الأعظم - القاهرة - ١٩٦٦ - ص ٢٩٠.

٣ - الأستاذ توفيق علي وهبه - حقوق الإنسان بين الإسلام والنظم العالمية - كتب إسلامية - ع ١١٧ - المجلس الأعلى للبحوث الإسلامية - القاهرة - ١٩٧١- ص ٢٢-٢٤.

- **المطلب الثاني - حقوق الإنسان في الديانة المسيحية:**

قامت الديانة المسيحية على أساس محبة الإنسان لأخيه الإنسان وكنت تحمل مثل إنسانية عليا أساسها المحبة والعدل والإنصاف والرحمة.

كما حملت المسيحية إلى الفكر الأوروبي والحضارة الأوروبية، فكرتي كرامة الشخصية الإنسانية وتحديد السلطة.

ففيما يتعلق بالكرامة الإنسانية فقد فرقت المسيحية بين الفرد كإنسان والفرد كمواطن، ويذهب رأي في الفقه إلى أن هذه الفكرة أخذتها الشريعة المسيحية عن الفلسفة اليونانية.

كما نادت الديانة المسيحية بمساواة الجميع أمام الله، الأمر الذي يفسر الإقبال الواسع للعبيد على اعتناق الشريعة المسيحية، لكن صداها كان محدودا، فالعبودية لم تلغ وظل التقسيم الطبقي قائما، وظلت المجتمعات تعيش في ظل مبادئ القانون الروماني واليوناني وتعاليم الإمبراطورية الوثنية وإن كانت تعلن اعتناقها للمسيحية وتناضل من أجلها دائما ولم يتغير هذا الواقع حتى قيام الثورة الفرنسية التي أعلنت المساواة بين الجميع وأنهت نظام العبودية.

واللافت للنظر أن المسيحية حينما أضحت قوية بعد أن اعتنقها الإمبراطور (قسطنطين) وجعلها الدين الرسمي لروما عام ٣١٣م، بدأ رجال الدين يبحثون عن التبرير الديني للحرب، وكانت تلك بداية نظرية الحرب العادلة التي صاغها القديس (أغسطينوس) وطورها القديس(توما الأكديني) الأمر الذي يفسر العنف الذي استخدم في شمال أوروبا لإرغام سكانها على اعتناق المسيحية.

أما ما يتعلق بتحديد السلطة فتذهب التعاليم المسيحية، إلى أن أي سلطة فوق الأرض لا يمكن أن تكون سلطة مطلقة، والسلطة المطلقة لا يختص بها إلا الله، فكل سلطة إنسانية منظمة هي سلطة محدودة الصلاحية بطبيعة الحال فلا يمكن لسلطة أي حاكم مهما كان أن تكون مطلقة وللأفراد الثورة على الحاكم إذا استبد بالسلطة أو أختص بها لنفسه، لكن الواقع كان يشير إلى غير ذلك فقد أختص القيصر بالسلطتين الدينية والدنيوية بعد أن حارب الكنيسة وأخضعها لسلطته ولم يترك لمثلها أن تجني ثمارها بل انه شوه الكثير من مبادئها.

• المطلب الثالث - حقوق الإنسان في الإسلام:

في الوقت الذي كانت تعيش فيه أوروبا مكبلة بالسلطة المطلقة للحاكم، نشأت في القرن السابع الميلادي، أول دولة قانونية في الجزيرة العربية أقامها النبي (صلى الله عليه وعلى آله وسلم) غداة هجرته إلى المدينة وأرسى دعائمها القوية من بعده الخلفاء الراشدون.

فالدولة الإسلامية كانت محكومة آنذاك بدستور شرعي أنزله الله سبحانه وتعالى على رسوله الآمين، كما عرفت هذه الدولة مبدأ التدرج في القيمة القانونية للقواعد التي كانت تنظم العلاقة بين السلطات من جانب، وبينها وبين الأفراد من جانب آخر.

كما اعترفت هذه الدولة بالحقوق والحريات الفردية (حقوق الإنسان بالمعنى المعاصر) وأرست القواعد التي تكفل احترام وخضوع الدولة للقانون، مثل مبدأ الفصل بين السلطات وتبني مبدأ السيادة الشعبية والرقابة على القائمين على الدولة وشؤونها.

وبذلك يكون الإسلام قد أرسى دعائم أول دولة قانونية في التاريخ ومنه انتقت فكره الدولة القانونية إلى باقي دول العالم.

ويمكنا لقول بأن الحقوق والحريات العامة في ظل الدولة الإسلامية الأولى كانت قد تميزت بعدة خصائص :-

١- إنها منحة إلهية وليست تفضل أو منة من الدولة أو الحاكم، فقد ورد في قوله تعالى: ﴿لقد أرسلنا رسلنا بالبينات وأنزلنا معهم الكتاب والميزان ليقوم الناس بالقسط﴾ (الحديد:٢٥). كما ورد في محكم كتابه ﴿الله الذي أنزل الكتاب بالحق والميزان﴾ (الشورى: من الآية١٧). وقوله تعالى: ﴿ولقد كرمنا بني آدم وحملناهم في البر والبحر ورزقناهم من الطيبات وفضلناهم على كثير ممن خلقنا تفضيلا﴾ (الاسراء:٧٠).

٢- أنها شاملة من حيث الموضوع لكل الحقوق والحريات، حيث ورد في قوله تعالى: ﴿ألم تروا أن الله سخر لكم ما في السماوات وما في الأرض وأسبغ عليكم نعمه ظاهرة وباطنة﴾ (لقمان: من الآية٢٠). كما ورد في قوله تعالى: ﴿يا أيها الذين آمنوا كونوا قوامين لله شهداء بالقسط ولا يجرمنكم شنآن قوم على ألا تعدلوا اعدلوا هو أقرب للتقوى واتقوا الله إن الله خبير بما تعملون﴾ (المائدة:٨). كما ورد في محكم كتابه: ﴿إن الله يأمر بالعدل والأحسان﴾ (النحل: من الآية٩٠).

٣- أنها عامة لسائر الجنس البشري وبذلك تكون الشريعة الإسلامية قد أدانت التميز على أساس الجنس أو العنصر أو اللون أو الانحدار القومي أو الطبقي، فقد ورد في قوله تعالى: ﴿إذ قال ربك للملائكة إني خالق بشرا من طين۞ فإذا سويته ونفخت فيه من روحي فقعوا له ساجدين﴾ (ص: الآية ٧١-٧٢). وقوله تعالى: ﴿يا أيها الناس إنا خلقناكم من ذكر وأنثى وجعلناكم شعوبا وقبائل لتعارفوا إن أكرمكم عند الله أتقاكم ﴾ (الحجرات:١٣). وقوله تعالى: ﴿وما أرسلناك إلا كافة للناس بشيرا ونذيرا ﴾ (سبأ:٢٨). وقوله تعالى: ﴿وإن هذه أمتكم أمة واحدة وأنا ربكم فاتقون﴾ (المؤمنون:٥٢). وقوله تعالى: ﴿ومن آياته خلق السماوات والأرض واختلاف ألسنتكم وألوانكم﴾ (الروم: من الآية٢٢).

بل إن الرسول (صلى الله عليه وعلى آله وسلم)، طلب إلى أصحابه التعامل معه على أنه فرد من أفراد المجتمع الإسلامي فقد ورد في الحديث الشريف (لا تطروني كما أطرت النصارى عيسى بن مريم فإنما أنا عبد الله ورسوله).

على ذلك وضعت الشريعة الإسلامية ميثاقا متكاملا لحقوق الإنسان وحرياته، ورسمت حدودا دقيقة لتنظيم علاقة الحاكم بالمحكوم، فقد ألزمت الأخير (المحكوم) بطاعة الأول (الحاكم) ما لم يؤمر بمعصية، فقد ورد عن الرسول (صلى الله عليه وعلى آله وسلم) (السمع والطاعة على المرء المسلم فيما أحب وأكره وما لم يؤمر بمعصية، فإذا أمر بمعصية فلا سمع ولا طاعة). واستقبل الخليفة الأول أبو بكر الصديق في أول خطاب سياسي له عهد الخلافة بقوله: (أطيعوني ما أطعت الله ورسوله فيكم فإن عصيت فلا طاعة لي عليكم).

أما الخليفة الثاني عمر بن الخطاب فقد توجه إلى المسلمين مخاطبا إياهم (إن رأيتم في اعوجاجا فقوموني) فوقف واحد من العامة وقال (لو وجدنا فيك اعوجاجا لقومناه بحد سيوفنا) فرد عليه الخليفة قائلا: (الحمد لله الذي جعل في رعية عمر من يقومه بحد السيف إذا اعوج).

المبحث الرابع

الأساس الدولي لحقوق الإنسان

- **المطلب الأول - حقوق الإنسان في ظل عهد عصبة الأمم:**

لم يعرف القانون الدولي التقليدي سوى بعض المبادئ القليلة التي كانت تسعى إلى حماية حقوق الإنسان، فقد ساد مبدأ التدخل الذي كان الهدف الظاهر منه منح الحماية لرعاية الدول الأوروبية المسيحية المقيمين في دول أخرى غير أوروبية، حينما كان القانون الدولي ينظم علاقات الدول الأوروبية المسيحية، وكان هذا المبدأ ينسجم والأفكار السائدة آنذاك والتي كانت تقوم على أساس السلطان المطلق لسيادة تلك الدول.

كما عرف القانون الدولي التقليدي نظاما كان يهدف إلى حماية طائفة معينة من الأجانب، وبمقتضى هذا النظام كانت الدولة تستطيع حماية رعاياها ومصالحهم أينما ذهبوا على أساس مبدأ شخصية القانون الذي كان يسود في العلاقات الدولية، فإذا تعرضوا للاعتداء شخصيا أو على أموالهم ولم يحصلوا على تعويض أو ترضية أو لم يعاقب المعتدون، عند ذلك تتولى دولهم الدفاع عنهم بواسطة الحماية الدبلوماسية في بعض الأحيان أو بعرض الأمر على القضاء الدولي في أحيان أخرى.

وإلى جانب هذا النظام أبرمت العديد من الاتفاقيات، من بينها الاتفاقية المتعلقة بإنشاء محكمة دائمة للغنائم التي تمت الموافقة عليها خلال المؤتمر الثاني للسلام في لاهاي سنة ١٩٠٧. كما تم الاعتراف للفرد بالحق في اللجوء إلى محكمة عدل دول أمريكا الوسطى خلال الفترة من عام ١٩٠٨ وحتى عام ١٩١٨[1].

١ - أنشئت محكمة عدل دول أمريكا الوسطى بمقتضى اتفاقية أبرمت بين تشيلي وكوستريكا وجواتيمالا وهندوراس ونيكاراجوا والسلفادور.

٢- راجع - Von Heydte (F. A.) : L' individual et le Tribiunaux Internationaux - R. C. A. D. I. - ١٩٩٢ - T ١٠٦ - Vol. ٣٠. p. ٢٩٧.

وتضمن عهد العصبة العديد من النصوص الخاصة بحماية حقوق الإنسان، لكنها لم تكن شاملة لكل الحقوق والأفراد، فقد قصرت الحماية على فئات خاصة من الأفراد، فنصت الفقرة الأولى من المادة الثانية والعشرين من العهد على حماية شعوب المستعمرات والأقاليم التي أصبحت تابعة لدول أخرى في العصبة (يطبق عليها المبدأ القاضي بأن رفاهية هذه الشعوب وتقدمها إنما هي أمانة مقدسة في عنق المدنية، بأن يشمل العهد على الضمانات الكفيلة بالاضطلاع بهذه المهمة).

كما نصت الفقرة الرابعة من نفس المادة في شطرها الأخير على أنه (..وتعين أن تكون لرغبات هذه الشعوب الاعتبار الرئيسي في اختيار السلطة القائمة بالانتداب).

وخصص واضعو العهد الفقرة الخامسة من المادة الثانية والعشرين للإشارة لحقوق شعوب أفريقيا فقد نصت هذه الفقرة على أنه (وثمة شعوب أخرى وبخاصة شعوب وسط أفريقيا، ما زالت في مرحلة يتعين فيها أن تكون السلطة القائمة بالانتداب مسؤولة عن إدارة الإقليم وفقا لشروط تكفل حرية العقيدة والأديان مع مراعاة المحافظة على النظام والآداب وبتحريم الإساءات كتجارة الرقيق والاتجار بالأسلحة والاتجار بالخمور ومن إنشاء الاستحكامات أو قواعد حربية وجوية والتدريب العسكري لأغراض غير الشرطة والدفاع عن الإقليم وضمان تهيئة ظروف متكافئة لأعضاء العصبة الآخرين في الاتجار والتجارة).

والملاحظ على نص المادة الثانية والعشرين من عهد العصبة أنه لم يذكر مبدأ حماية الأقليات في ميثاقها إلا بالنسبة للدول المهزومة أو الدول الجديدة التي ظهرت نتيجة تفكك الإمبراطوريات المهزومة وأعفت الدول المنتصرة ونحوها من هذا النظام[1].

وعمليا فشل نظام العصبة في توفير الحماية للأقليات، ووقف وراء هذا الفشل عدة أسباب ربما كان من أهمها :-

___

١ - انظر د. بطرس غالي - الأقليات وحقوق الإنسان في الفقه الدولي - السياسة الدولية - ع ٣٩ يناير ١٩٧٥ - ص ١٠.

١- السمة غير العالمية لمعاهدات الأقليات، فقد فرضت هذه المعاهدات على دول معينة بينما بقيت دول أخرى خارج النظام المطبق على الرغم من وجود أقليات في إقليمها كمقابل للاعتراف بها أو قبول عضويتها في العصبة وهو ما أثار سخط هذه الدول التي رأت في التزاماتها تجاه الأقليات انتقاصا من وحدتها الوطنية وقيدا على سيادتها[١].

٢- عدم وجود نصوص تتعلق بواجبات الأقليات تجاه الدول المعنية بحمايتها فقد تجاهلت بعض الأقليات أنه يتعين عليها الالتزام بسلوك مخلص وأمين تجاه الدولة لا تتمتع بحمايتها على المستوى الدولي واعتبرت نفسها بمثابة دولة داخل دولة[٢].

٣- صعوبة وضع تعريف دقيق لمصطلح الأقلية[٣]، حيث لم تضع معاهدات الأقليات تعريفا محددا للأقليات مكتفية بالإشارة إلى الأقليات بسبب الأصل أو اللغة أو الدين أو العرف، الأمر الذي دفع الكثير من الدول إلى عدم الالتزام بنظام الحماية بحجة عدم وجود أقليات على إقليمها.

وما يسجل لعهد العصبة في مجال حقوق الإنسان أنه أفرد نص خاص للعمل أكد فيه على ضرورة توفير ظروف عمل عادلة وإنسانية للرجال والنساء والأطفال فقد نصت المادة الثالثة والعشرون من عهد العصبة على أنه (١- بالسعي إلى توفير ظروف عمل عادلة وإنسانية للرجال والنساء والأطفال في بلادهم وفي البلاد التي تمتد إليها علاقاتهم التجارية والصناعية بصورة متساوية وتحقيقا لهذا الغرض يتعهدون بإنشاء المنظمات الدولية اللازمة ودعمها ٢- العمل على توفير المعاملة العادلة للسكان الوطنيين للأقاليم المشمولة برقابتهم ٣- بأن يعهدوا إلى العصبة بالإشراف العام على تنفيذ الاتفاقيات الخاصة باتجار والأطفال والاتجار بالمخدرات وغيرها من

١- Mondelstan (A. N.) : la protevtio internationale des droit de I ' homme - R. C. A. D. I. ١٩٣١ - ١٣٨.

٢- Accioly (h.) : Traite' de droit internationale public , Paris - ١٩٤٠ - Recueil sirey , vol. ١ - p. ٥١٣.

٣- Accioly (H.) - op cit - p. ٥١٣.

العقاقير الخطرة -٤- السعي إلى اتخاذ الخطوات اللازمة في المسائل ذات الأهمية الدولية لمنع الأمراض ورقابتها).

ويبدو أن الجهود الدولية كانت قد تظافرت في أعقاب الحرب العالمية الأولى لحماية العمال وتحسين الظروف التي يعملون في ظلها نتيجة لما كان يقاسيه العمال من ظروف سيئة وفي كافة أنحاء العالم فلم يكتف واضعوا العهد بنص المادة (٢٣) من العهد، بل اتجهت جهودهم لإنشاء منظمة مستقلة تعمل على وضع الاتفاقيات الملزمة للدول وأرباب العمل كسبيل للارتقاء بالعمال وتحسين ظروف عملهم وفي كافة أنحاء العالم.

فقد أنشئت منظمة العمل الدولية سنة ١٩١٩ بموجب معاهدة فرساي كمنظمة مستقلة بذاتها ومنتسبة لعصبة الأمم ثم أصبحت وكالة متخصصة تابعة للأمم المتحدة بموجب اتفاقية الوصل التي أبرمت بين هذه المنظمة والمجلس الاقتصادي والاجتماعي وفقا للمادة (٦٣) من ميثاق الأمم المتحدة.

وجاء في ديباجة دستور المنظمة أنه (لا سبيل إلى إقامة سلام عالمي ودائم إلا إذا بني على أساس من العدالة الاجتماعية.. وأن تحقيق العدالة الاجتماعية يتضمن أشياء أخرى، تحسين ظروف العمل. ومكافحة البطالة وتوفير أجر يكفل ظروف ومعيشة مناسبة وحماية العمال من العلل وإصابات العمل والضمان الاجتماعي في حالتي العجز والشيخوخة وحماية مصالح العمال المستخدمين خارج أوطانهم وتأكيد مبدأ تساوي العمل وتأكيد مبدأ الحرية النقابية...).

وتجدر الإشارة أخيرا إلى أن كل من اليابان والصين كانت قد بذلت جهودا كبيرة في مؤتمر الصلح لتضمين معاهدات الصلح نصوصا خاصة تقضي بالمساواة في المعاملة بين الأجانب بدون تمييز على أساس الأصل أو الجنس أو اللغة لكن تلك الجهود باءت بالفشل بل أن الدول المؤتمرة لم تتفق على مجرد الالتزام بتعزيز المساواة في المعاملة بين رعايا الدول المختلفة باستثناء الدول التي فرض عليها نظام الحماية بموجب معاهدات الصلح سواء المهزومة أم الدول الجديدة التي انفصلت عن الإمبراطوريات المهزومة[1].

---

١ - د. عبد العزيز محمد سرحان - حقوق الإنسان في القانون الدولي - ط١- الكويت - ١٩٨٠ - ص ٧٢

• المطلب الثاني - حقوق الإنسان في ظل الأمم المتحدة:

تعد الحرب العالمية الثانية نقطة تحول هامة في مسار القانون الدولي، إذ لم يعد هذا القانون كما كان سابقا ينظم العلاقات بين الدول، بل أصبح ينظر إلى الفرد كشخص من أشخاص القانون الدولي، يتمتع بالحقوق على الصعيد الدولي وتفرض عليه التزامات على الصعيد ذاته[١].

وبانتهاء الحرب وميلاد منظمة الأمم المتحدة كان من الطبيعي أن تستحوذ مسألة حقوق الإنسان على اهتمام خاص من قبل واضعي ميثاق المنظمة لا سيما وأن جرائم الحرب كانت قد طالت كل بني البشر دون أن يقتصر الأمر على فئة معينة بعينها. وهذا ما يفسر الاتجاه العام الذي طغى على مناقشات وضع ميثاق الأمم المتحدة والذي كان يدعو إلى المساواة بين الأقلية والأغلبية وتوفير الحماية للجميع دون تمييز من هناء جاء مبدأ عدم التمييز ليشكل واحد من الأسس المستقرة لفلسفة الأمم المتحدة بشأن حقوق الإنسان ويفسر في ذات الوقت خلو ميثاق الأمم المتحدة من أية نصوص تتعلق بالأقليات.

وإذا كان ميثاق الأمم المتحدة يعتبر أول وثيقة دولية اعترفت بحقوق الإنسان وحرياته الأساسية باعتبارها إحدى مبادئ القانون الدولي[٢]، فإن الدول الكبرى كانت قد رفضت اقتراحا تقدمت به كل من تشيلي وكوبا وبنما عند إعداد مسودة ميثاق الأمم المتحدة عام ١٩٤٢ يقضي بوضع تعريف دقيق لحقوق الإنسان واتجهت إلى المناداة بترك وضع التعريف للجمعية العامة. من هنا جاء ميثاق الأمم المتحدة خاليا من أي تعريف لحقوق الإنسان.

لقد جاء النص على حقوق الإنسان في ميثاق الأمم المتحدة في عدة مواضع نتيجة للاعتقاد الراسخ بالتلازم الحتمي بين حماية حقوق الإنسان وحرياته وحفظ السلم

---

١ - د. محمد يوسف علوان - القانون الدولي لحقوق الإنسان (آفاق وتحديات) - عالم الفكر - ع٤ - المجلد ٣١ أبريل ٢٠٠٣- ص ١٧٦.

٢ - د. صالح جواد الكاظم - دراسة في المنظمات الدولية - بغداد - ١٩٧٥ - ص ١٣٠.

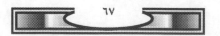

والأمن الدولي[1]، فقد نصت ديباجة الميثاق على أنه (نحن شعوب الأمم المتحدة، وقد آلينا على أنفسنا على أنفسنا، أن ننقذ الأجيال المقبلة من ويلات الحرب... وأن نؤكد من جديد إيماننا بالحقوق الأساسية للإنسان وبكرامة الفرد وقدره وبما للرجال والنساء والأمم كبيرها وصغيرها من حقوق متساوية).

أما الفقرة الثالثة من المادة الأولى فقد نصت على أنه (من مقاصد الأمم المتحدة... تحقيق التعاون الدولي على حل المسائل الدولية ذات الصبغة الاقتصادية والاجتماعية والثقافية والإنسانية وعلى تعزيز احترام حقوق الإنسان والحريات الأساسية للناس جميعا والتشجيع على ذلك إطلاقا وبدون تمييز بسبب الجنس أو اللغة أو الدين ولا فرق بين الرجال والنساء). كما نصت المادة الخامسة والخمسون من الميثاق على أنه (رغبة في تهيئة دواعي الاستقرار والرفاهية الضروريين لقيام علاقة سياسية ودية بين الأمم مؤسسة على احترام المبدأ الذي يقضي بالمساواة في الحقوق بين الشعوب وبأن يكون لكل منها تقرير مصيرها).

كما تم التأكيد على حقوق الإنسان وحرياته الأساسية في الميثاق، بمناسبة تحديد صلاحيات الجمعية العامة وسلطاتها، فقد نصت الفقرة (ب) من المادة الثالثة عشر على أنه (إنماء التعاون الدولي في الميادين الاقتصادية والاجتماعية والثقافية والتعليمية والصحية، والإعانة على تحقيق حقوق الإنسان وحرياته الأساسية للناس كافة بدون تميز بينهم في الجنس أو اللغة أو الدين وبدون تمييز بين الرجال والنساء).

وإذا كان عهد عصبة الأمم قد ركز على حماية حقوق الأقليات، فإن ميثاق الأمم المتحدة جاء شاملا في حمايته للأفراد والشعوب دون تمييز أو استثناء فقد نصت الفقرة (ج) من المادة الخامسة والخمسين على أنه (أن يشيع في العالم احترام حقوق الإنسان وحرياته الأساسية للجميع وبدون تمييز بسبب الجنس أو اللغة أو الدين وبدون تمييز بين الرجال والنساء ومراعاة تلك الحقوق والحريات فعلا).

١ - Kelsen (H.) - The Law of united nation - London - Steven and sons - ١٩٥١- p. ٢٩.

وضمانا لالتزام الدول الأعضاء في الأمم المتحدة بحماية حقوق الإنسان وصيانتها من الانتهاك، أكد الميثاق على ضرورة إنشاء أجهزة رقابية عن طريق لجنة الأمم المتحدة لحقوق الإنسان واللجان الفرعية التابعة لها، إذ لا يكفي لكفالة هذه الحقوق النص عليها وتحديدها فقط، بل لابد من وجود هذه الأجهزة حتى تكتسب هذه الحقوق القوة اللازمة التي من شأنها إلزام الدول باحترامها، من هنا نصت المادة (٦٠) من الميثاق على أنه (مقاصد الهيئة المبينة في هذا الفصل تقع على عاتق الجمعية العامة، كما تقع على عاتق المجلس الاقتصادي والاجتماعي تحت أشراف الجمعية العامة، ويكون لهذا المجلس من أجل ذلك السلطات المبينة في الفصل العاشر) كما نصت الفقرة الثانية من المادة (٦٢) على أنه (للمجلس الاقتصادي والاجتماعي أن يقدم توصيات فيما يختص بإشاعة احترام حقوق الإنسان والحريات الأساسية ومراعاتها).

وبموجب الفقرة الأولى من المادة (٦٤) للمجلس الاقتصادي والاجتماعي اتخاذ الخطوات اللازمة للحصول على تقارير بانتظام من الوكالات المتخصصة أو من الدول الأعضاء لكي يكون على علم بالخطوات التي اتخذها لتنفيذ توصياته أو لتنفيذ توصيات الجمعية العامة للأمم المتحدة بشأن المسائل التي تدخل في اختصاصه.

وله (المجلس الاقتصادي والاجتماعي) بموجب المادة (٦٨) من الميثاق إنشاء لجان للشؤون الاقتصادية والاجتماعية أو أي لجان لتعزيز احترام حقوق الإنسان، وتطبيقا لهذا النص أنشأ المجلس الاقتصادي والاجتماعي لجنة حقوق الإنسان بقرار رقم (٥) لسنة ١٩٤٦ واستطاعت هذه اللجنة تحقيق العديد من الإنجازات الهامة من بينها:-

١- إعداد مشروع الإعلان العالمي لحقوق الإنسان الذي أقرته الجمعية العامة في ١٠ / ١٢ / ١٩٤٨.

٢- أعدت مشروع الاتفاقية الدولية للحقوق الاقتصادية والاجتماعية والثقافية، ومشروع الاتفاقية الدولية للحقوق المدنية والسياسية.

٣- قدمت المساعدة الفنية في مجال حقوق الإنسان ومناهضة التمييز العنصري وحرية الإعلام.

٤- شكلت لجنة خاصة للتحقيق في بعض الأوضاع، ودراسة الشكاوى المتعلقة بانتهاك حقوق الإنسان.

٥- التعاون مع أجهزة الأمم المتحدة لإجراء التحقيقات بشأن الانتهاكات الجسيمة لحقوق الإنسان في بعض المناطق من العالم والتي خضعت لمؤثرات سياسية وعرقية، من ذلك التحقيق في الانتهاكات الجسيمة والمجازر المرتكبة في البوسنة والهرسك والكونغو وفلسطين المحتلة.

ويثار التساؤل بشأن القيمة القانونية لنصوص حقوق الإنسان الواردة في ميثاق الأمم المتحدة؟ وللإجابة على هذا التساؤل، نشير إلى أن الفقه الدولي كان قد أنقسم بشأن هذه المسألة إلى اتجاهين، ذهب الاتجاه الأول منهما، إلى أن هذه النصوص ليس لها إلا قيمة أدبية كونها لم تحدد الحقوق على وجه الدقة، كما أن الميثاق لم يخول الأفراد أو الجماعات صلاحية التظلم حينما يتم المساس بحقوقهم، هذا إضافة إلى أن الفقرة السابعة من المادة الثانية من الميثاق تحرم التدخل في المسائل التي تعتبر من صميم الاختصاص الداخلي للدولة والتي يتم تنظيمها عادة في دساتير وقوانين الدول الداخلية[١].

أما الاتجاه الثاني فيرى أن لهذه النصوص قيمة قانونية ملزمة، على أساس أن للأمم المتحدة إصدار التوصيات بشأن انتهاكات معينة لحقوق الإنسان متى كان جزءا من السياسة الرسمية للدولة هذا إضافة إلى أن للمنظمة الدولية توقيع العقوبة على دولة من الدول إذا ما أقر مجلس الأمن أن هذه الانتهاكات تشكل تهديدا للسلم والأمن الدوليين. ناهيك عن أن إلزامية النصوص الواردة في ميثاق الأمم المتحدة تأكدت بموجب الرأي الاستشاري لمحكمة العدل الدولية في موضوع تواجد جنوب أفريقيا في

---

١ - د. محمد حافظ غانم - المسؤولية الدولية - محاضرات ألقيت على طلبة دبلوم القانون الدولي - كلية الحقوق - جامعة عين شمس - ٧٧- ١٩٧٨ - ص ١١٦ وما بعدها.

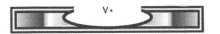

إقليم ناميبيا الصادر في يونيو/ حزيران ١٩٧١، حيث ذهب هذا الرأي إلى إلزامية احترام حقوق الإنسان وحرياته الأساسية دون تمييز[1]. كما أوضحت لجنة حقوق الإنسان أن النصوص الواردة في ميثاق الأمم المتحدة بشأن حقوق الإنسان أصبحت جزءا من القانون الدولي العرفي، من هنا تعد ملزمة لجميع الدول.

أما القول بأن مسألة حقوق الإنسان تعد من صميم الاختصاص الداخلي للدول قول محل نظر، لأن هذه المسألة أصبحت مشتركة بين القانون الداخلي والنظام القانوني الدولي، إذا ما أخذنا بنظر الاعتبار أن النظام الدولي كان قد أخذ معظم نصوص حقوق الإنسان من الأنظمة القانونية الداخلية للدول الأعضاء في الجماعة الدولية.

وفي رأينا أن ليس لنصوص حقوق الإنسان الواردة في ميثاق الأمم المتحدة قيمة قانونية محددة، فمرة تكون ملزمة وأخرى غير ملزمة، إذ يتحكم في تحديد قيمتها القانونية الدول الخمس الكبرى دائمة العضوية في مجلس الأمن وعلى رأسها الولايات المتحدة، وعلى سبيل المثال أن الولايات المتحدة استخدمت حق الفيتو خلال فترة ولاية الرئيس (جورج بوش الابن) الأولى (٢٠٠٠- ٢٠٠٤) سبع مرات لإسقاط مشاريع قرارات تقضي بإدانة إسرائيل لانتهاكها حقوق الإنسان في الأراضي الفلسطينية كان آخرها الفيتو الذي استخدمته في شهر أكتوبر ٢٠٠٤ لإسقاط مشروع القرار القاضي بإدانة إسرائيل نتيجة لإقدامها على تنفيذ ما أسمته (إسرائيل) بعملية أيام الندم في الأراضي المحتلة، ناهيك عن أن الولايات المتحدة هي ذاتها من يرتكب أبشع الفضائع في مواجهة الشعوب الأخرى، ففي سنة ٢٠٠٤ وخلال فترة احتلالها للعراق أرتكب الجنود الأمريكان أفضع عملية تعذيب وتمثيل ضد المعتقلين العراقيين في سجن أبو غريب، حيث تم الكشف عن صور للمعتقلين وهم عراة عن الملابس، ومعتقلين آخرين أجبروا على ممارسة الجنس فيما بينهم، كما تم الكشف عن صور تظهر اغتصاب معتقلات عراقيات في السجن، كما سجلت (٢٥) حالة وفاة لمعتقلين عراقيين خلال الفترة (٩/ ٤ / ٢٠٠٣ - ٩ /٤/ ٢٠٠٤).

---

١ - J. C: J reports. ١٩٧١. p. ٥٨.

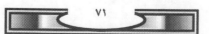

وأمام الأصوات التي تعالت في أروقة الكونغرس الأمريكي والمنادية بإقالة وزير الدفاع الأمريكي (دونالد رامز فيلد) خاطب الرئيس (جورج بوش الابن) وزير الدفاع بقوله (رامز فيلد يقوم بعمل خارق... أنه يقود امتنا بشجاعة... أنت وزير قوي للدفاع... تشعر امتنا بالعرفان لك ولقيادتك).

وبالمقابل استخدمت الولايات المتحدة مسألة حقوق الإنسان كوسيلة للضغط على الدول التي تناصبها العداء أو التي ترغب في الإضرار بسمعتها في المحافل الدولية من ذلك مثلا الضغط على لجنة حقوق الإنسان من أجل إدخال دول معينة في قائمة الدول التي تنتهك حقوق الإنسان كاتهام الجماهيرية الليبية بانتهاك حقوق الإنسان والمواطن الليبي في الوقت الذي أصدرت فيه الجماهيرية الليبية وثيقة متكاملة لحقوق الإنسان عام ١٩٨٨ (الوثيقة الخضراء الكبرى لحقوق الإنسان في عصر الجماهير) وهي الوثيقة الوحيدة من نوعها على صعيد الوطن العربي، كما اتهمت الولايات المتحدة إيران باستخدام التعذيب في مواجهة سجناء الرأي والمعارضين في القوت الذي أصدرت فيه إيران عام ٢٠٠٤ قانون منع التعذيب وحماية حقوق المواطنين.

● **المطلب الثالث – حقوق الإنسان في ظل الإعلان العالمي لحقوق الإنسان:**

صدر الإعلان العالمي لحقوق الإنسان في ١٠ كانون الأول ١٩٤٨ ديسمبر حيث أقرته الجمعية العامة في دورتها الثالثة بقرارها رقم (٢١٧) ووافقت عليه (٤٨) دولة دون معارضة وامتنعت عن التصويت ثماني دول (روسيا - روسيا البيضاء - أوكرانيا - تشيكوسلوفاكيا - بولندا - جنوب أفريقيا - يوغوسلافيا - السعودية)[١].

وتكون هذا الإعلان من (٣٠) مادة، احتوت على قائمة بالحقوق السياسية والمدنية والاجتماعية والثقافية والاقتصادية. وصدور الإعلان على هذا النحو أمر منطقي حيث رفض مؤتمر سان فرانسيسكو إدخال قائمة حقوق الإنسان ضمن ميثاق

---

١ .UN : Basic facts about the united nations department of public information - New York - p. ١٨٩.

الأمم المتحدة، هذا إضافة إلى الفقرة الثالثة من المادة الأولى من ميثاق الأمم المتحدة نصت على أنه (تحقيق التعاون الدولي على حل المسائل الدولية ذات الصبغة الاقتصادية والاجتماعية والإنسانية وعلى تعزيز احترام حقوق الإنسان والحريات الأساسية للناس جميعا والتشجيع على ذلك إطلاقا بدون تمييز بسبب الجنس أو اللغة أو الدين ولا تفريق بين الرجال والنساء).

وجاء في ديباجة الإعلان (... ولما كانت شعوب الأمم المتحدة قد أكدت في الميثاق من جديد إيمانها بحقوق الإنسان الأساسية وبكرامة الفرد وقدره وبما للرجال والنساء من حقوق متساوية... ولما كانت الدول الأعضاء قد تعهدت بالتعاون مع الأمم المتحدة على ضمان اطراد مراعاة حقوق الإنسان والحريات الأساسية واحترام..).

وأفرد الإعلان (٢٠) نصا (٣- ٢٢) للحقوق المدنية والسياسية وعلى النحو التالي :-

١- الحق في الحياة والحرية والأمان الشخصي.

٢- الحرية من العبودية.

٣- عدم الخضوع للتعذيب ولا للمعاملة أو العقوبة القاسية أو اللاإنسانية أو الحاطة بالكرامة.

٤- الاعتراف لكل إنسان بالشخصية القانونية.

٥- المساواة أمام القانون.

٦- الحق في اللجوء إلى المحاكم الوطنية للإنصاف في أية أعمال تنتهك حقوق الإنسان.

٧- عدم التعرض إلى الاعتقال أو الاحتجاز أو النفي على نحو تعسفي.

٨- المتهم بريء حتى تثبت إدانته.

٩- لا يدان أي شخص بجريمة بسبب عمل او امتناع عن عمل لم يكن في حينه يشكل جريمة بمقتضى القانون.

١٠- عدم التدخل التعسفي في حياة الشخص الخاصة أو في شؤون أسرته أو مسكنه أو مراسلاته.

١١- حرية الحركة واختيار مكان الإقامة بما في ذلك حرية مغادرة بلده والعوده إلى بلده.

١٢- التماس الملجأ في بلدان أخرى والتمتع به خلاصا من الاضطهاد.

١٣- التمتع بالجنسية.

١٤- الحق في الزواج وتأسيس أسره.

١٥- حرية الفكر والضمير والدين.

١٦- التملك.

١٧- حرية الرأي والتعبير.

١٨- حرية الاشتراك في الاجتماعات والجمعيات السلمية.

١٩- المشاركة في إدارة الشؤون العامة لبلده.

٢٠- أن تنظر في القضية محكمة مستقلة ومحايدة نظرا منصفا وعلنيا.

أما الحقوق الاقتصادية والاجتماعية والثقافية فقد تم تحديدها في الميثاق بموجب النصوص (٢٢-

٢٨) وعلى النحو التالي :-

١- الحق في الضمان الاجتماعي.

٢- الحق في العمل وحرية اختيار العمل.

٣- الحق في الأجر المتساوي على العمل المتساوي.

٤- الحق في مكافئة عادلة ومرضية لقاء العمل، تكفل للعامل ولأسرته عيشة لائقة.

٥- حق إنشاء النقابات والانضمام إليها.

٦- الحق في الراحة وأوقات الفراغ.

٧- الحق في مستوى معيشة يكفي لضمان الصحة والرفاهية.

٨- الحق في الرعاية في حالات المرض أو البطالة أو العجز أو الترمل أو الشيخوخة أو غير ذلك من الظروف الخارجة عن الإرادة.

٩- رعاية الأمومة والطفولة.

١٠- حق التعليم.

١١- حق المشاركة في حياة المجتمع الثقافية.

١٢- الحق في حماية المصالح المعنوية والمادية المترتبة على إي إنتاج علمي أو أدبي أو فني.

والملاحظ أن هناك العديد من الدساتير ،أشارت صراحة إلى أن نصوص الإعلان العالمي لحقوق الإنسان يعد جزءا لا يتجزأ من دساتيرها الأمر الذي يلزم هيئات الدولة بالعمل بموجبها ويضع قيدا على السلطات بعدم انتهاك الحقوق والحريات الواردة في الإعلان بل والسعي إلى كفالة احترامها. ومن بين هذه الدساتير، دستور غينيا لعام ١٩٥٨ ومدغشقر لعام ١٩٥٩ وساحل العاج لعام ١٩٦٠ ومالي لعام ١٩٦٠ والنيجر لعام ١٩٦٠ والجابون لعام ١٩٦١ والجزائر لعام ١٩٦٣ والكونغو لعام ١٩٦٣ والسنغال لعام ١٩٦٣ وتوجو لعام ١٩٦٣ وزائير لعام ١٩٦٧ وفولتا العليا لعام ١٩٧٠ والكاميرون لعام ١٩٧٢.

لكن الغالبية العظمى من الدساتير والتشريعات الداخلية لا تشير لا من قريب ولا من بعيد لنصوص الإعلان العالمي صراحة أو ضمنا، في حين تشير بعض الدساتير والقوانين لبعض الحقوق والحريات، من ذلك مثلا ما جرى عليه النص في الدساتير المعاصرة من الإشارة لمبدأ المساواة أمام القانون وعدم التمييز على أساس الجنس أو اللغة أو الدين أو الأصل. وأمام ذلك يثار التساؤل بشأن القيمة القانونية لنصوص الإعلان العالمي لحقوق الإنسان ومدى إلزاميته للدول ومدى إمكانية مقاضاة الدول من قبل الأفراد والجماعات إذا ما انتهكت أحكامه ؟ **وللإجابة على هذا التساؤل نشير إلى أن رأي الفقه كان قد أنقسم إلى عدة اتجاهات :-**

الاتجاه الأول :-

ويرى أن ليس لنصوص الإعلان أي قيمة قانونية ملزمة بحجة أنه صدر بصيغة توصية من الجمعية العامة للأمم المتحدة[1]. والتوصية بشكل عام لا تفرض

---

١ - د. محمد سعيد الدقاق - التشريع الدولي في مجال حقوق الإنسان - دار العلم للملايين - ١٩٨٩ - ص ٧٦.

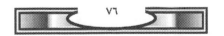

التزاما قانونيا على من وجهت إليهم لأنها ليست معاهدة دولية، كما أن هذا الإعلان أشار لبعض الحقوق دون

أن يذكر أمورا محددة فهو يشير مثلا للحق في العمل والجنسية، لكنه لا يذكر على أي نحو يتم التمتع بهذه

الحقوق[1].

الاتجاه الثاني :-

ويرى أن له قيمة سياسية لا يستهان بها، حيث صدرت العديد من الاتفاقيات الدولية والتشريعات

الوطنية استنادا لأحكامه واقتبست بعض أصوله، من ذلك مثلا ما درجت عليه الدساتير من الإشارة للمساواة

أمام القانون وحرية العقيدة وحرية إبداء الرأي وكفالة حق العمل والضمان الاجتماعي والتعهد بتوفير الرعاية

الصحي.

الاتجاه الثالث :-

ويذهب إلى أن الإعلان العالمي لحقوق الإنسان يتمتع بقيمه قانونية ملزمة لأنه أصبح يشكل جزءا

من القانون الدولي العرفي[2]. وهذا ما أشارت إليه صراحة لجنة حقوق الإنسان في اجتماعها غير الرسمي الذي

عقد في مونتريال في مارس/ آذار ١٩٦٨، (إن الإعلان العالمي لحقوق الإنسان يشكل تفسيرا رسميا للميثاق لنظام

سام وانه بعد مرور عدد من السنين أصبح جزءا من القانون الدولي العرفي)[3]. وبذات الاتجاه ذهب تصريح

طهران لعام ١٩٦٨ الذي صدر عن المؤتمر الدولي الرسمي لحقوق الإنسان (مارس / آذار ١٩٦٨) حيث جاء فيه

(إن إعلان العالمي لحقوق الإنسان أصبح بشكل عام مفهوما لدى شعوب الإنسانية ويشكل التزاما على جميع

أعضاء المجتمع الدولي).

ويعم أصحاب هذا الاتجاه رأيهم بحجة أخرى، هي أن المادة (٣١) من اتفاقية فينا لقانون

المعاهدات، أشارت إلى أن المعاهدة يجب أن تفسر طبقا للمعنى العادي لألفاضها وفي الإطار الخاص بها وفي

ضوء موضوعها والغاية منها وأي اتفاق لاحق

١- .Briggs , H. W : Law of Nation - second edition - ١٩٥٣ - p. ٤٥.

٢- - Sohn (LB) & Buergent Hos. t - International protection of Human rights _ New York - ١٩٧٣ - p. ٥١٨ -
٥١٩.

٣- - Final act of the international conference of Human rights -٣-٤- para Cun. Doc. Acon F.٣٢/ ٤١: UN pub
E. ٦٨.

بين الأطراف بشأن تفسير أو تطبيق أحكام المعاهدة، من هنا ينبغي تفسير الإعلان العالمي لحقوق الإنسان في ضوء التصريحات والإعلانات الصادرة عن الجمعية العامة للأمم المتحدة فيما بعد صدور الميثاق، هذا إضافة إلى أن الفقرة (ج) في البند (١) من المادة (٣٨) من النظام الأساسي لمحكمة العدل الدولية، يشير إلى اعتبار مبادئ القانون العامة التي أقرتها الأمم المتحدة تعد مصدرا من مصادر القانون الدولي، لذلك فإن الإعلان العالمي لحقوق الإنسان أصبح جزءا من القانون الدولي العرفي[1].

- **المطلب الرابع - حقوق الإنسان في الاتفاقات الدولية:**

تعد الاتفاقيات الدولية المصدر التقليدي الذي ينتج آثارا قانونية ملزمة للدول متى تمت المصادقة عليها.

والملاحظ أن التنظيمات الدولية المعنية بحقوق الإنسان كانت قد لجأت وبصورة واسعة إلى الصيغة الاتفاقية متخلية بذلك عن أسلوب الإعلانات التي لا تحتوي عادة إلا على مبادئ عامة تخلو من كل قيمة قانونية إلزامية.

وتأتي الأمم المتحدة في مقدمة المنظمات الدولية من حيث عدد الاتفاقيات المبرمة في ظلها والمتعلقة بحقوق الإنسان، في الوقت الذي لم تبرم فيه في إطار المنظمات الإقليمية سوى اتفاقية واحدة داخل نطاق كل منظمة باستثناء مجلس أوربا.

وبدراسة متأنية لأسلوب معالجة قضية حقوق الإنسان في أروقة الأمم المتحدة، نلاحظ أن المنظمة الدولية كانت قد أتبعت أسلوب التدرج المقبول في إقناع الدول بتبني قضية حقوق الإنسان وحمايتها، فقد أشار ميثاقها إلى أن مراعاة حقوق الإنسان أمر لا غنى عنه للمحافظة على السلم والأمن الدوليين.

وتلا ذلك صدور الإعلان العلمي لحقوق الإنسان واخيرا دعت الجمعية العامة للأمم المتحدة الدول الأعضاء في المنظمة لوضع اتفاقية دولية جامعة لحقوق الإنسان يجري التقيد بتنفيذ نصوصها ووضع الضمانات اللازمة لحمايتها بما في ذلك فرض الرقابة الدولية لضمان تحقيق أغراض الاتفاقية.

١- Sohn (L. b) & Buergent Hos - op cit - p. ٥٢١.

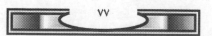

واستحوذت مسألة وضع اتفاقية دولية جامعة لحقوق الإنسان على الجزء الأكبر من مناقشات الجمعية العامة في دورتها التاسعة، **وبعد المناقشة المستفيضة توصلت الجمعية إلى القرار التالي** :-

١- دعوة حكومات الدول الأعضاء وغير الأعضاء في الأمم المتحدة لبيان مقترحاتها وملاحظاتها.

٢- دعوة الوكالات المتخصصة لبيان ملاحظاتها على المشروع.

٣- دعوة الهيئات غير الحكومية ذات العلاقة بحقوق الإنسان لذات الغرض السالف ذكره.

على أن يتم وضع بنود هذا القرار موضع التنفيذ في موعد أقصاه يوليو/ تموز ١٩٥٤ [(١)].

والملاحظ أن ملاحظات الدول واقتراحاتها بهذا الشأن كانت قد ترددت بين فكرة وضع اتفاقية واحدة لحقوق الإنسان، وبين وضع اتفاقيتين إحداهما للحقوق المدنية والسياسية والثانية للحقوق الاقتصادية والاجتماعية والثقافية وأخيرا استقر الرأي على وضع اتفاقيتين مستقلتين بدلا من اتفاقية واحدة رغبة في منح الدول فرصة التصويت على إحدى الاتفاقيتين أو كليهما.

وفي عام ١٩٥٤ تقدمت لجنة حقوق الإنسان التابعة للمجلس الاقتصادي والاجتماعي بمشروعي اتفاقيتين إلى الجمعية العامة، التي وافقت بدورها عليها عام ١٩٦٦، لكن أي من الاتفاقيتين لم تدخل حيز التنفيذ إلا عام ١٩٧٦ بتوافر شرط الحد الأدنى من عدد الدول المصدقة على كل اتفاقية (٣٥) و(١٠) دول للتصديق على البروتوكول الاختياري الملحق بالاتفاقية الدولية للحقوق المدنية والسياسية.

والملاحظ أن ديباجة الاتفاقيتين ونصوص المواد (١، ٣، ٥) تكاد تكون متطابقة في الاتفاقيتين.

فديباجة كل اتفاقية تذكر بالتزامات الدول بموجب ميثاق

---

١ - د. عبد الحميد عبد الغني - الميثاق الدولي لحقوق الإنسان - المجلة المصرية للقانون الدولي - المجلد ١١- ١٩٥٥ - ص ٢.

الأمم المتحدة لتعزيز حقوق الإنسان، وتذكر الفرد بمسؤوليته في السعي من اجل تعزيز هذه الحقوق واحترامها، وتعترف بأنه وفق الإعلان العالمي لحقوق الإنسان لا يمكن تحقيق مثل الإنسان الحر الذي يتمتع بالحريات المدنية والسياسية والتحرر من الخوف والعوز إلا في الظروف التي يستطيع في إطارها كل شخص أن يتمتع بحقوقه السياسية والمدنية وكذا الحقوق الاقتصادية والاجتماعية والثقافية.

أما المادة الأولى في كل من الاتفاقيتين، فتشير إلى أن حق الشعوب في تقرير مصيرها هو حق عالمي، ودعت الدول الأعضاء في الاتفاقية إلى تعزيز هذا الحق واحترامه، والجدير بالذكر أن إدراج هذا الحق كان قد لاقى معارضة شديدة من قبل الولايات المتحدة وبعض دول المستعمرات[١]، بحجة أن اتفاقية الحقوق المدنية والسياسية تنص على حقوق فردية، في حين يعد حق تقرير المصير حق جماعي ما يستوجب استبعاده من الاتفاقية[٢].

---

١ - الجدير بالذكر أن حق تقرير المصير جاء النص عليه أول مرة في المرسوم الصادر عن الجمعية الوطنية الفرنسية في ١٩ نوفمبر ١٧٩٢ " سوف تمنح العون لجميع الشعوب التي تريد استعادة حريتها المسلوبة، وتكلف السلطات بإعطاء الأوامر الضرورية لتقديم العون لهذه الشعوب..). كما تم التأكيد على هذا الحق مع قيام الثورة الوطنية في القارة الأمريكية ضد الاستعمار الأوروبي.

أنظر د. عبد الواحد الفار - قانون حقوق الإنسان - دار النهضة العربية - القاهرة - ١٩٩١- ص ٢٥.

واللافت للنظر أن الرئيس الأمريكي (ويدور ويلسن) أول من نادى بوضع هذا الحق موضع التنفيذ في خطابه الموجه للكونغرس في ١٢ أبريل ١٩١٧ (الرأي عندي أن تتفق الدول على قبول الحق وتصميم تطبيقه في جميع أنحاء العالم، بحيث لا يصح لأمة أن تكره أمة أخرى على انتهاج سياستها، وإنما ينبغي أن يترك لكل شعب الحق في أن يقرر سياسته بنفسه ويرسم الطريق الذي يراه كفيلا بان يقوده إلى التقدم دون أن يكون عرضه بسبب ذلك لأي تهديد أو إرهاب أو هرج ودون أن يكون هناك فارق بين شعب ضعيف وشعب قوي).

نقلا عن الدكتور الشافعي بشير - قانون حقوق الإنسان - مجموعة مقالات - مؤتمر سراكوزا.

٢ - عبد الحميد عبد الغني - المرجع السابق - ص ١٦.

وبالمقابل تبنت الدول الأفريقية وبعض الدول الأسيوية هذا المبدأ ودافعت عنه باعتباره شرطا أساسيا لوضع كافة الحقوق الأخرى موضع التطبيق، إذ أن حرمان شعب من حق تقرير المصير يعني حرمان أفراده من الحقوق الأخرى هذا إضافة إلى أن هذا الحق جماعي في مظهره فردي في حقيقته إذ لا يمكن وضعه موضع التنفيذ إلا من خلال الاستفتاءات والانتخابات التي يبدي فيها كل فرد رأيه، ناهيك عن أن هذا الحق جاء النص عليه صراحة في ميثاق الأمم المتحدة والإعلان العالمي لحقوق الإنسان.

أما المادة الثالثة من كلا الاتفاقيتين، فتؤكد على المساواة بين الرجل والمرأة في الحقوق وتدعو الدول الأعضاء إلى نقل هذا المبدأ إلى حيز الواقع.

ونصت المادة الخامسة من الاتفاقيتين على بعض الضمانات التي من شأنها الحد من المساس بالحقوق الواردة في الاتفاقيتين أو تقييدها بلا مبرر أو الانحراف في تفسيرها لتبرير انتهاك حق أو حرية ما.

وبصفة عامة فإن اتفاقية الحقوق المدنية والسياسية تضمنت الحقوق التالية :-

١- الحق في الحياة والحرية والآمان.

٢- إبطال الرق والممارسات الشبيه.

٣- تحريم صور معينة من السخرة أو العمل الإلزامي.

٤- الحماية من التعرض للتعذيب وغيره من ضروب المعاملة أو العقوبة القاسية أو اللاإنسانية أو المهينة.

٥- الحماية من التعرض للاعتقال والاحتجاز التعسفيين.

٦- حقوق الإنسان في مجال إقامة العدل.

٧- حق كل فرد في مغادرة أي بلد بما في ذلك بلده وفي العودة إلى بلده.

٨- حق التملك.

٩- حرية الفكر والوجدان والدين والمعتقد.

١٠- حرية الرأي والتعبير.

١١- الحرية النقابية بما في ذلك الحقوق النقابية.

١٢- حق كل فرد في أن يشارك في حكومة بلده.

أما اتفاقية الحقوق الاقتصادية والاجتماعية والثقافية فجاءت لتقرير وحماية حق الفرد والشعوب

في اختيار نظامها الاقتصادي، وجاء التأكيد على هذا الحق في العديد من قرارات الجمعية العامة والمجلس

الاقتصادي والاجتماعي ومؤتمر الأمم المتحدة للتجارة والتنمية ومجلس الأمم المتحدة لناميبيا.

أما الجانب الاجتماعي في هذه الاتفاقية فأكد على حق الشعوب في اختيار نظامها الاجتماعي بحرية

تامة، وهذا الجانب كانت قد تناولته العديد من قرارات الجمعية العامة، لا سيما الإعلان الخاص بالتقدم

والتنمية في الميدان الاجتماعي.

وجاء الجانب الثقافي في الاتفاقية ليؤكد على حق الشعوب في اختيار نظامها الثقافي والتمسك

بموروثها وصيانته، كما أكد على حق الجميع في التعليم والثقافة وتأكيدا على هذا الحق أصدرت الجمعية

العامة العديد من القرارات بهذا الشأن كما عملت منظمة اليونسكو على نقله إلى حيز الواقع مستخدمة

في ذلك وسائل شتى.

ويمكن إجمال الحقوق الاقتصادية والاجتماعية والثقافية الواردة في الاتفاقية بما يلي :-

١-   الحق في العمل.

٢-   الحق في التعليم.

٣-   الحق في الصحة.

٤-   الحق في غذاء كاف.

٥-   الحق في الإيواء الكافي والخدمات الكفاية.

٦-   الحق في الثقافة.

٧-   الحق في بيئة نظيفة

٨-   الحق في التنمية.

٩-   تحسين الحياة الاجتماعية.

والجدير بالذكر أن فقه القانون الدولي، كان قد أطلق على الإعلان العالمي لحقوق الإنسان

والعهدين الدوليين (اتفاقية الحقوق المدنية والسياسية - والحقوق

الاقتصادية والاجتماعية والثقافية) اصطلاح (الشرعية الدولية لحقوق الإنسان) (International Bill of Human rights).

وبالرغم مما لهذين العهدين الدوليين من أهمية في مجال تعزيز حقوق الإنسان وتدعيمها، إلا أن ما يسجل على العهد الدولي للحقوق المدنية والسياسية أنه قصر حق تقديم الشكوى على الدول المتعاقدة إذا انتهكت دولة أخرى متعاقدة أحكام الاتفاقية[1].

ولم يمنح العهد هذا الحق للأفراد الذين انتهكت حقوقهم في إحدى الدول الأطراف في الاتفاقية الأمر الذي أثار اعتراض بعض أعضاء لجنة حقوق الإنسان الذين كانوا يرون أن الاتفاقية تفقد كثيرا من قيمتها ما لم يمنح الأفراد حق الشكوى في حالة انتهاك حقوقهم وطالبوا بمنح الفرد هذا الحق سواء في مواجهة حكومته إذا كانت طرفا في الاتفاقية أو أي حكومة أخرى متعاقدة.

- **المطلب الخامس - حقوق الإنسان في التنظيم الدولي الإقليمي:**

الفرع الأول - حقوق الإنسان في النظام الأوروبي:

يرجع تاريخ التنظيم الأوروبي لحقوق الإنسان إلى مايو ١٩٤٨، عندما دعت اللجنة الدولية لتنسيق الحركات الأوروبية الداعية لوحدة أوروبا إلى عقد مؤتمر في لاهاي حيث طرحت خلال هذا المؤتمر فكرة وضع اتفاقية أوروبية لحقوق الإنسان في ذات الوقت الذي طرح فيه مشروع إنشاء مجلس يضم الدول الأوروبية، حيث أن الدول الأوروبية آنذاك أصبحت تؤمن بكرامة الفرد و ترى إن احترام حقوق الإنسان وحرياته الأساسية يمثل ركيزة أساسية من ركائز حفظ السلم والأمن الدوليين في العالم.

ويمارس مجلس أوروبا اختصاصاته من خلال (لجنة الوزراء - الجمعية البرلمانية - الأمانة). واستطاع المجلس خلال مسيرته الممتدة من مايو ١٩٤٩ تحقيق

---

١ - حسن كامل المحامي - المرجع السابق - ص ٢٨، تم إنشاء مجلس أوروبا في الخامس من شهر مايو ١٩٤٩ والدول المؤسسة هي، (بلجيكا - الدانمارك - فرنسا - أيرلندا - إيطاليا - لوكسمبورج - المملكة المتحدة - هولندا - السويد - النرويج). وانضمت لاحقا للمجلس (اليونان - تركيا - ألمانيا - النمسا - أيسلندا - سويسرا - قبرص - مالطا - البرتغال - أسبانيا - ليختنشتاين - هنغاريا - الجيك - السلوفاك).

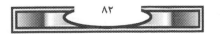

العديد من الإنجازات، ربما كان أهمها توقيعه في ٤ نوفمبر/ تشرين ثاني ١٩٥٠، الاتفاقية الأوروبية لحقوق الإنسان التي دخلت حيز النفاذ في سبتمبر/ أيلول ١٩٥٣.

وضمت الاتفاقية (٦٩) مادة وتكونت من خمسة أقسام كما ألحق بها عدد من البروتوكولات التي وقعت بعد ذلك مضيفة بعض الحقوق والحريات لهذه الاتفاقية.

والملاحظ على الحقوق والحريات الواردة في الاتفاقية الأوروبية إنها جاءت تكرارا لما ورد في الإعلان العالمي لحقوق الإنسان مع اختلاف بسيط تناول الفحوى أحيانا.

فقد نصت الاتفاقية على الحق في الحياة والحق في الحرية والسلامة الجسمانية والحق في محاكمة عادلة والحق في حماية الحياة الخاصة والعائلية والمسكن والمراسلة وحق الاجتماع وتشكيل النقابات والانضمام إليها والحق في الزواج وتكوين أسره، كما نصت الاتفاقية على تحريم التعذيب والرق والعبودية ونصت على الحماية ضد الأثر الرجعي للقانون ونصت على حرية الفكر والضمير والدين وحرية التعبير واعتناق الآراء. وأضاف البروتوكول الأول الملحق بالاتفاقية إلى هذه الحقوق، الحق في الملكية وحق الوالدين في تأمين تعليم أولادهم طبقا لدينهم ومعتقداتهم الفلسفية والحق في انتخابات حرة[١].

وبالمقارنة مع الإعلان العالمي لحقوق الإنسان والعهدين الدوليين لحقوق الإنسان، نرى أن الاتفاقية الأوربية كانت قد وفرت من الضمانات ما لم يوفره الإعلان العالمي والعهدين الدوليين، فبموجب المادة الأولى من الاتفاقية لا تقتصر الحماية على حقوق مواطني الدولة حسب، و إنما تمتد مظلتها لتسبغ نفس الحماية على كل من يقطن إقليمها من الأجانب بغض النظر عن مدة إقامتهم.

كما إنها تمكن أي شخص طبيعي أو أية منظمة غير حكومية أو أية جماعة من الأفراد تزعم أن إحدى الدول المتعاقدة اعتدت على حقوقها المقررة في الاتفاقية أن يقدم أو تقدم شكوى في شأن هذا الاعتداء موجهة إلى السكرتير العام للمجلس الأوروبي وذلك إذا كانت هذه الدولة قد أعلنت اعترافها باختصاص اللجنة في هذا الصدد، مع ملاحظة أنه لا يجوز اللجوء للجنة مباشرة إلا إذا استنفذت جميع طرق الطعن الداخلية

١ - انظر د. منى محمود مصطفى - القانون الدولي لحقوق الإنسان - دار النهضة العربية - القاهرة - ١٩٨٩ - ص ١٢٩ - ١٣٠.

وفقا لمبادئ القانون الدولي العام المقررة، وفي ظرف ستة أشهر ابتداء من تاريخ صدور القرار الداخلي النهائي[1].

الفرع الثاني - حقوق الإنسان في النظام الأمريكي:

تستند الحماية الأمريكية لحقوق الإنسان إلى عدة مصادر، ربما كان أهمها، ميثاق منظمة الدول الأمريكية والإعلان الأمريكي لحقوق وواجبات الإنسان والاتفاقية الأمريكية لحقوق الإنسان. وسوف نبحث في هذه المصادر تباعا.

- ميثاق منظمة الدول الأمريكية :-

أنشأت منظمة الدول الأمريكية عام ١٩٤٨ كأحد مقررات مؤتمر الاتحاد الأمريكي الذي عقد في بوجوتا، وحلت هذه المنظمة محل الاتحاد الأمريكي الذي كان معروفا فيما سبق بالمكتب التجاري الذي أنشأه مؤتمر واشنطن عام ١٨٩٠[2].

وتضمن الميثاق ديباجة و(١٥٠) مادة، وجاء في ديباجة الميثاق (..إن المهمة التاريخية لأمريكا هي أن تقدم للإنسان أرضا للحرية ومناخا مواتيا لتطوير شخصيته ولتحقيق آماله المشروعة... وإن التضامن الحقيقي فيما بين الدول الأمريكية، وحسن الجوار فيما بينها لا يمكن تصورها إلا بتعزيز نظام من الحرية الفردية والعدالة الاجتماعية يقوم على احترام الحقوق الأساسية للإنسان في القارة الأمريكية في إطار المؤسسات الديمقراطية...). ولبلوغ هذه الغاية نصت المادة الخامسة على أنه (الدول الأمريكية تعلن عن تمسكها بالحقوق الأساسية للإنسان دون تمييز بسبب الأصل أو الجنسية أو الانتماء أو الجنس).

أما المادة (١٣) من الميثاق، فقد نصت على أنه (لكل دولة الحق في تنمية حياتها الثقافية والسياسية والاقتصادية بحرية وفي نطاق هذه التنمية الحرة، على الدول احترام حقوق الفرد ومبادئ الأخلاق العالمية).

وتبرز أهمية ميثاق بوجوتا في مجال حقوق الإنسان في كونه نقل هذه الحقوق

---

١ - انظر م (٢٦) من الاتفاقية الأوروبية.

٢- Norris & Shelton - protecting Human Rights in the American - ١٩٨٢ - p. ٥٢-٥٥.

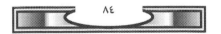

من الاختصاص الداخلي المطلق للدول الأعضاء إلى الاختصاص الدولي الإقليمي، إذ لم تعد مسألة حقوق الإنسان من المسائل المحفوظة بصفة مطلقة للاختصاص الداخلي كما اعتنق الميثاق مفهوما متكاملا لحقوق الإنسان ولم يقتصر على التعرض للحقوق المدنية والسياسية واخيرا صرح واضعوا الميثاق بأن العدل والسلام الاجتماعي هما أساس السلام الدائم.

- الإعلان الأمريكي لحقوق وواجبات الإنسان :-

يعد هذا الإعلان أحد مقررات مؤتمر بوجوتا، وتميز هذا الإعلان بالاستقلالية، فهو لم يصدر في شكل ملحق للميثاق أو تنفيذا لما ورد فيه من نصوص متعلقة بحقوق الإنسان.

والملاحظ أن المؤتمرين كانوا قد استبعدوا صراحة وجود أية رابطة قانونية بين الميثاق والإعلان ووقفت وراء هذا القرار الولايات المتحدة الأمريكية دون غيرها، قاصدة من وراء ذلك استبعاد أي استنتاج في المستقبل قد ينتهي إلى القول بوجود علاقة بين الحقوق الواردة في الإعلان وتلك المنصوص عليها في ميثاق بوجوتا.

كما أكد المؤتمرون صراحة على أن نصوص الإعلان لا تنشئ أية التزامات تعاقدية على عاتق الدول الأطراف[1]. الأمر الذي حسم أية خلافات فقهية بشأن القيمة القانونية لهذا الإعلان.

فهذا الإعلان جاء تعبيرا عن أهداف وآمال ترغب الدول الأمريكية في تحقيقها مستقبلا وليس حقوقا ينبغي الالتزام بضمانها، فقد رأت الدول الأطراف أن الوقت لم يحن بعد لوضع نظام للرقابة على تطبيق النصوص اكتفاء ببيان الأهداف والاعتماد على نصوص التشريع الداخلي بصورة أساسية.

- الاتفاقية الأمريكية لحقوق الإنسان :-

قبل ميلاد منظمة الدول الأمريكية، كانت قد طرحت فكرة حماية حقوق الإنسان بمقتضى نظام دولي أمريكي، فقد صدر عن المؤتمر الدولي لمشاكل الحرب

١ - Schreiber (A.) - The Inter - American commission on Human Rights - Leyden - ١٩٧٠ - p. ١٦- ٢٢.

والسلام المنعقد في المكسيك عام ١٩٤٥ قرار أعلنت فيه الدول المشتركة أنه (بالنظر إلى إعلان الأمم المتحدة قد نص على ضرورة وضع حماية للحقوق الأساسية للإنسان، تعلن الجمهوريات الأمريكية انضمامها إلى مبادئ القانون الدولي المطبقة في مجال حقوق الإنسان، وتعرب عن رغبتها في وضع نظام دولي لحماية هذه الحقوق).

وتجد الاتفاقية الأمريكية مصدرها المباشر في القرار رقم (٨) الصادر عن اجتماع مجلس وزراء الخارجية في (سنتايجو) عام ١٩٥٩ فقد أوصى القرار مجلس القانونيين بإعداد مشروع لاتفاقية دولية أمريكية لحقوق الإنسان.

وفي الثامن من سبتمبر عام ١٩٥٩ عكف مجلس القانونيين على القيام بإعداد مشروع للاتفاقية تبعه مشروعان تقدمت بهما كل من تشيلي والأرجواني.

وقبل الانتهاء من إعداد مشروع الاتفاقية رأى مجلس القانونيين أنه من الضروري الاطلاع على وجهات نظر دول الأعضاء في المنظمة بشأن ما إذا كانت تؤيد الانتماء إلى تنظيم عالمي موحد لحقوق الإنسان، أم أنه من الممكن أن يتعايش هذا التنظيم مع تنظيمات إقليمية أخرى.

وجاءت معظم ردود الدول مؤيدة لوضع اتفاقية مستقلة على أساس انه بالإمكان تعايش الأنظمة الإقليمية مع الأنظمة العالمية لحقوق الإنسان.

وخلال الفترة من (٧ - ٢٧) أكتوبر / تشرين الأول ١٩٦٩ عقد في كوستريكا المؤتمر المتخصص، وحضر هذا المؤتمر تسع عشرة دولة من الدول الأربع والعشرين الأعضاء في منظمة الدول الأمريكية[١]. حيث أعد في هذا المؤتمر نص الاتفاقية ووقعت عليه أثنتا عشرة دولة من دول أميركا اللاتينية.

وفي ١٨ يوليو / تموز ١٩٧٨ دخلت الاتفاقية حيز النفاذ وبلغ عدد الأطراف فيها حتى الآن سبع عشرة دولة.

وتضمنت الاتفاقية (٨٢) مادة تكلمت عما يزيد عن أربعة وعشرين حقا من

١ - لم يحضر هذا المؤتمر كل من (بوليفيا - بورباروس - هاييتي - جاميكا-) إضافة لكوبا التي استبعدت من كافة أجهزة المنظمة منذ عام ١٩٦٢.

حقوق الإنسان جاءت اغلبها مستمدة من الإعلان العالمي لحقوق الإنسان والعهدين الدوليين والاتفاقية الأوروبية.

فقد نصت على حق الحياة وحقوق الأسرة والطفل والحق في الجنسية والحق في الاسم والملكية الخاصة والحق في المشاركة في الحياة السياسية والحياة العامة والحق في معاملة إنسانية والحق في الحياة الخاصة، كما نصت على حظر الرق وحرية العقيدة وحرية الفكر والتعبير وحرية الاجتماع وتكوين الجمعيات.

وخصصت الاتفاقية نص المادة الثامنة للضمانات القضائية، حيث أشارت إلى الحق في محاكمة عادلة وإعلام المتهم بالتهم المنسوبة إليه وحق المتهم في الاتصال بمحامي خاص به، وتعيين محام إذا لم يبادر المتهم لتعيين محام، وحق المتهم في الاستئناف.

واستثناء أجازت المادة (٢٧) من الاتفاقية تعطيل حقوق معينة في حالة الحرب أو الخطر العام أو الضرورة التي قد تهدد استقلال الدولة وسلامتها على أن لا يمتد هذا التعطيل لحقوق معينة تحت أي ظرف أو طارئ كتعطيل نظم الأمر بإحضار المقبوض عليه المسمى بـ (Habeas Corpus)[1].

وبإجراء مقارنة بسيطة بين الاتفاقية الأمريكية والإعلان العالمي لحقوق الإنسان والعهدين الدوليين والاتفاقية الأوروبية، نجد أن الاتفاقية الأمريكية تتميز بالسمات التالية :-

١- أن النص على حقوق الإنسان وحمايتها في الاتفاقية ليس على أساس المواطنة أو الجنسية ولكن على أساس الشخصية الإنسانية، في حين أن العهدين الدوليين لحقوق الإنسان أعدا لتطبيقهما في ظل نظام عالمي يضم دولا ذات مبادئ فلسفية وسياسية واقتصادية واجتماعية متنوعة.

٢- تلزم المادة الأولى من الاتفاقية، الدول الأطراف بالتعهد باحترام الحقوق والحريات الواردة في الاتفاقية بالنسبة لكل الأشخاص الخاضعين لاختصاصها

١- - H. Gros Espiell - La convention ame'ricaine des droit de I h'omme - R. C. A. A. D. I. - ١٩٨٩ - p. ١٦٧.

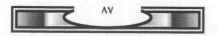

دون تمييز، ويجد هذا النص أساسه في المادة الثانية من العهد الدولي للحقوق المدنية والسياسية، والمادة (١٤) من الاتفاقية الأوروبية.

٣- أنها لم تنص على حق تقرير المصير والذي يعد وفقا لميثاق الحقوق المدنية والسياسية أساس التمتع بكل الحقوق.

٤- لم تنص الاتفاقية على حقوق خاصة بالأقليات، وهي مسألة بالغة الأهمية بالنسبة لدول أمريكا نظرا لطبيعة شعوبها، وتركيبتها الاجتماعية وربما وجد واضعوا الاتفاقية أن حقوق الأقليات مضمونة بموجب المادة (١) والمادة (٢٤) من الاتفاقية اللتين نصتا على عدم التمييز.

الفرع الثالث – حقوق الإنسان في النظام الإفريقي:

ترجع فكرة إنشاء نظام قانوني لحماية حقوق الإنسان في القارة الأفريقية ،إلى ما قبل نشأة منظمة الوحدة الأفريقية عام ١٩٦٣، فقد طرح الرئيس (نكروما) سنة ١٩٦١ فكرة إنشاء الولايات المتحدة الأفريقية مقترنة هذه الفكرة بمشروع إبرام معاهدة أفريقية لحقوق الإنسان.

ومع حصول معظم الدول الأفريقية على استقلالها وميلاد أول تنظيم دولي شامل يضمها، كان من المتوقع أن تبذل هذه الدول جهدا مخلصا من اجل تحقيق رفاهية شعوبها وحماية حقوق وحريات أفردها.

غير أن ميثاق منظمة الوحدة الأفريقية جاء مخالفا لكل التوقعات، إذ لم يتجاوز حدود الإشارة إلى حقوق الإنسان كمسألة شكلية محضة.

فقد جاء في نص الفقرة الأولى من ديباجة الميثاق (اقتناعا منا بأن حق جميع الشعوب في تقرير مصيرها إنما هو حق لا يمكن التفريط به)، ونصت الفقرة الثانية من الديباجة (وتقديرا منا بأن الحرية والمساواة والعدالة والكرامة هي أهداف أساسية لا غنى عنها لتحقيق الآمال المشروعة لشعوب أفريقيا) أما الفقرة الثامنة من الميثاق فقد نصت على أن (ميثاق منظمة الأمم المتحدة والإعلان العالمي لحقوق الإنسان اللذين نؤكد هنا من جديد التزامنا بما تضمناه من مبادئ، بهيئات أساسا متينا لتعاون سلمي مثمر بين دولنا).

وعلى مدى السنوات التي تلت قيام المنظمة، أنحصر نشاط أعضاؤها في الإدانة المتكررة لسياسات التمييز والفصل العنصري، بينما لم تلق حقوق الإنسان أي اهتمام.

وتحت مظلة الأمم المتحدة، نظمت حلقة دراسية في سبتمبر / أيلول ١٩٦٩ م بشأن مدى إمكانية إنشاء لجنة إقليمية لحقوق الإنسان وبصفة خاصة لجنة أفريقية، وقد أجمع المشاركون خلال هذه الحلقة الدراسية على ضرورة إنشاء لجنة أفريقية لكنهم انقسموا بشأن الوظائف التي يمكن أن تسند لها، فقد ذهب الغالبية إلى أن اللجنة لا يمكن أن تكون مماثلة للجنة الأوروبية لحقوق الإنسان وإنما ينبغي أن يقتصر نشاطها على تعزيز وتشجيع حقوق الإنسان كإجراء البحوث والدراسات وتقديم الخدمات الاستشارية وعقد الندوات والحلقات الدراسية حول حقوق الإنسان[١].

وفي نطاق الجهود المستمرة من جانب الأمم المتحدة ممثلة بلجنة حقوق الإنسان، عقدت حلقة دراسية خلال الفترة من (٢٣ أكتوبر / تشرين أول - ٥ نوفمبر/ تشرين ثاني ١٩٧٣) في مدينة دار السلام تحت عنوان "دراسة وسائل جديدة لتعزيز حقوق الإنسان مع الأخذ في الاعتبار مشكلات واحتياجات أفريقيا بصفة خاصة).

وخلال هذه الحلقة تم مناقشة أربعة مسائل :-

١- المشكلات الهامة التي تخص الدول الأفريقية فيما يتعلق بتعزيز وحماية حقوق الإنسان.

٢- الإجراءات الواجب اتخاذها لضمان تطبيق الكامل للوثائق والقرارات الصادرة عن منظمة الأمم المتحدة في مجال التمييز العنصري.

٣- إنشاء أجهزة وأساليب لضمان تعزيز واحترام حقوق الإنسان على المستويين الوطني والإقليمي بما في ذلك إنشاء لجنة لحقوق الإنسان وأفريقيا.

٤- المجالات التي قد يرى قيام الأمم المتحدة باتخاذ إجراءات بشأنها في مجال حقوق الإنسان.

١- Robertson (A. H) : A commission on Human rights for African - RDH , HRJ - Vol. ٢ - no. ٤ - ١٩٦٩ - p.
٦٩٦.

وانتهت الحلقة إلى التوصية بدعوة الدول الأعضاء في منظمة الوحدة الأفريقية إلى ضرورة تطبيق القواعد الدولية التي قبلتها في مجال حقوق الإنسان والتصديق على الوثائق الدولية الصادرة عن الأمم المتحدة كما أكدت على ضرورة وضع اتفاقية أفريقية لحقوق الإنسان وإنشاء لجنة لتعزيز وحماية هذه الحقوق.

وفي يوليو/ تموز ١٩٧٩ اتخذ مؤتمر رؤساء الدول والحكومات قرارا يدعو فيه الأمين العام لعقد اجتماع لخبراء مستقلين يتولون مهمة إعداد مشروع أولي لميثاق أفريقي لحقوق الإنسان والشعوب (The African charter on human rights and peoples rights) على أن يتضمن إنشاء جهاز لتعزيز وحماية حقوق الإنسان والشعوب الأفريقية.

وبناء على هذا القرار اجتمع الخبراء في (داكار) خلال الفترة (٢٨ نوفمبر/ تشرين الثاني - ٨ ديسمبر / كانون الأول ١٩٧٨) حيث تم الاتفاق في هذا الاجتماع على وضع مشروع تمهيدي للميثاق.

وخلال الفترة (٧-١٩ يناير / كانون الثاني١٩٨١) عقدت الدولة الثانية لاجتماع الخبراء الحكوميين[١]، حيث تمت الموافقة بالإجماع على مشروع الميثاق الذي طرح للتوقيع عليه من جانب حكومات الدول الأفريقية خلال قمة (نيروبي) في يونيو/ حزيران ١٩٨١[٢].

ودخل الميثاق حيز النفاذ في ٢١ كانون الأول/ تشرين الأول ١٩٨٦ حيث تمت المصادقة عليه من قبل ثلاثين دولة وهو الحد الأدنى الذي حدده الميثاق لدخوله حيز التنفيذ.

وتألف الميثاق من ديباجة وثمانية وستين مادة، وقد جاء في الديباجة (إن الدول الأطراف في الميثاق تؤكد على تمسكها بإزالة كافة أشكال الاستعمار في أفريقيا وتؤكد

---

١ - عقد الاجتماع الأول للخبراء الحكوميين على المستوى الوزاري بناء على دعوة حكومة جامبيا خلال الفترة " ٩- ١٥ يونيو / حزيران ١٩٨٠ " لدراسة المشروع التمهيدي للميثاق.

٢- Gittleman - The African charter on Human and peoples' rights - A legal analysis - ١٩٨١ - p. ٦٦٧.

على تمسكها بمبادئ الحرية والمساواة والعدالة والكرامة وقناعتها بأنه أصبح من الضروري كفالة اهتمام خاص في التنمية، وبأن الحقوق المدنية والسياسية لا يمكن فصلها عن الحقوق الاقتصادية والاجتماعية والثقافية سواء في مفهومها أو عالميتها وبأن الوفاء بالحقوق الثابتة هو الذي كفل التمتع بالحقوق الأولى).

وبالعودة إلى نصوص الميثاق الأفريقي نجد انه جمع بين الحقوق والواجبات من جانب، ونص على حقوق الأفراد والشعوب من جانب آخر، ولكن ما يسجل على هذا الميثاق أنه جمع الحقوق المدنية والسياسية والاقتصادية والاجتماعية والثقافية في وثيقة واحدة. وهذا ما أضعف من فاعليته على رأي بعض الفقه وجعله أشبه بإعلان حقوق، فالطبيعة القانونية المتميزة لكل فئة من فئات هذه الحقوق كانت تقتضي تخصيص وثيقة منفصلة لكل فئة أو على الأقل وضع أسلوب رقابة مختلف لكل منها وبما يتوائم مع طبيعة الحق المطلوب الرقابة على احترامه وحمايته، ومثل هذا ما أخذ به الميثاق الأمريكي والاتفاقية الأمريكية، حيث أفردت الاتفاقية الأوروبية وثيقة للحقوق المدنية والسياسية وأخرى للحقوق الاقتصادية والاجتماعية والثقافية، أما الاتفاقية الأوروبية فبالرغم من كونها جمعت بين كل الحقوق إلا أنها تبنت أساليب مختلفة للرقابة ودون تعليق تمتع فئة على أخرى.

أما الحقوق المدنية والسياسية التي نص عليها الميثاق فهي لم تخرج عن تلك التي ورد النص عليها في الاتفاقيتين الأوروبية والأمريكية والعهدين الدوليين إلا استثناء، فقد نص الميثاق الأفريقي على الحق في الحياة والحق في الاعتراف بالشخصية القانونية والحق في الحرية والآمان والحق في المساواة أمام القانون والحق في التقاضي والحق في التنقل بحرية واختيار محل الإقامة وحظر الاستغلال والامتهان والاسترقاق والتعذيب، كما نص الميثاق على حظر القبض التعسفي ومبدأ الشرعية وعدم سريان القوانين الجنائية بأثر رجعي وحرية العقيدة والحق في ممارسة الشعائر الدينية والحق في تكوين الجمعيات والحق في اللجوء، والواقع أن النص على الحق الأخير "الحق في اللجوء" يعد إشارة إيجابية تسجل للميثاق الأفريقي، حيث أن هذا الحق لم يرد النص عليه في العهد الدولي للحقوق المدنية والسياسية وربما كان النص

على هذا الحق في الميثاق الأفريقي انعكاسا للواقع الذي كانت تعاني منه هذه القارة، فقد شهدت موجات من النزوح والهجرة لأسباب إرادية أو غير إرادية الأمر الذي وقف وراء السعي إلى كفالة حد أدنى من الحماية في هذا الجانب.

ولكن ما يلاحظ على الميثاق الأفريقي في الجانب الاقتصادي والاجتماعي والثقافي أنه جاء مقتضبا إلى أبعد الحدود، فقد نص على الحق في الملكية والحق في العمل والحق في التعليم والحق في التمتع بأفضل حالة صحية وبدنية.

الفرع الرابع - حقوق الإنسان في النظام العربي:

إن أول ما يلاحظ على ميثاق جامعة الدول العربية، أنه جاء خاليا من أي إشارة لحقوق الإنسان وحرياته الأساسية، وفي الذكرى العشرين للإعلان العالمي لحقوق الإنسان (١٩٦٨) وافقت جامعة الدول العربية على إنشاء لجنة أطلقت عليها (اللجنة الإقليمية العربية الدائمة لحقوق الإنسان)[١].

وضمت اللجنة مندوبا واحدا عن كل دولة من الدول الأعضاء في الجامعة بالإضافة إلى بعض الموظفين الذين تنتدبهم أمانة الجامعة لتمثيلها في اللجنة ويعين مجلس الجامعة رئيسا للجنة لمدة سنتين قابلة للتجديد.

والملاحظ على تشكيل هذه اللجنة اصطباغها بالطابع السياسي، فهي في الواقع عبارة عن هيئة سياسية تكونت من ممثلي الدول الأعضاء في الجامعة وليس من أشخاص يؤدون واجباتهم بصورة مستقلة، كما حظر قرار مجلس الجامعة على أعضاء اللجنة إجراء أي اتصال مع الدول الأعضاء، وتركز نشاط هذه اللجنة في الواقع على حقوق الإنسان في الأراضي العربية المحتلة ولم توجه أي اهتمام يذكر لموضوع حقوق الإنسان في البلاد العربية[٢].

وبناء على القرار الصادر عن المؤتمر الإقليمي العربي لحقوق الإنسان الذي

---

١ - انظر قرار مجلس الجامعة رقم ٣٣٠٤ / د ٤٧ / جـ٣ في ١٨ / ٣/ ١٩٦٧.
٢ - انظر الأستاذ نبيه الأصفهاني - موقف جامعة الدول العربية من حقوق الإنسان - السياسة الدولية - ص ٣٠.

عقد في بيروت للفترة (٢- ١٠) ديسمبر / كانون الأول ١٩٦٨ الذي أكد على ضرورة عقد مؤتمر للخبراء في الشؤون الاجتماعية وقامت اللجنة الإقليمية العربية الدائمة لحقوق الإنسان بوضع الأسس اللازمة لإعداد ميثاق عربي لحقوق الإنسان وحددت مدة إعداد المشروع بستة اشهر، وفي العاشر من أيلول ١٩٧٠ قرر مجلس الجامعة العربية تشكيل لجنة من الخبراء العرب لإعداد ميثاق عربي لحقوق الإنسان وحددت مدة إعداد المشروع بستة أشهر أيضا.

وفي ١٠ يوليو / تموز ١٩٧١ اجتمعت لجنة الخبراء في مقر الأمانة العامة لجامعة الدول العربية واعتمدت مشروعا للميثاق تقرر طرحه على الدول الأعضاء في الجامعة لإبداء الرأي فيه.

وفي أوائل عام ١٩٧٧ وافق مجلس جامعة الدول العربية على مشروع إعلان رسمي أطلق عليه (إعلان حقوق المواطن في الدول والبلاد العربية)، وتكون هذا الإعلان من ديباجة و (٣١) مادة.

وجاء في الديباجة (إن الله عز وجل جعل من الوطن العربي مهدا للديانات وموطنا للحضارات التي كرمت الإنسان وأكدت حقه في حياة عزيزة على أساس من حقوق الإنسان في الحرية والكرامة والإخاء، وأن استمتاع الإنسان بالحرية والعدالة وسيادة القانون وتكافؤ الفرص هو معيار أصالة أي مجتمع... إن الدول العربية رأت أن تقنن للمواطن العربي أينما وجد حقوقه وحرياته التي يجب عدم المساس بها والتي يتحتم وصفها دائما موضع الاهتمام الكامل كأساس لكل سياسة أو إدارة أو تشريع...).

وقبل الخوض في الحقوق التي ورد النص عليها في الميثاق، نشير إلى أن الميثاق نص على التمتع بهذه الحقوق يكون لكل فرد، ولا تقتصر على من يحمل جنسية الدولة الطرف في المعاهدة، بل يمكن التمتع بها حتى رعايا الدول غير العربية، وأشارت لهذا المعنى ديباجة الميثاق (إن الدول العربية الأعضاء في هذا الميثاق تضمن لكل إنسان على أراضيها حقوقه وحرياته الأساسية التي لا يجوز المساس بها ويتحتم تنفيذها وتامين الاحترام الكامل لها). وكذلك المادة (٥) (لكل إنسان الحق في الحرية)

والمادة (٨) (جميع الناس متساوون أمام القضاء) والمادة (٩) (لا يجوز حبس أي إنسان ثبت إعساره) والمادة (١٤) (للأفراد من كل دين الحق في ممارسة شعائرهم الدينية).

وأما الحقوق التي ورد النص عليها في الميثاق، هي :-

- الحق في الحياة.

- لا جريمة ولا عقوبة إلا بنص.

- المتهم برئ حتى تثبت إدانته.

- الحق في الحرية والسلامة الشخصية.

- المساواة أمام القضاء.

- كفالة حق التقاضي لكل شخص فوق إقليم الدولة.

- تحديد عقوبة الإعدام بالجنايات الخطيرة فقط.

- إلغاء عقوبة الإعدام في الجرائم السياسية.

- عدم جواز تنفيذ حكم الإعدام فيمن يقل عمره عن ١٨ سنة أو في امرأة حامل حتى تضع حملها أو أم مرضع إلا بعد انقضاء عامين من الولادة.

- حظر التعذيب أو المعاملة اللاإنسانية أو المهينة أو الحاطة بالكرامة.

- حظر إجراء تجارب طبية أو علمية على أي إنسان دون رضاه.

- لا يجوز حبس إنسان بسبب إعساره عن الوفاء بدين أو أي التزام مدني.

- معاملة المحكوم عليه بعقوبة سالبة للحرية معاملة إنسانية.

- عدم جواز محاكمة الشخص عن جرم مرتين.

- الحق في التعويض لمن كان ضحية القبض أو الإيقاف غير القانوني.

- حرية الحياة الخاصة.

- الشخصية القانونية صفة ملازمة للإنسان.

- الشعب مصدر السلطات والأهلية السياسية صفة لكل مواطن رشيد.

- حرية اختيار مكان الإقامة والتنقل في حدود القانون.

- الملكية الخاصة حق مكفول لكل مواطن ويحظر تجريد المواطن من أمواله بصورة تعسفية.

- عدم جواز منع المواطن من مغادرة أي بلد عربي، بما في ذلك بلده أو فرض حظر على إقامته في جهة معينة أو إلزامه بالإقامة في أية جهة من بلده.

- لا يجوز نفي المواطن من بلده أو منعه من العودة إليها.

- الحق في طلب اللجوء السياسي وحظر تسليم اللاجئين السياسيين.

- عدم جواز إسقاط الجنسية بشكل تعسفي وعدم إنكار الحق في اكتساب جنسية أخرى بغير سند قانوني.

- كفالة حق الملكية الخاصة.

- حرية العقيدة والفكر والرأي.

- كفالة حق ممارسة الشعائر الدينية.

- حرية الاجتماع وحرية التجمع بصورة سلمية.

- الحق في تشكيل النقابات.

- الحق في الإضراب في الحدود التي ينص عليها القانون.

- الحق في العمل.

- حظر العمل القسري أو السخرة، ولا يعد من قبيل السخرة إلزام الشخص بأداء عمل تنفيذ لحم قضائي.

- الحق في شغل الوظائف العامة.

- التعليم حق لكل مواطن، ومحو الأمية التزام وواجب.

- حق المشاركة في الحياة الثقافية وحق التمتع بالأعمال الأدبية والفنية.

- الأسرة هي الوحدة الأساسية للمجتمع وتكفل الدولة للأسرة والأمومة والطفولة والشيخوخة رعاية متميزة وحماية خاصة.

- للشباب الحق في أن تتاح له أكبر فرص التنمية البدنية والعقلية.

- لكافة الشعوب الحق في تقرير المصير والسيطرة على ثرواتها الطبيعية.

- لا يجوز حرمان الأقليات من حقها في التمتع بثقافتها أو إتباع تعاليمها الدينية.

لكن النص على هذه الحقوق يثير التساؤل بشأن مدى إمكانية تقييدها أو تقييد بعضها مراعاة لاعتبارات معينة كالمحافظة على الأمن القومي أو حفظ النظام العام أو

الآداب العامة؟ وللإجابة على هذا التساؤل نشير إلى أن الميثاق العربي لحقوق الإنسان وعلى حد سواء مع المواثيق الدولية والإقليمية الأخرى أجاز تقييد بعض الحقوق في ظل ظروف معينة ولكن بشروط :-

١- أن ينص عليها القانون، وأن يعتبر ذلك ضروريا لحماية الأمن الوطني أو النظام العام أو الصحة العامة أو الأخلاق أو حقوق وحريات الآخرين.

٢- إعلان حالة الطوارئ التي تهدد حياة الأمة والتي يعلن عنها رسميا، إذ يجوز في هذه الحالة التحلل من بعض الالتزامات طبقا للميثاق، على أن يكون هذا الاستثناء في أضيق نطاق ممكن ولأقصر فترة ممكنة.

وفي جميع الأحوال لا يجوز أن تمس تلك القيود أو أن يشمل هذا التحلل الحقوق والضمانات المتعلقة بحظر التعذيب والعودة إلى الوطن واللجوء السياسي والمحاكمة وشرعية الجرائم والعقوبات[١].

الفرع الخامس- حقوق الإنسان في ظل الوثيقة الخضراء لحقوق الإنسان في عصر الجماهير:

لقد استعرضنا خلال الصفحات السابقة لهذا المؤلف، تطور مفهوم حقوق ا الإنسان وأساسها الفلسفي والشرعي والتاريخي والدولي، وتوصلنا خلال هذا الاستعراض إلى أن الأوروبيين ومن سار على نهجهم ينظرون إلى حقوق الإنسان على أنها حقوق حضارية مكتسبة قانونا، ظهرت نتيجة لقيام المدنية وإبرام العقد الاجتماعي. الأمر الذي يعني أنهم يرفضون المبدأ الذي ذهب إلى وجود حقوق طبيعة سامية للإنسان، فالحقوق عندهم حقوق توصل إليها الإنسان كما توصل إلى صناعة النسيج واستخراج المعادن من الأرض ولذلك فالإنسان الذي تعلم العلم والتقنية هو الذي تنطبق عليه حقوق الإنسان بكل مضامينها الأساسية والكمالية، أما الإنسان الجاهل فهو إنسان متأخر في ركب الحضارة، من هنا فليس له الحق في حقوق الإنسان المتحضر، إن

١ - م (٢/٤) وم (٣١) من الميثاق.

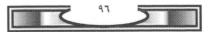

أقصى ما يحلم به هذا الإنسان هو البقاء حيا يرتزق على ما تجود به صدقات الإعانة وقوافل الإغاثة بعد أن يكون قد رهن فيها حرية الإرادة ومبدأ السيادة[١].

من هنا وجد الشعب العربي الليبي نفسه أمام فهم عالمي قاصر لحقوق الإنسان وآل على نفسه مهمة وضع وثيقة جديدة لحقوق الإنسان تصحح المسار والفهم الخاطئ لحقوق الإنسان مبنية أساسا على مبدأ عظيم ينظر إلى الإنسان باعتباره مخلوقا مقدسا وكائنا مميزا في جوهره ووجوده، وبأنه خليفة الله في الأرض بكل مكوناته الروحية والنفسية والمادية، تلك هي حقيقة القانون الطبيعي في الكتاب الأخضر.

لقد وضع الكتاب الأخضر خطة شاملة للمؤسسات الرئيسية، ومن المسلم به أن القرآن الكريم هو مصدر التشريع الأساسي في الجماهيرية العربية الليبية الشعبية الاشتراكية العظمى، ومع ذلك فإن الإدارة اليومية للعدل ووثيقة الحقوق والنظام القضائي المستقل مسائل أساسية لا بد منها.

وبناء على ذلك عقدت المؤتمرات الشعبية الأساسية جلسة طارئة عام ١٩٨٨ لإقرار الوثيقة الخضراء الكبرى لحقوق الإنسان في عصر الجماهير، وبعد مناقشة هذه الوثيقة أعطيت الشكل النهائي وتم إقرارها والموافقة عليها من قبل مؤتمر الشعب العام في الخامس والعشرين من شهر الصيف/ يونيو ١٩٨٨.

لقد بنيت الوثيقة الخضراء على أساس أن حقوق الإنسان هي حقوق طبيعية وهي من مميزات وخصائص الوجود الإنساني نفسه فهي ليست هبة من أحد ولا هي مكتسبة بواقع النضج التاريخي والحضاري للإنسان ولا هي من مقتضيات التكافل الاجتماعي القائم على تشابك المصالح بين الأفراد، من هنا فإن المتتبع للحقوق الواردة في الوثيقة الخضراء يجد أنها لم تأت ترفا فكريا أو زادا لغير المحتاجين إليه، بل

---

١ - انظر د. عمر بشير الطوبي - الأسس الفلسفية لحقوق الإنسان ومضامينها التطبيقية في الوثيقة الخضراء الكبرى والفكر الغربي - دراسة مقارنة - الملتقى العالمي الثالث حول فكر معمر القذافي - الكتاب الأخضر - الديمقراطية وحقوق الإنسان - ج٢- حقوق الإنسان إشكالية التدويل والخصوصية - طرابلس الجماهيرية العظمى - ٣٠ التمور / أكتوبر - ٣ الحرث / نوفمبر ١٤٢٣ - ١٩٩٤ - ص ٨ -٩.

جاءت انعكاسا لحاجات الإنسان الحقيقية الأمر الذي وسمها بطابع الواقعية لتتجاوز النواقص النظرية والعملية لمفهوم حقوق الإنسان في الفكر الغربي.

وبقدر ما تعتبر الوثيقة الخضراء إضافة جوهرية في مجال حقوق الإنسان مفهوما وتطبيقا، فإنها تؤكد بكل وضوح قدرة العقل العربي على التأمل والإبداع في مجال الفكر الإنساني وتشخيص قضايا الإنسان ومشكلاته ووضع الحلول لها بكل صدق وجدية.

فالوثيقة الخضراء لم تكن تكرار لما ورد في الوثائق العالمية والإقليمية الأخرى وهي السمة الغالبة لتلك الوثائق، بل نصت على العديد من الحقوق التي لم يرد لها ذكر في باقي الوثائق، ومثل هذا النص يأتي انسجاما والمتغيرات التي طرأت على حقوق الأفراد وحرياتهم في ظل العولمة السياسية والاقتصادية والثقافية والاجتماعية بل وحتى الدينية.

من ذلك مثلا أن المادة (٢٤) من الوثيقة الخضراء تنص على حق الإنسان في بيئة متوازنة خالية من التلوث (أبناء المجتمع الجماهيري يدعون إلى إلغاء الأسلحة الذرية والجرثومية والكيمياوية ووسائل الدمار الشامل وإلى تدمير المخزون منها ويدعون إلى تخليص البشرية من المحطات الذرية وخطر نفايتها). والواقع أن هذا النص يأتي انعكاسا لما يعانيه العالم من مشكلة متفاقمة تتخطى الحدود القطرية والإقليمية لتمتد إلى سائر أنحاء العالم من أقصاه إلى أقصاه، فهناك دول هي مصدر التلوث وأخرى تعاني من آثارها، واللافت للنظر أن أي من الوثائق العالمية والإقليمية لم تتناول هذه المسألة بالمعالجة أو النص عليها باعتبارها حق من حقوق الإنسان الطبيعية.

كذلك كان للوثيقة الخضراء فضل السبق في الدعوة إلى تحرير الإنسان من الإقطاع فالأرض بموجب الوثيقة الخضراء ليست ملكا لأحد ولكل فرد الحق في استغلالها[1].

---

١ - م (١٢) من الوثيقة الخضراء.

كما أشارت المادة (١٣) من الوثيقة، إلى أن أبناء المجتمع الجماهيري أحرارا من الإيجار، فالبيت لساكنه، وللبيت حرمة مقدسة على أن تراعى حقوق الجيران "الجيران ذي القربى والجار الجنب". وألا يستخدم المسكن فيما يضر بالمجتمع.

ومن مستحدثات الوثيقة الخضراء، حظر الخدمة المنزلية، فأبناء المجتمع الجماهيري يرون في خدم المنازل رقيق العصر الحديث وعبيدا لأرباب عملهم، لا ينظم وضعهم قانون ولا يتوافر لهم ضمان وحماية، يعيشون تحت رحمة مخدوميهم ضحايا للطغيان ويجبرون على أداء مهنة مذلة لكرامتهم ومشاعرهم الإنسانية تحت وطأة الحاجة وسعيا للحصول على لقمة العيش[1].

هذا إضافة إلى أن الوثيقة الخضراء وبالرغم من صدورها في الجماهيرية العظمى وبجهد وطني ذاتي، إلا أنها ذات طبيعة عالمية تتوجه بالخطاب للإنسان أينما وجد معبرة عن حاجاته وحقوقه التي استجدت بفعل التطور العلمي والتكنولوجي الذي طرأ على العالم ولم تتناول هذه الحاجات والحقوق الوثائق العالمية الأخرى، فالديباجة تشير إلى انه (وإدراكا بأن الشقاء الإنساني لا يزول وحقوق الإنسان لا تتأكد إلا ببناء عالم جماهيري تمتلك فيه الشعوب السلطة والثروة والسلاح وتختفي فيه الحكومات والجيوش وتتحرر فيه الجماعات والشعوب والأمم من خطر الحروب في عالم يسوده السلام والاحترام والمحبة والتعاون..) وتنص المادة الثانية على انه (أبناء المجتمع الجماهيري يقدسون حرية الإنسان ويحمونها ويحرمون تقييدها..). المادة (١٥) فتنص على انه (التعليم والمعرفة حق طبيعي لكل إنسان، فلكل إنسان الحق في اختيار التعليم..) أما المادة (١٧) فتنص على أنه (أبناء المجتمع الجماهيري يؤكدون حق الإنسان في التمتع بالمنافع والمزايا والقيم والمثل التي يوفرها الترابط والتماسك والوحدة والألفة والمحبة الأسرية والقبيلة والقومية والإنسانية...). وتنص المادة (١٨) على انه (أبناء المجتمع الجماهيري يحمون الحرية ويدافعون عنها في أي مكان من العالم ويناصرون المضطهدين من أجلها..).

---

١ - م (٢٢) من الوثيقة الخضراء.

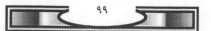

ويثار التساؤل بشأن القيمة القانونية للوثيقة الخضراء، فهل لهذا الوثيقة قيمة قانونية ملزمة؟ أم أن لها قيمة أدبية فقط؟ وللإجابة على هذا التساؤل نشير إلى أن هذه الوثيقة تعد إحدى الوثائق العليا في الجماهيرية إلى جانب الكتاب الأخضر وإعلان قيام سلطة الشعب الأمر الذي يعني بالضرورة أن أي قانون أو قرار يصدر بالمخالفة لها يعد باطلا هذا إضافة إلى أن المشرع (مؤتمر الشعب العام) كان قد أصدر قانون ٢٠ لسنة ١٩٩١ بشأن تعزيز الحرية لضمان وضع أحكام الوثيقة الخضراء موضع التنفيذ.

كما استحدث المشرع محكمة الشعب بالقانون رقم (٥) لسنة ١٩٩١ لتكون وسيلة قضائية تسعى إلى إنصاف المظلومين من العسف والجور وتوطيد دعائم العدالة والأمن وتأكيد سلطة الشعب في الجماهيرية العظمى[1]. وبموجب الفقرة الرابعة من المادة التاسعة من هذا القانون فإن المحكمة تختص بالفصل قي التظلمات من الإجراءات والقرارات الماسة بحرية المواطن وحقوقه الأساسية الأخرى.

١ - انظر م (١) من قانون تعزيز الحرية ٢٢ لسنة ١٩٩١.

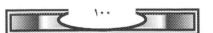

الباب الثاني

شذرات

من حقوق الإنسان

في هذا الباب سوف نبحث في بعض الحقوق الواردة في الشريعة الإسلامية والمواثيق الدولية والوثيقة الخضراء الكبرى لحقوق الإنسان في عصر الجماهير، للوقوف على الكيفية التي تم فيها معالجة كل حق من الحقوق التي سنبحث فيها.

الفصل الأول

المساواة

يرى العميد (دوجي) أن تعريف الحرية في الديمقراطيات اليونانية القديمة كان مشتقا من المساواة، فكان الفرد حرا إذا كان تصرف الدولة إزاءه لم يكن سوى مجرد تنفيذ أو تطبيق لقاعدة عامة وضعت لجميع الأفراد وعلى حد سواء، ولو كانت تلك القاعدة العامة ذات صبغة استبدادية أو تعسفية.

وفي الغرب فإن من المتفق عليه منذ عصر الثورة الفرنسية أن تقرير مبدأ الحريات الفردية إنما كان يستند في أساسه الفلسفي إلى نظرية العقد الاجتماعي التي استبدلت الحقيقية الواقعية وهي عدم المساواة بين الأفراد بفكرة غير واقعية، وهي المساواة بين الأفراد قديما في بدء الخليقة، وذلك في المرحلة البدائية التي يطلق عليها (روسو) في كتابه العقد الاجتماعي، الحالة الطبيعية، تلك الفكرة النظرية التي لم يستطيعوا إثباتها في ذلك الحين من الناحية العملية أو التاريخية[1].

وقامت الشريعة الإسلامية الغراء أساسا على المساواة، فقد ورد في قوله تعالى: ﴿يا أيها الناس إنا خلقناكم من ذكر وأنثى وجعلناكم شعوبا وقبائل لتعارفوا إن أكرمكم عند الله أتقاكم إن الله عليم خبير﴾ (الحجرات:١٣). وفي خطبة حجة الوداع، خاطب الرسول (صلى الله عليه

---

١ - د. عبد الحميد متولي - الحريات العامة - نظرات في تطورها وضماناتها ومستقبلها - منشأة المعارف - الإسكندرية - ١٩٧٥ - ص ٦٥.

وعلى آله وسلم) المسلمين (يا أيها الناس إن ربكم واحد وإن أباكم واحد كلكم لأدم وأدم من تراب، إن أكرمكم عند الـلـه اتقاكم، وليس لعربي على أعجمي ولا أعجمي على عربي ولأحمر على أبيض ولا لأبيض على أحمر فضل إلا بالتقوى، ألا هل بلغت اللهم فأشهد ألا فليبلغ الشاهد منكم الغائب) .على ذلك أن الشريعة الإسلامية تقوم على المساواة المطلقة، فهي تنبذ التمييز والتمايز بكل أشكالها وصورها إلا على أساس التقوى والعمل الصالح.

وفي المواثيق الدولية أحتل مبدأ المساواة مكان الصدارة بين حقوق الإنسان، فكل حماية لحق من هذه الحقوق لابد أن يقرر في دائرة مبدأ المساواة، فلا معنى مثلا لحماية الحق في الحياة لفرد دون آخر، ولا معنى لحماية حرية من الحريات لجماعة معينة من الناس دون أخرى، من هنا نصت المادة (٢) من الإعلان العالمي لحقوق الإنسان على أنه (لكل إنسان حق التمتع بجميع الحقوق والحريات المذكورة في هذا الإعلان دونما تمييز من أي نوع، ولا سيما التمييز بسبب العنصر أو اللون أو الجنس أو اللغة أو الدين أو الرأي السياسي أو غير السياسي أو الأصل الوطني أو الاجتماعي أو الثروة أو المولد أو أيوضع آخر).

وبالرغم من أن الشريعة الإسلامية كما المواثيق الدولية والإقليمية والوثيقة الخضراء، تقر بمبدأ المساواة وتؤكد على ضرورتها باعتبارها الأساس الذي يبنى عليها سائر الحقوق، إلا أن المذاهب السياسية تختلف بشأن مضمون هذا المبدأ، فالمذهب الفردي يرى أن مبدأ المساواة ينصرف إلى المساواة أمام القانون، ومفاد ذلك أن يكون الأفراد جميعا متساوين في حماية القانون لهم من ناحية، ومتساوين جميعا في التكاليف القانونية أيضا، ودونما اعتبار للثروة أو الجنس أو اللون أو الدين، وبذلك تكون المساواة تماما كالحريات العامة في فلسفة المذهب الفردي لا تستلزم تدخلا إيجابيا من الدولة، بل يكون التزام الدولة سلبي إزاء جميع الأفراد على قدم المساواة.

أما المساواة في المذهب الاشتراكي، فتنصرف إلى تقريب التفاوت بين الأفراد وتحقيق تكافؤ الفرص لهم جميعا، فهي تتطلب تدخلا إيجابيا من جانب الدولة لكي تتحول من مساواة مقررة في نصوص جامدة إلى مساواة ملموسة.

أما مجلس الدولة الفرنسية فحدد دائرة انطباق مبدأ المساواة في مجالات ثلاثة :-

١- المساواة أمام القانون .

٢- المساواة أمام المرافق العامة .

٣- المساواة في التكاليف والأعباء العامة.

وأضاف مجلس الدولة المصري إلى هذه الدائرة، المساواة أمام القضاء، وسوف نبحث في مبدأ المساواة في الميادين آنفة الذكر.

١- المساواة أمام القانون :-

ينصرف معنى المساواة هنا، إلى معاملة الأشخاص الذين تتوافر فيهم نفس الشروط معاملة متماثلة، وفي ذلك قضت المحكمة العليا المصرية في أحد أحكامها (أن المساواة ليست مساواة حسابية، ذلك أن المشرع العادي يملك بسلطته التقديرية لمقتضيات الصالح العام وضع شروط تتحد بها المراكز القانونية التي يتساوى فيها الأفراد أمام القانون، بحيث إذا توافرت هذه الشروط في طائفة من الأفراد وجب إعمال المساواة بينهم لتماثل الظروف ومراكزهم القانونية وإذا اختلفت هذه الشروط في البعض دون البعض الآخر انتفى مناط المساواة بينهم، وكان لمن توافرت فيهم الشروط دون سواهم أن يمارسوا الحقوق التي يكفلها المشرع لهم). وبذات الاتجاه ذهبت المحكمة الإدارية المصرية العليا[١]، (إن تطبيق مبدأ المساواة في هذا الشأن هو عدم التمييز بين أفراد الطائفة الواحدة إذا تماثلت مراكزهم القانونية)[٢].

وبمفهوم المخالفة ليس لمن وجد في ظروف مختلفة أو لم تتوافر فيه الشروط التي حددها القانون، المطالبة بمعاملة متماثلة من ذلك مثلا، أن حق الانتخاب والترشيح في الأنظمة النيابية متاح نظريا لكل مواطن يحمل جنسية الدولة، لكن ليس لمن كان محكوما عليه بجناية أو جنحة مخلة بالشرف، ممارسة هذا الحق وإن كان من حاملي جنسية الدولة، لتخلف شرط من الشروط الموضوعية المطلوبة في الانتخاب والترشيح.

---

١ - انظر حكم رقم ١١ لسنة ١ القضائية الصادر بتاريخ ٦ مارس / آذار ١٩٧١ .

٢ - انظر مجموعة المبادئ القانونية التي قررتها المحكمة الإدارية العليا في عشر سنوات - ص ٤٤.

ويتفرع عن هذا المظهرس، مظهر آخر، هو المساواة في تولي الوظائف العامة إذا ما توافرت الشروط التي حددها القانون دون النظر إلى الجنس أو العقيدة أو اللون أو الانحدار الطبقي، والمساواة في الحصول على ذات المزايا والحقوق والواجبات.

إلا انه ليس ثمة ما يمنع من وضع أنظمة خاصة بطوائف معينة من الموظفين ببعض المصالح أو الهيئات العامة، تتفق وطابع تلك الوظائف ونظام العمل فيها طالما أن المشرع توخى من وراء ذلك تحقيق الصالح العام.

٢- المساواة أمام القضاء :-

ينصرف معنى المساواة هنا إلى عدم اختلاف المحاكم باختلاف المراكز الاجتماعية للمتقاضين وان لا يقام لأشخاص المتقاضين ومكانتهم أي اعتبار عند الفصل في الخصومات أو توقيع العقوبة عليهم في حالة تماثل الجرائم والظروف، ولنا في الشريعة الإسلامية خير شاهد على ذلك، فقد خاصم يهودي الأمام علي بن أبي طالب، أمام عمر بن الخطاب، فنادى الخليفة عمر على الإمام علي، قف يا أبا الحسن إلى جانب اليهودي، ولما بدا الغضب على وجه الإمام علي، خاطبه الخليفة الثاني قائلا، أكرهت أن يساوى بينك وبين خصمك في مجلس القضاء؟ فقال الإمام علي لا ولكني كرهت منك أن عظمتني في الخطاب إذ ناديتني بكنيتي[١].

وعن السيدة عائشة، أن قريشا أرادت الشفاعة في المرأة المخزومية التي سرقت، فقالوا من يكلم رسول الله (صلى الله عليه وعلى آله وسلم) ومن يجرؤ على ذلك إلا أسامة بن زيد، فكلم أسامة الرسول، فقال أتشفع في حد من حدود الله يا أسامة ثم قام فخطب، وقال (يا أيها الناس إنما ضل من قبلكم إنهم إذا سرق الشريف تركوه وإذا سرق الضعيف منهم أقاموا عليه الحد، وأيم الله لو أن فاطمة بنت محمد سرقت لقطعت يدها)[٢].

١ - القطب محمد القطب طبيلية - الإسلام وحقوق الإنسان - دراسة مقارنة - دار الفكر - القاهرة - ١٩٧٦ - ص ٣٨٥.
٢ - صحيح البخاري- ج٨- طبعة كتاب الشعب - ص ١٩٩٩.

كما يحمل هذا المبدأ في فحواه، معنى مساواة الجميع في إجراءات التقاضي أمام المحاكم العادية المختصة المستقلة بعيدا عن التدخل وان لا تنشأ محاكم خاصة لفئات معينة من الناس بهدف تمييزهم عن غيرهم من أبناء المجتمع الواحد.

مع ملاحظة أن هذا المبدأ لا يتعارض بحال من الأحوال مع وجود محاكم مختلفة تبعا لاختلاف طبيعة الجرائم، كان تخصص محاكم للمنازعات المدنية وأخرى للمنازعات التجارية وثالثة للمنازعات الجنائية.

٣- المساواة أمام المرافق العامة :-

المرفق العام هيئات ومؤسسات تنشئها الدولة لغرض إشباع حاجات عامة، أو هو النشاط الذي تقوم به الدولة قاصدة من وراء ذلك إشباع حاجات عامة تعجز الإمكانيات الفردية والخاصة عن إشباعها أو لا ترغب الخوض فيها، أو ترى الدولة الاختصاص بها نظرا لأهميتها وخطورتها كمرفق الماء والكهرباء والبريد والصحة.

ومن تعريف المرفق العام هذا، يبدو لنا جليا مدى أهميته ومساسه المباشر بحياة الأفراد، من هنا حرص المشرع على تقرير مبدأ المساواة في الانتفاع به متى توافرت الشروط والضوابط التي حددها القانون سلفا.

ومع ذلك لا يعد خروجا على هذا المبدأ، إنشاء المشرع مرفق معين يختص بتقديم الخدمة لفئة معينة دون غيرها، كإنشاء مستشفى لمعالجة منتسبي الجامعة مثلا، أو تخصيص مقاعد في سيارات النقل العام للمعاقين، أو إنشاء ناد ثقافي للموظفين أو الأدباء فقط. فمبدأ المساواة في هذه الحالات متوافر طالما أن المشرع وضع ضوابط معينة للانتفاع من خدمة المرفق ودون تحديد خدمة المرفق بأشخاص معينين بذواتهم أو أسمائهم.

٤- المساواة في التكاليف والأعباء العامة :-

على حد سواء مع الانتفاع بالمزايا التي تلزم الدولة بتوفيرها والخدمات التي تقدمها من خلال المرافق العامة، يلتزم كل حاملي جنسية الدولة متى توافرت فيهم الشروط التي حددها القانون بالإسهام في تحمل الأعباء العامة.

وبصفة عامة فإن الأعباء التي يلتزم الأفراد بالمشاركة فيها هي :-

أ- الأعباء المالية (الضريبة) :-

تعتبر الضريبة إحدى المصادر المالية للدولة المعاصرة، ويتباين دور هذا المورد المالي من دولة لأخرى، فمنها من تعتمد عليها كمصدر أساسي، ومنها من تجعلها مصدرا ثانويا، لكنها في جميع الأحوال تسهم في ميزانية الدولة .

من هنا فإن مبدأ المساواة يقتضي بالضرورة على جميع الأفراد متى كانوا في ظروف ومراكز قانونية متساوية ولا يخل بهذا المبدأ إعفاء بعض شرائح المجتمع من هذا الالتزام، كإعفاء ذوي الدخل المحدود أو الصغير، طالما لم يحددوا بذواتهم ولكن بمراكزهم القانونية، وفي ذات الوقت لا يعد إخلالا بهذا المبدأ فرض الضريبة التصاعدية بحيث ترتفع نسبة الضريبة مع زيادة الإيرادات، كما لا يخل بمبدأ المساواة فرض العبء الضريبي على الأجنبي المقيم في إقليم الدولة طالما يمارس فيها نشاطا يدر عليها إيرادا، بل أن بعض الدول والتشريعات تفرض الضرائب على الأجانب مقابل الحماية أو التسهيلات التي تقدمها لهم[١] .

ب- أداء الخدمة العسكرية :-

يعتبر واجب الخدمة العسكرية من أقدس الواجبات المفروضة على حاملي جنسية الدولة، كونه يتصل بالدفاع عن الدولة والذود عن حماها، ويتساوى كل الأفراد في أداء هذا الواجب المقدس وإلا فمن غير المنطق اللجوء للأجانب للدفاع عن الدولة .

ولا يعد خروجا على مبدأ المساواة إعفاء بعض الكفاءات العلمية لندرتها أو حاجة الدولة إليها في ميدان العلم أو العمل، كما لا يعد خروجا على هذا المبدأ تأجيل هذا الواجب لسبب أو عذر معين كالتأجيل لحين انتهاء الدراسة أو التماثل للشفاء.

والملاحظ أن بعض الدول لا تفرض هذا الواجب إلا على الراغبين في أدائه اختياريا كما هو الحال في الأردن والعراق بعد سقوط نظام صدام حسين، حيث أصبح

١ - د. عادل الحياري - الضريبة على الدخل العام - رسالة دكتوراه - كلية الحقوق - جامعة القاهرة - ١٩٦٨ - ص ١٦٢.

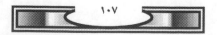

الانخراط بالخدمة العسكرية بصفة دائمة كمتطوعين، وفي هذه الحالة يعد سلك الجيش مهنة وعلى حد سواء مع باقي المهن الأخرى.

بل أن بعض الدول ومن بينها مصر والعراق منذ عام ١٩٩٣ وحتى ٢٠٠٣ تخير الملزمين بين أداء هذا الواجب أو دفع بدل نقدي .

ج- المساهمة في دفع الكوارث الطبيعية :-

ما من دولة في العالم إلا وقد تحل بها كارثة طبيعية أو بيئية، كالزلازل والفيضانات والحرائق، الأمر الذي قد يهدد أمن الدولة وسلامة سكانها، والمساهمة في دفع هذا الخطر أو التقليل من آثاره التزام يقع على عاتق كل فرد قادر على ذلك، يتساوى في هذا الواجب الوطني والأجنبي على حد سواء.

وبصفة عامة فإن المساواة تتخذ عدة صور وأشكال، فهناك المساواة في تولي الوظائف العامة والمساواة في الحصول على نفس الفرصة (تكافؤ الفرص) والمساواة في العمل والمساواة في الحقوق الأساسية والاقتصادية والاجتماعية والمساواة بين الجنسين، ونظرا لما تثير هذه المساواة من خلاف حتى الآن، فقد آثرنا البحث فيها بنوع من التركيز، حيث مر هذا الموضوع بمراحل عديدة منذ الشرائع القديمة حتى الآن هذا إضافة إلى أن المواثيق الدولية والإقليمية والدساتير الوضعية وضعت له معالجة مختلفة وعلى التفصيل التالي.

المبحث الأول

المساواة بين الرجل والمرأة قبل الإسلام

لم يكن حظ المرأة من مساواتها بالرجل واحدا عبر العصور، فقد اختلفت نظرة المجتمع إليها في كل عصر من هذه العصور، من حيث تمتعها بالحقوق التي يتمتع بها الرجل.

فالشريعة الهندية البرهمية، تعتبر المرأة ناقصة الأهلية ويظل الرجل وصيا عليها إلى الأبد، فالمادة (١٧٤) من قانون مانو [١]، تنص على انه (المرأة ليس لها الحق طوال حياتها أن تقوم بأي عمل وفق مشيئتها ورغباتها الخاصة حتى لو كان ذلك من الأمور الداخلية لبيتها)، كما تذهب المادة (١٤٨) (إلى أن المرأة تظل تابعة للرجل في بداية حياتها لأبيها، ثم تنتقل التبعية بعد الزواج للزوج فإذا مات الزوج انتقلت التبعية لأبنائه، فإن لم يكن لها أولاد فلعشيرته الأقربين، فإن لم يكن له أقارب انتقلت الولاية للأعمام وإن لم يكن له أعمام انتقلت الولاية إلى الحاكم) [٢]. كما كانت شريعة مانو تحضر التملك على الزوجة والابن والعبد، فكل ما يملك هؤلاء يكون ملكا لسيد الأسرة [٣]. وهكذا لم يكن للمرأة وفقا لقانون مانو الأهلية اللازمة لإجراء التصرفات القانونية .

أما شريعة حمورابي، فقد كانت أكثر تطورا من حيث تنظيمها لأحكام المرأة، فقد خصصت هذه الشريعة نصوص المواد (١٢٧- ١٨٤) لتنظيم شؤون المرأة، والمتتبع لأحكام هذه النصوص يجد أنها توفر حماية جنائية ومدنية كبيرة للمرأة، فقد

---

١ - يعتبر قانون مانو أحد الأسفار المقدسة في الشريعة الهندية البرهمية وكانوا يعتقدون أن واضعه هو أحد الآلة المنبثقة عن الإله الخالق براهما.

٢ - د. علي عبد الواحد وافي - الأسفار المقدسة في الأديان السابقة للإسلام - ص ٤٧ وما بعدها.

٣ - ول ديورانت - قصة الحضارة - ترجمة الدكتور زكي نجيب محمود - المجلد الأول - القسم الثالث - ص ١٨٠.

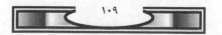

نصت المادة (١٢٧) على انه (إذا طعن شخص بإيماء منه شرف كاهنة معبد، أو زوجة رجل أخر، ولم تثبت صحة اتهامه، استقدم أمام القضاء ودمغت جبهته بعلامات مميزة). ونصت المادة (١٣١) (إذا اغتصب شخص زوجة شخص آخر لم تزف لزوجها بعد وهي في منزل أبيها ثم قبض عليه وهي في أحضانه، عوقب الشخص بالإعدام وأخلي سبيل المرأة). أما المادة (١٣٩) فقد نصت على انه (إذا لم يكن هناك صداق مسمى ألزم بإعطائها منيا من الفضة تسوية للطلاق). وألزمت المادة (١٤٠) الرجل إذا طلق زوجته بدفع مؤخر الصداق (إذا كان الرجل الذي يريد تطليق زوجته من عامة الشعب، دفع لها ٣/١ مينا من الفضة)[١].

ومع هذه الحماية التي أضفتها شريعة حمورابي على المرأة، إلا أنها كانت تميز بين المرأة الحرة والأمه والجارية، حتى في أحكام الزواج، فقد نصت المادة (١٤٤) على انه (إذا تزوج رجل راهبة وأهدته هذه الراهبة أمة أنجبت له أطفالا ثم أراد هذا الرجل الزواج من الأمة حظر هذا الزواج). كما نصت المادة (١٤٥) على انه (إذا تزوج رجل راهبة ولم تنجب له أطفالا، فعزم على التزوج من أمة جاز له ذلك، كما جاز له إدخالها في منزله على أن لا يجعلها بمنزلة الزوجة الأولى).

وأجازت شريعة حمورابي للزوج رهن زوجته لقاء دين عليه لغيره، إلا إذا اشترطت الزوجة على الزوج قبل الزواج عدم رهنها لدائنه صراحة، في هذه الحالة يحظر على الزوج رهن زوجته (إذا اشترطت زوجة تعيش في كنف زوجها شرطا موثقا على رقيم مختوم، بألا يقدم الزوج زوجته كرهينة لدائنه مقابل الدين الذي ترتب على زوجها قبل الزواج فليس للدائن أن يأخذ الزوجة رهينة نظير الدين...)[٢].

وبالمقارنة مع شريعة مانو، نجد أن المرأة كانت قد تمتعت بمركز قانوني متميز في حدود علاقتها بالرجل إذ أصبح لها مهر عند الزواج ومؤخر صداق عند

١ - راجع في هذه النصوص - د. خليل إبراهيم العباسي - شريعة حمورابي - الترجمة القانونية الكاملة - دار عمار - عمان - ١٤١٩ هـ - ١٩٩٨.

٢ - انظر م (١٥١) من شريعة حمورابي.

طلاقها، ويقتص لها من الرجل إذا قذفها أو اغتصبها، ومع ذلك لم يكن لها إجراء بعض التصرفات القانونية كالبيع والشراء والمتاجرة.

وفي المجتمع اليوناني، كانت المرأة مجردة من الحقوق، بالرغم من كون هذا المجتمع منبر الفكر والحضارة وبلد الفلاسفة والعلماء.

فقد كان المجتمع اليوناني مقسما إلى ثلاث طبقات، لكل طبقة خصائصها وامتيازاتها، **الطبقة الأولى** هي طبقة الأحرار، وكانت هذه الطبقة تختص بشؤون الحكم والإدارة، **أما الطبقة الثانية** فهي طبقة الأجانب، وتختص بالتجارة وهذه الطبقة تتكون من غير الوطنين الذين يقيمون بالمدينة، ويتميز أفراد هذه الطبقة بأنهم كانوا أحرارا لا تتحكم في مصيرهم أو تستبعدهم الطبقة الحاكمة غير أن بقائهم بالمدينة كان يتوقف على حسن سلوكهم وعدم خروجهم على القوانين والنظم المعمول بها وليس لأفراد هذه الطبقة ممارسة الحقوق السياسية أو الاشتراك بشؤون الحكم.

أما الطبقة الثالثة، فهي طبقة العبيد، ولم يكن لأفراد هذه الطبقة أية حقوق بل كانت تعمل لإرضاء طبقتي الأحرار والأجانب.

وكان للمرأة وضع خاص في هذا المجتمع، فقد كان أقرب لطبقة العبيد لأنها كانت مجردة من جميع الحقوق وتخضع خضوعا تاما للرجل، وكان للأخير أن يتزوج بأي عدد من النساء دون تحديد بل أن المرأة كانت تعد من ممتلكات الزوج بعد زواجها.

لكن وضع المرأة في إسبارطة كان يختلف إلى حد ما، فقد تمتعت المرأة نسبيا بالحرية فهي خلافا للمرأة في أثينا، كانت تعمل وتشتري وتبيع وتنتقل بحرية. وربما وقف وراء هامش الحرية الذي تمتعت به المرأة في إسبارطة، طبيعة المجتمع الإسبارطي ذاته، فقد كان هذا المجتمع يوصف بأنه مجتمع حرب نظرا لكثرة الحروب التي كان يخوضها الأمر الذي استلزم وجود من يقوم بالعمل نيابة عن الرجل.

واللافت للنظر أن هذه الحرية كانت قد وجهت بالنقد من قبل كبار الفلاسفة اليونان، ومن بينهم أرسطو الذي عزا سقوط الدولة وانحلالها إلى الحرية التي تمتعت بها المرأة، إذ كان أرسطو يرى إن النساء أقل مرتبة من الرجال، وهذا ما يستلزم

بالضرورة عدم تمتعهن بذات الحقوق والحريات التي يتمتع بها الرجل، ويرى كذلك "إن المرأة للرجل كالعبد للسيد، والعامل للعالم، والبربري لليوناني، وإن الرجل أعلى منزلة من المرأة ".

وفي ظل الإمبراطورية الرومانية، لم يطرأ على وضع المرأة تطور ملموس عما كان عليه في اليونان، فلم يكن للمرأة أهلية التصرف، وكانت تعامل معاملة الأرقاء وللرجل الوصاية الشاملة عليها مدى الحياة لا فرق في ذلك بين المرأة الصغيرة والبالغة، المتزوجة وغير المتزوجة، وما يميز وضع المرأة في الحالة الأخيرة، أنها تخضع قبل زواجها لوصاية الأب والأخ، وبعد زواجها لوصاية زوجها. بل أن الأنوثة في المجتمع الروماني كانت سببا من أسباب الحجر وعلى حد سواء مع صغر السن والجنون، غير أن وضع المرأة كان قد طرأ عليه بعض التطور في ظل الإمبراطورية الرومانية السفلى حيث أصبحت الوصاية على المرأة مجرد إجراء شكلي وأصبح للمرأة حق اختيار الوصي عليها أو استبداله بوصي آخر.

وللمرأة حق التحرر من الوصايا متى كانت متزوجة ولها ثلاثة أولاد وكانت حرة أصلا، ولها مثل هذا الحق إذا كان لها أربعة أولاد وإن كانت من الرقيق أصلا وتم عتقها، وقد أمتد الحق في التحرر من الوصايا إلى المرأة المتزوجة بغض النظر عما كان لديها من أولاد، ولم ينته نظام الوصايا هذا على المرأة إلا مع اعتلاء الإمبراطور (تيودرز هو توريوس) العرش حيث ألغى نظام الوصايا.

أما في اليهودية، فلم يكن المركز القانوني للمرأة أفضل مما كان عليه في الدولة اليونانية والرومانية والهند، فقد حذر التلمود من المرأة واعتبرها خطرا، حيث نصح اليهود "خيرا للإنسان أن يعيش وراء أسد من أن يعيش وراء امرأة "[1]. وجاء في سفر الجامعة" درت أنا وقلبي لأعلم ولأبحث ولأطلب حكمة وعقلا ولأعرف الشر أنه جهالة وحماقة أنه جنون، فوجدت أمر من الموت المرأة التي هي شباك وقلبها إشراك ويداها قيود... رجلا واحدا بين ألف وجدت أما امرأة فبين كل أولئك لم أجد).

١ - سفر التكوين - الإصحاح ٢-١٢.

وعقد الزواج عند اليهود أقرب للبيع والشراء منه لعقد الزواج، إذ كان ما يدفعه الزوج يعتبر ثمنا للزوجة وهكذا تصبح الزوجة بمقتضى العقد مملوكة للرجل تورث لمن له حق الإرث إذا مات المالك، فإن مات الأخ مثلا دون ابن ذكر يرث زوجته الأخ الآخر الذي يليه في العمر ويدخل بها.

وفي المسيحية، لم تتغير النظرة للمرأة عما كانت عليه في اليهودية فمن أقوال الدين المسيحي، أن المرأة شر لا بد منه إغواء طبيعي وكارثة لازمة وفتنة مهلكة وشر عليه طلاء.

وجاء في سفر التكوين، (أريد أن تعلموا أن رأس كل رجل هو المسيح، وأما رأس المرأة فهو الرجل، ولم يخلق الرجل من اجل المرأة، بل خلقت المرأة من أجل الرجل)[١]. (... يا أيتها النساء أخضعن لرجالكن كما للرب، لان الرجل رأس المرأة كما أن المسيح رأس الكنيسة ...)[٢].

والملاحظ أن المواقف التي اتخذتها الكنيسة من المرأة، بعد استقرار المسيحية كدين رسمي للعديد من الدول في الغرب والشرق شكلت انقلابا قضى على الأمل الذي ساور المرأة في بداية الدعوة المسيحية، إذ وقفت الكنيسة نفسها من المرأة أقل ما يقال فيه انه سلبي لأن الدعوة قد فهمت في مرحلة الاستقرار بأشكال مختلفة تتباين، تباين المصالح عند الأفراد والجماعات، فظهرت العديد من التفسيرات التي كانت تصب في خانة تبعية المرأة للرجل، وتعدت هذه التفسيرات حدود التبعية عندما فسر بعض رجال الدين قصة سيدنا أدم (ع) وحواء كما وردت في الإنجيل، فصوروا المرأة حليفا للشيطان وحملوها تبعة الرذيلة، كما ذهبت بعض التفسيرات إلى أن الخطيئة الأصلية لصيقة بالمرأة ذاتها، وإنها هي مصدر الرجس، بل أن بعض المفسرين ذهب إلى أن الزواج دنس ويجب الابتعاد عنه، وكان من أثار ذلك انتشار الرهبنة، ولكي تكفر المرأة عن خطيئتها كان عليها الابتعاد عن الأمور الدنيوية وكافة المغريات الحياتية لتنصرف إلى الصلاة والتأمل.

---

١ - سفر التكوين - الإصحاح ١-١١.

٢ - سفر التكوين - الإصحاح ٥-٢٢.

وفي عصر ما قبل الإسلام، كان العرب ينظرون للمرأة نظرة احتقار لأنهم كانوا يعتقدون أنها مجلبة للعار الأمر الذي كان يوجب التخلص منها بشتى الطرق إن لم تغادر الحياة بمشيئة ربانية.

وصور القرآن الكريم نظرة العرب للمرأة في عصر ما قبل الإسلام تصوير دقيق في قوله تعالى: ﴿وإذا بشر أحدهم بالأنثى ظل وجهه مسودا وهو كظيم۞ يتوارى من القوم من سوء ما بشر به أيمسكه على هون أم يدسه في التراب ألا ساء ما يحكمون﴾ (النحل: الأية ٥٨- ٥٩)،

﴿وإذا الموؤودة سئلت﴾(التكوير:٨).

ولم تكن المرأة في هذا العصر لترث، بل تعتبر هي جزء من الميراث، فإذا مات الرجل وترك زوجته اعتبرت متاعا يورث، فيرثها أبن الرجل، وقد نهى القرآن الكريم عن ذلك في قوله تعالى: ﴿يا أيها الذين آمنوا لا يحل لكم أن ترثوا النساء كرها﴾ (النساء: من الآية١٩).

بل أن البعض اتخذ من شرف الإماء والجواري وسيلة لجمع المال والارتزاق، فقد ورد في قوله تعالى: ﴿ولا تكرهوا فتياتكم على البغاء إن أردن تحصنا لتبتغوا عرض الحياة الدنيا ومن يكرههن فإن الله من بعد إكراههن غفور رحيم﴾ (النور: من الآية٣٣).

وخلاصة القول أن المرأة في هذا العصر كانت بضاعة يتاجر بها أو هي في احسن الأحوال خاضعة لولاية الرجل ووصايته.

المبحث الثاني

المساواة بين الرجل والمرأة في الشريعة الإسلامية

احتلت المرأة في الشريعة الإسلامية مكانة كبيرة لم توضع فيها من قبل، بل أن أي شريعة سماوية أو وضعية لم تخص المرأة بالحقوق والامتيازات التي خصتها بها الشريعة الإسلامية، ذلك أن الإسلام جاء بمبدأ المساواة بين بني البشر جميعا لا فرق بين شخص وآخر، فقدر ورد في قوله تعالى: ﴿يا أيها الناس إنا خلقناكم من ذكر وأنثى وجعلناكم شعوبا وقبائل لتعارفوا إن أكرمكم عند الله أتقاكم إن الله عليم خبير﴾(الحجرات:١٣). ﴿يا أيها الناس اتقوا ربكم الذي خلقكم من نفس واحدة وخلق منها زوجها وبث منهما رجالا كثيرا ونساء﴾(النساء:١). وقوله تعالى: ﴿فاستجاب لهم ربهم أني لا أضيع عمل عامل منكم من ذكر أو أنثى بعضكم من بعض﴾ (آل عمران: من الآية١٩٥). بل أن الله سبحانه وتعالى يخاطب الرجال والنساء بذات الخطاب ويأمرهم بذات الأوامر والنواهي﴿إن المسلمين والمسلمات والمؤمنين والمؤمنات والقانتين والقانتات والصادقين والصادقات والصابرين والصابرات والخاشعين والخاشعات والمتصدقين والمتصدقات والصائمين والصائمات والحافظين فروجهم والحافظات والذاكرين الله كثيرا والذاكرات أعد الله لهم مغفرة وأجرا عظيما﴾﴿وما كان لمؤمن ولا مؤمنة إذا قضى الله ورسوله أمرا أن يكون لهم الخيرة من أمرهم ومن يعص الله ورسوله فقد ضل ضلالا مبينا﴾ (الأحزاب:٣٦).

وأكد الرسول الكريم على هذا المعنى في خطبة حجة الوداع (يا أيها الناس إن ربكم واحد وإن أباكم واحد، كلكم لآدم وآدم من تراب، ليس لعربي على أعجمي ولا لأعجمي على عربي ولا لأحمر على أبيض ولا لأبيض على أحمر فضل إلا بالتقوى).

وفي هذا المبحث سوف نركز على بعض أوجه المساواة بين الرجل والمرأة في الحقوق والواجبات، ونتناول في المباحث الأخرى بعض الأوجه الأخرى كلا في

حقوق الإنسان في ظل العولمة

موضعه، كما سنتناول في هذا المبحث المساواة بين الرجل والمرأة في المسؤولية والجزاء.

- **المطلب الأول - المساواة في الحقوق المدنية:**

في الشريعة الإسلامية، تتمتع المرأة بالأهلية الكاملة وهو ما يؤهلها لممارسة غالبية الحقوق المدنية التي للرجل ممارستها، فقد منحها الإسلام حق التصرف في أموالها وممتلكاتها ما دامت قد بلغت سن الرشد، فلها مباشرة كافة العقود بحيث تشتري وتبيع، وتوكل غيرها وتتوكل عن غيرها.

ولها التصرف بأموالها وليس لزوجها أن يمنعها من ذلك أو يأخذ شيئا من مالها دون رضاها، فقد ورد في قوله تعالى: ﴿ولا تتمنوا ما فضل الله به بعضكم على بعض للرجال نصيب مما اكتسبوا وللنساء نصيب مما اكتسبن واسألوا الله من فضله إن الله كان بكل شيء عليما﴾ (النساء:٣٢). كما ورد في قوله تعالى: ﴿وإن أردتم استبدال زوج مكان زوج وآتيتم إحداهن قنطارا فلا تأخذوا منه شيئا أتأخذونه بهتانا وإثما مبينا﴾ (النساء:٢٠).

ويذهب أبن العربي إلى أن (نصيب المرأة والرجل في الثواب على الأعمال سواء، كل حسنة بعشر أمثالها، أما نصيبهم في مال الدنيا فبحسب ما علمه الله من المصالح وركب الخلق عليه من التقدير والتدبير رقب انصباءهم فلا تتمنوا ما حكم الله به واحكم بما علم ودبر حكمه)[1]. وقارن عمر بن الخطاب بين المركز القانوني للمرأة في عصر ما قبل الإسلام وفي الإسلام بقوله (و الله إنا كنا في الجاهلية ما نعد النساء أمرا حتى أنزل الله فيهن ما انزل وقسم لها ما قسم)[2].

وفي الشريعة الإسلامية تمتعت المرأة بحق اختيار الزوج الذي ترغب فيه وحظرت تزوجيها دون رضاها لكن صورة الرضا تختلف باختلاف ما إذا كانت

١ - أحكام القرآن لأبن العربي - ج١- ص ٤١٣ .

٢ - الشيخ محمد الغزالي - حقوق الإنسان بين تعاليم الإسلام وإعلان الأمم المتحدة - ط٣- دار الكتب الإسلامية - ١٤٠٤هـ - ١٩٨٤ - ص ٤٦٢.

١١٦

المرأة بكرا أم ثيبا، فإذا كانت بكرا يؤخذ رأيها ويكتفى بما يدل على ذلك كصمتها وعدم اعتراضها.

أما إذا كانت ثيبا فلابد من الرضا الصريح، فقد جاء في الحديث الشريف (البكر تستأذن وأذنها صمتها، والثيب تستأمر وهي أحق بنفسها من وليها)[1]. وجاء في صحيح البخاري (لا تنكح الأيم حتى تستأمر ولا تنكح البكر حتى تستأذن قالوا يا رسول الـلـه وكيف إذنها قال أن تسكت)[2].

وتمتعت المرأة في عهد الرسول (صلى الـلـه عليه وعلى آله وسلم)، بحرية تامة في اختيار زوجها وليس أدل على ذلك من اعتذار جارية اسمها (بريرة) إلى الرسول (صلى الـلـه عليه وعلى آله وسلم) عن قبول شفاعته في عبد أسود كان شديد التعلق بها أسمه (مغيث) فقد اشترتها السيدة عائشة ثم أعتقتها وخيرها رسول الـلـه بين ترك زوجها أو البقاء معه فآثرت تركه فأخذ زوجها يهيم على وجهه في طرق المدينة يبكي في ألم وحزن ولا تزيد هي عن قولها له لا حاجة لي فيك، فلما علم الرسول رق لمغيث، وقال لها لو راجعته، فقالت أتأمرني؟ قال إنما أنا شافع فعاودت تقول لا حاجة لي فيه، فعجب الرسول الكريم لذلك وقال لعمه العباس، يا عباس ألا تعجب من حب مغيث لبريرة وبغضها إياه؟[3].

وجعل الإسلام المهر حقا للمرأة، لها أن تتصرف به بالإمضاء أو الإسقاط كيفما تشاء متى بلغت سن الرشد، فقد ورد في قوله تعالى: ﴿وآتوا النساء صدقاتهن نحلة﴾(النساء: من الآية٤).

وللمرأة حق مخالعة زوجها إذا ما تعذرت الحياة بينهما، فقد جاء في قوله تعالى: ﴿الطلاق مرتان فإمساك بمعروف أو تسريح بإحسان ولا يحل لكم أن تأخذوا مما آتيتموهن شيئا إلا

---

١ - زاد المعاد في هدى خير العباد لأبن القيم - ج٤ - ص ٣.
٢ - صحيح البخاري - ج٧- - ص ٢٣.
٣ - مسند احمد - ج٦- - ص ٨١.

أن يخافا ألا يقيما حدود الـلـه فإن خفتم ألا يقيما حدود الـلـه فلا جناح عليهما فيما افتدت به تلك حدود الـلـه فلا تعتدوها ومن يتعد حدود الـلـه فأولئك هم الظالمون﴾(البقرة:٢٢٩).

ولا تنقطع حقوق المرأة بالطلاق، فلها بعد الطلاق، إرضاع ولدها وليس لزوجها منعها من ذلك إلا إذا تزوجت من غيره، لقوله تعالى: ﴿لا تضار والدة بولدها (البقرة: من الآية٢٣٣).

ولها الحق في حضانة أولادها ما لم تتزوج، ولها الحق في النفقة والسكنى إذا كان طلاقها رجعيا ما دامت في العدة، فقد جاء في قوله تعالى:) لا تخرجوهن من بيوتهن ولا يخرجن إلا أن يأتين بفاحشة مبينة ﴾(الطلاق: من الآية١). وقوله تعالى:) ولا تضاروهن لتضيقوا عليهن ﴾(الطلاق: من الآية٦).

ويذهب بعض المغرضين والمستشرقين إلى أن الإسلام يميز بين الرجل والمرأة في الميراث لقوله تعالى: ﴿يوصيكم الـلـه في أولادكم للذكر مثل حظ الأنثيين﴾ (النساء: من الآية١١). وقوله تعالى:) وإن كانوا إخوة رجالا ونساء فللذكر مثل حظ الأنثيين﴾ (النساء: من الآية١٧٦). لكن المتأمل المنصف يرى أن أساس التمييز ليس على أساس الجنس لكن على أساس الأعباء الاقتصادية التي يتحملها كل منهم .

فمسؤولية الرجل المادية أكبر من مسؤولية المرأة، كونه رب الأسرة المكلف شرعا بالإنفاق عليها، في حين لا تلزم المرأة بالإنفاق حتى على نفسها، فقبل الزواج يعولها وليها، وبعده يعولها زوجها ثم أبناؤها بعد وفاة زوجها، وفي أسوء الظروف والأحوال قد تعول المرأة نفسها إذا لم تجد من يعولها. من هنا يبدو أن التفاوت في الحصة من الميراث يبدو أمرا يتفق والعدل والإنصاف، وليس المقصود به المساس بشخصية المرأة أو آدميتها.

وبخلاف مركز المرأة القانوني في الشريعة الإسلامية، نجد أن المرأة في أوروبا بعد بلوغها سن الرشد تسأل عن توفير مستلزماتها ونفقاتها من مالها الخاص،

سواء قبل زواجها أو بعده، فرب الأسرة في أوروبا لا يسأل إلا عن نفقاته وأولاده من غير بالغي سن الرشد.

وبهذه المقارنة البسيطة يذهب دعاة العولمة إلى أن الشريعة الإسلامية في هذا الجانب تعامل المرأة معاملة متدنية وتنظر إليها على أنها مخلوق من الدرجة الثانية بعد الرجل، ويبدو أن دعاة العولمة يبنون رأيهم هذا في الشريعة الإسلامية على أساس مضاعفة الشريعة الإسلامية لنصيب الرجل من الميراث بالنسبة للمرأة، ونسي أو تناسى هؤلاء أن الشريعة الإسلامية لا تلزم المرأة بالإنفاق على بيتها أو حتى على نفسها من مالها الخاص.

وبالرغم من هذه النظرة المتقدمة للمرأة في الشريعة الإسلامية يسعى دعاة العولمة إلى تعميم النموذج الأوروبي والأمريكي للمرأة ليطال المرأة في البلاد العربية والإسلامية لتقف المرأة إلى جانب الرجل وعلى حد سواء حسب وجهة نظرهم.

وأمام هذه المقارنة البسيطة بين وضع المرأة في الشريعة الإسلامية وأوروبا نتسائل ألم تكن الشريعة الإسلامية قد سمت بالمرأة في البلاد الإسلامية وحفظت لها كرامتها وفي كافة مراحل عمرها، فالمرأة في البلاد الإسلامية تبقى بين أفراد أسرتها في كافة مراحل عمرها، في الوقت الذي توضع فيه المرأة في أوروبا في دور العاجزين إذا بلغت سن الشيخوخة بحجة وضعها في البيئة والأجواء التي تتلاءم وما بلغته من مرحلة عمرية .

- **المطلب الثاني - المساواة في المسؤولية والجزاء:**

نشير ابتداء إلى أن الشريعة الإسلامية تساوي وبصورة مطلقة بين الرجل والمرأة في العبادات والمعاملات والجرائم والعقوبات لا فرق في ذلك بين رجل وامرأة متزوجة أو غير متزوجة.

فالتوحيد والصلاة والصيام والزكاة والحج، فروض دينية يلزم بها المسلم والمسلمة، لا يثاب آتيها و يعاقب تاركها كونها فروض وليست مستحبات .

وإذا كان هناك تمييز بين الرجل والمرأة في العبادات، فإنما يرجع هذا التمييز إلى طبيعة المرأة البيولوجية والفسلجية، فالمرأة تلزم بالصلاة والصيام إلا في أيام الحيض، حيث تقضي ما فاتها من أيام الصيام دون الصلاة.

وتقبل شهادة المرأة ولكن شهادة كل امرأتين بشهادة رجل واحد، وبالتالي لكي يتم الفصل في نزاع ما استنادا للشهادة، لابد أن تكون شهادة رجلين أو رجل وامرأتين أو شهادة أربعة نساء، والواقع أن التمييز في نصاب الشهادة هذا لا يقصد منه المساس بالمرأة أو مصداقيتها أو الطعن بشهادتها، ولكن غاية الأمر يرجع إلى سعة المسؤوليات التي تضطلع بها، الأمر الذي قد يؤثر في تركيزها ودقة ما تدلي به من أقوال.

أما من حيث الجرائم والعقوبات، فالمرأة تخضع لذات الأحكام التي يخضع لها الرجل، فقد ورد في قوله تعالى: ﴿الزانية والزاني فاجلدوا كل واحد منهما مائة جلدة﴾ (النور: من الآية٢). **والملاحظ** أن الشارع الحكيم في هذه الجريمة قدم المرأة على الرجل ﴿الزانية والزاني ...﴾ ربما لان المرأة من مفترضات جريمة الزنا في الشريعة الإسلامية أو ربما للتدليل على أن صلاح المجتمع أو فساده يبدأ بالمرأة، ناهيك عن أن الإغواء قد يبدأ أولا من المرأة فينقاد الرجل إلى الرذيلة دون أن يسعى إليه بإرادته المحضة.

واللافت للنظر أن دعاة العولمة يعيبون على الشريعة الإسلامية تبنيها للعقوبات الحدية، ومن بينها جلد الزانية والزاني أو رجمهما أو أحدهما، على أساس أن ذلك أمر من شأنه المساس بالحرية الشخصية إضافة إلى أن هذه العقوبة، بدائية وفق وجهة نظرهم، ولنا أن نتسائل، ألم تستطع هذه العقوبة الحد من جريمة الزنا في عهد الرسول والخلفاء الراشدين؟ ألم تستطع هذه العقوبة الحد من جريمة الزنا في بعض البلاد الإسلامية التي ما زالت تعمل بالعقوبات الحدية؟ وبالمقابل ألم تنتهي الحرية الشخصية التي تنادي بها أوروبا والغرب إلى انتشار مرض نقص المناعة المكتسبة (الإيدز)؟ ألم تنتهي إلى اختلاط الأنساب، بل أن

القيمة الحضارية على المفهوم الغربي جعلت المرأة الأوروبية تسعى للزنا للحصول على المولود بعد أن يأست من إنجابه بطريق الفضيلة. على ذلك نرى أن القيم الإسلامية التي يراها الغرب متخلفة من دواعي اعتزاز البلاد الإسلامية بها، بل هي الحصن الرصين للمجتمع الإسلامي من الأمراض الاجتماعية التي انتشرت في الغرب.

وعلى حد سواء مع جريمة الزنا تخضع المرأة لأحكام الجرائم والعقوبات الأخرى التي يخضع لها الرجل، فقد ورد في قوله تعالى: ﴿والسارق والسارقة فاقطعوا أيديهما جزاء بما كسبا نكالا من الـلـه و الـلـه عزيز حكيم﴾(المائدة:٣٨). وبخلاف جريمة الزنا، نجد أن الشارع الحكيم في هذه الآية يقدم الرجل على المرأة باعتبار أن جريمة السرقة غالبا ما ترتكب من قبل الرجال وقلما ترتكب من قبل النساء كونها تستوجب نوعا من الغلاضة والشدة ناهيك عن أن الرجل هو المسؤول عن الإنفاق على نفسه وأسرته وقد لا يجد ما ينفق منه فيلجأ إلى السرقة. وقد ورد في محكم كتابه: ﴿إنما جزاء الذين يحاربون الـلـه ورسوله ويسعون في الأرض فسادا أن يقتلوا أو يصلبوا أو تقطع أيديهم وأرجلهم من خلاف أو ينفوا من الأرض ذلك لهم خزي في الدنيا ولهم في الآخرة عذاب عظيم﴾ (المائدة:٣٣).

وتتساوى المرأة والرجل في القصاص، فقد ورد في قوله تعالى: ﴿يا أيها الذين آمنوا كتب عليكم القصاص في القتلى الحر بالحر والعبد بالعبد والأنثى بالأنثى فمن عفي له من أخيه شيء فاتباع بالمعروف وأداء إليه بإحسان ذلك تخفيف من ربكم ورحمة فمن اعتدى بعد ذلك فله عذاب أليم۝ ولكم في القصاص حياة يا أولي الألباب لعلكم تتقون﴾ (البقرة:الآية ١٧٨-١٧٩). ﴿وكتبنا عليهم فيها أن النفس بالنفس والعين بالعين والأنف بالأنف والأذن بالأذن والسن بالسن والجروح قصاص فمن تصدق به فهو كفارة له ومن لم يحكم بما أنزل الـلـه فأولئك هم الظالمون﴾ (المائدة:٤٥).

وساوى الإسلام بين الرجل والمرأة في الدية، فقد جاء في قوله تعالى: ﴿وما كان لمؤمن أن يقتل مؤمنا إلا خطأ ومن قتل مؤمنا خطأ فتحرير رقبة مؤمنة ودية مسلمة إلى أهله إلا أن يصدقوا فإن كان من قوم عدو لكم وهو مؤمن فتحرير رقبة مؤمنة وإن كان من قوم بينكم وبينهم ميثاق فدية مسلمة إلى أهله وتحرير رقبة مؤمنة فمن لم يجد فصيام شهرين متتابعين توبة من الله وكان الله عليما حكيما﴾ (النساء:٩٢). فحكم الدية واحد بالنسبة للجميع ذكورا وإناث، لأن النفس الإنسانية واحدة ومن ثم لزم عدم المغايرة في الحكم بين بني البشر في الدية والتعويض.

المبحث الثالث

المساواة بين الرجل والمرأة في المواثيق الدولية

شهد القرن الثامن عشر تحولا هاما في حقوق المرأة، فقد تم الاعتراف لها بالعديد من الحقوق والحريات في المواثيق والإعلانات الوطنية، وتلا ذلك النص على المساواة بين الرجل والمرأة في العديد من المواثيق الدولية، بل وعقدت اتفاقيات خاصة لحماية حقوق المرأة، من بينها اتفاقية حقوق المرأة السياسية لسنة ١٩٥٢ والمعاهدة الخاصة بجنسية المرأة المتزوجة لسنة ١٩٥٧ وإعلان القضاء على التمييز ضد المرأة لسنة ١٩٦٧ واتفاقية القضاء على جميع أشكال التمييز ضد المرأة لسنة ١٩٧٩، وسوف نشير لأحكام كل اتفاقية كل في موضعها من البحث.

- **المطلب الأول - المساواة بين الرجل والمرأة منذ مطلع القرن العشرين حتى قيام الأمم المتحدة:**

احتل موضوع المرأة ومساواتها بالرجل مكان الصدارة في المجتمع الدولي منذ مطلع القرن العشرين، ففي سنة ١٩٠٢ تناولت اتفاقية لاهاي مسألة تنازع القوانين الوطنية المتعلقة بالزواج والطلاق والولاية على القصر[1]. وفي سنة ١٩٠٤ و١٩١٠ جرى اعتماد اتفاقيتين بهدف مقاومة ومحاربة تجارة النساء واعتبرت اتفاقية سنة ١٩١٠ إن استخدام المرأة للدعارة تعد جريمة دولية.

ومثل إنشاء عصبة الأمم منعطفا في مجال حقوق المرأة، حيث نادى العهد بضرورة توفير شروط كريمة للعمل بالنسبة للجميع بغض النظر عن الجنس، وطالب بإلغاء تجارة النساء[2]. بل أن العهد أشار صراحة إلى أن الوظائف في العصبة أو ما يتعلق بها ستكون مفتوحة على قدم المساواة للرجال والنساء.

١ - United Nations - The united nations & the status of women - ١٩٤٦ - p.٣.

٢ - م (٢٣ / أ / جـ) من عهد عصبة الأمم.

وفي سنة ١٩٢١ وافقت جمعية عصبة الأمم على مشروع اتفاقية، نصت على أن مجرد محاولة نقل النساء من اجل البغاء يستوجب العقاب وإن لم يتم نقلهن بالفعل[١].

وفي ١١/ تشرين الأول أكتوبر ١٩٣٣ عقدت اتفاقية دولية تحرم الاتجار بالمرأة البالغة[٢]، وبعد أربع سنوات (١٩٣٧) عينت العصبة لجنة للخبراء لوضع دراسة شاملة بشأن المركز القانوني للمرأة إلا أن هذه اللجنة لم تنجز أعمالها بسبب اندلاع الحرب العالمية الثانية.

● **المطلب الثاني - المساواة بين الرجل والمرأة في ظل ميثاق الأمم المتحدة:**

يعد ميثاق الأمم المتحدة أول الوثائق الدولية بعد الحرب العالمية الثانية التي نصت على المساواة بين الرجال والنساء، فقد جاء في ديباجة الميثاق (.. وبما للرجال والنساء... من حقوق متساوية...)، ونصت الفقرة الثالثة من المادة الأولى من الميثاق على انه (... تعزيز احترام حقوق الإنسان والحريات الأساسية للناس جميعا والتشجيع على ذلك، إطلاقا بلا تمييز بسبب الجنس أو اللغة أو الدين، ولا تفريق بين الرجال والنساء).

وبذات الاتجاه ذهبت العديد من نصوص الميثاق، من بينها المادة (١٣ / ب) (تنشئ الجمعية العامة دراسات وتشير بتوصيات بقصد إنماء التعاون الدولي في الميادين الاقتصادية والاجتماعية والثقافية والتعليمية والصحية والإعانة على تحقيق حقوق الإنسان والحريات الأساسية للناس كافة بلا تمييز بينهم في الجنس أو اللغة أو الدين ولا تفريق بين الرجال والنساء). كما نصت المادة (٥٥/جـ) على انه (رغبة في تهيئة دواعي الاستقرار والرفاهية الضروريين لقيام علاقات سليمة ودية بين الأمم

١ - عبد الغني محمود - المطالبة الدولية لإصلاح الضرر - - ط١- ١٩٨٦ - ص ١٧٨.
٢ - د. عبد العزيز محمد سرحان - الإطار القانوني لحقوق الإنسان في القانون الدولي - ط١- ١٩٨٧ - ص ٢٤٨.

مؤسسة على احترام المبدأ الذي يقضي بالتسوية في الحقوق بين الشعوب وبأن يكون لكل منها تقرير مصيرها، تعمل الأمم المتحدة على أن يعيش في العالم احترام حقوق الإنسان والحريات الأساسية للجميع بلا تمييز بسبب الجنس أو اللغة أو الدين ولا تفريق بين الرجال والنساء، ومراعاة تلك الحقوق والحريات فعلا). ويذهب جانب من الفقه إلى أن الميثاق كان قاصرا في إشارته لحقوق الإنسان عموما ولحقوق المرأة خصوصا، ونرى أن هذا النقد الذي يسجله بعض الفقه لا محل له، فالميثاق جاء أساسا لوضع أسس التنظيم الدولي الجديد وليس لتنظيم حقوق الإنسان وحينما أشار لحقوق الإنسان باعتبار أن احترام هذه الحقوق من وسائل المحافظة على السلم والأمن الدوليين، وبمفهوم المخالفة، فإن انتهاك هذه الحقوق يعد من أسباب تهديد السلم والأمن الدوليين، وبالتالي فإن الإشارة العابرة لحقوق الإنسان تعد مسألة منطقية لا سيما وإن الأمم المتحدة كانت قد وضعت من أولويات عملها وضع إعلان عالمي لحقوق الإنسان وهذا ما حصل فعلا عام ١٩٤٨.

أولا- الإعلان العالمي لحقوق الإنسان :-

صدر هذا الإعلان شاملا لكل الحقوق المدنية والسياسية والاقتصادية والاجتماعية والثقافية، وبذلك يكون قد احدث منعطفا واضحا في مجال حقوق الإنسان وفي جميع أنحاء العالم، وأضحى من اشهر واهم وثائق الأمم المتحدة في هذا الشأن واصبح المعيار الذي يعتمد عليه في بيان مدى التزام الدول باحترام حقوق الإنسان ورعايتها .

كما كان له الأثر الأكبر في التوجه نحو حماية المرأة، فقد نصت المادة (٢) من هذا الإعلان على أنه (لكل إنسان حق التمتع بكافة الحقوق والحريات الواردة في هذا الإعلان دون تمييز، كالتمييز بسبب العنصر أو اللون أو الجنس أو اللغة أو الدين أو الرأي السياسي أو أي رأي آخر أو الأصل الوطني أو الاجتماعي أو الثروة أو الميلاد أو أي وضع آخر دون تفريق بين الرجال والنساء).

أما المادة السادسة عشر من هذا الإعلان تنص على أنه (للرجل والمرأة متى بلغا سن الزواج وتأسيس أسرة دون قيد بسبب الجنس أو الدين ولهما حقوق متساوية

عند الزواج وأثناء قيامه، وعند انحلاله لا يبرم عقد الزواج إلا برضا الطرفين الراغبين في الزواج رضا كاملا لا إكراه فيه...). وتنص الفقرة الثالثة من المادة (٢٠) على أنه (إرادة الشعب هي مصدر سلطة الحكومة يعبر عن هذه الإرادة بانتخابات نزيهة ودورية تجري على أساس الاقتراع السري وعلى قدم المساواة بين الجميع أو حسب أي إجراء مماثل يضمن حرية التصويت)، أما الفقرة الثانية من المادة (٢٣) فتنص على انه (لكل فرد دون تمييز، الحق في إجراء متساو للعمل).

ثانيا - الاتفاقية الدولية بشأن الحقوق الاقتصادية والاجتماعية والثقافية لسنة ١٩٦٦:

تحتل الحقوق الاقتصادية والاجتماعية والثقافية مكانة هامة في النظام القانوني الوطني والدولي، كما أولتها الأمم المتحدة اهتماما كبيرا وذلك في إطار نشاطها الاقتصادي والاجتماعي والثقافي.

والملاحظ أن المواثيق الدولية والدساتير الوطنية، لم تول هذه الحقوق اهتماما إلا في مطلع القرن العشرين في الوقت الذي جاء فيه النص على الحقوق المدنية والسياسية في المواثيق والدساتير الوطنية منذ القرن الثامن عشر.

فقد النص الدستور المكسيكي لسنة ١٩١٧ على الحقوق الاقتصادية والاجتماعية والثقافية، وسار على نهج هذا الدستور، الدستور السوفيتي لسنة ١٩١٨ والألماني لسنة ١٩١٩ والأسباني لسنة ١٩٣١ والسوفيتي لسنة ١٩٣٦ والايرلندي لسنة ١٩٣٧، ثم سار على هدي هذه الدساتير غالبية الدساتير الصادرة في أعقاب الحرب العالمية الثانية، كسبيل لحماية حقوق مواطنيها الأساسية لاسيما وإن حقوق المواطنين في هذا الجانب غالبا ما كانت تتعرض للانتهاك سواء من قبل الحكومات الوطنية أو الأجنبية.

وفي ١٦ ديسمبر / كانون الأول ١٩٦٦ وافقت الجمعية العامة للأمم المتحدة على الاتفاقية الدولية للحقوق الاقتصادية والاجتماعية والثقافية، وحضرت هذه الاتفاقية التميز على أساس الجنس، فقد نصت المادة الثالثة منها على انه (تتعهد الدول الأطراف في الاتفاقية الحالية بتأمين الحقوق المتساوية للرجال والنساء في التمتع بجميع الحقوق الاقتصادية والاجتماعية والثقافية المدونة في الاتفاقية الحالية) هذا إضافة إلى

أن هذه الاتفاقية تشير للعديد من الحقوق الاقتصادية والاجتماعية والثقافية للمرأة التي سنشير إليها لاحقا بصورة مفصلة وكل في موضعه من البحث تجنبا للتكرار.

ثالثا - الاتفاقية الدولية بشأن الحقوق المدنية والسياسية لسنة ١٩٦٦ :-

تنص المادة الثالثة من هذه الاتفاقية على انه (تتعهد الدول الأطراف في الاتفاقية الحالية بضمان مساواة الرجال والنساء في حق الاستمتاع بجميع الحقوق المدنية والسياسية المدونة في الاتفاقية الحالية) وتنص المادة (١٤) من نفس الاتفاقية على أن (جميع الأشخاص متساوون أمام القضاء).

أما المادة (٢٠) من هذه الاتفاقية فتنص على أنه (جميع الأشخاص متساوون أمام القانون ومن حقهم التمتع دون أي تمييز بالتساوي بحمايته، ويجرم القانون في هذا المجال أي تمييز ويكفل لجميع الأشخاص حماية متساوية وفعالة ضد أي تمييز سواء كان ذلك على أساس العنصر أو اللون أو الجنس أو الدين أو الرأي السياسي أو غيره أو الأصل القومي أو الاجتماعي أو الملكية أو صفة الولادة أو غيرها).

رابعا - إعلان القضاء على التمييز ضد المرأة :-

صدر هذا الإعلان عن الجمعية العامة للأمم المتحدة في ٧ نوفمبر/ تشرين الأول ١٩٦٧، ويؤكد هذا الإعلان على المساواة بين الرجل والمرأة، وينكر أي تمييز بين الاثنين على أساس الجنس، فقد جاء في ديباجة هذا الإعلان (وأن تأخذ بعين الاعتبار القرارات والإعلانات والاتفاقيات والتوصيات الصادرة عن الأمم المتحدة والوكالات المتخصصة والرامية إلى القضاء على التمييز بكافة أشكاله وإلى تقرير تساوي حقوق الرجل والمرأة... إذ يقلقها استمرار وجود قدر كبير من التمييز ضد المرأة، رغم وجود ميثاق الأمم المتحدة والإعلان العالمي لحقوق الإنسان والعهدين الدوليين الخاصين بحقوق الإنسان وغير ذلك من صكوك الأمم المتحدة...).

أما المادة الأولى من الإعلان، فقد جاء فيها، أن التمييز ضد المرأة بإنكار أو تقييد تساويها في الحقوق مع الرجال يمثل إجحافا سياسيا ويكون إهانة للكرامة الإنسانية.

ونادى الإعلان في المادة الثانية منه بضرورة اتخاذ جميع التدابير المناسبة لإلغاء القوانين والأعراف والأنظمة والممارسات القائمة التي تشكل تمييزا ضد المرأة ولتقرير الحماية القانونية الكافية لتساوي الرجل والمرأة في الحقوق.

وضمانا لوضع أحكام هذا الإعلان موضع التنفيذ، طالب الإعلان الدول الأعضاء في الأمم المتحدة بالنص على هذه الحماية في دساتيرها وقوانينها، كما طالبها بالإسراع بالمصادقة على الصكوك الدولية الصادرة عن الأمم المتحدة والوكالات المتخصصة، المتعلقة بالقضاء على التمييز ضد المرأة أو الانضمام إليها.

الفصـل الثاني

الحـقـوق السـياسـية

المبحث الأول

الحقوق السياسية في النظم المعاصرة ومواثيق حقوق الإنسان

يقصد بالحقوق السياسية، الحقوق التي تخول المواطنين حق الاشتراك في شؤون الحكم بطريقة مباشرة أو غير مباشر والتمتع بهذه الحقوق يكون مقصورا على حاملي جنسية الدولة وحدهم دون الأجانب كأصل عام.

وإذا كانت الحقوق المدنية وسيلة التمتع بالحرية الشخصية، فإن الحقوق السياسية ضرورة لا غنى عنها من أجل تنظيم مشاركة الفرد في الشؤون العامة لمجتمعه بصفته جزء منه.

ودرج العقل العالمي منذ البدء على إتباع أحد طريقين الرأسي أو الأفقي في إدارة وتنظيم الشؤون السياسية والاقتصادية والاجتماعية والثقافية للدولة.

ويقصد بالطريق الرأسي إدارة الشؤون العامة من قبل بيد السلطة، **أما الطريق الأفقي** فيتمثل في إشراك الشعب في السياسة العامة، والتجربة الفريدة التي يمكن إيرادها فيما مضى وهي الديمقراطية الأثنية التي نشأت في القرن الخامس قبل الميلاد، حيث شارك الشعب آنذاك في صنع القرارات السياسية، إلا أن هذه التجربة لم يكتب لها الاستمرار والدوام، حيث اندحرت بانتصار إسبارطة العسكري على أثينا في معركة خيرونا في القرن الرابع قبل الميلاد[1].

وحتى الديمقراطية المباشرة التي أخذت بها أثينا القديمة لم تخل من المآخذ،

١ - د. أحمد ظاهر - حقوق الإنسان - دار الكرمل - عمان - ط٢- ١٩٩٣ - ص ٢١٩.

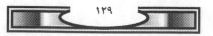

حيث استبعدت فئات عديدة من الشعب من بينها النساء والعبيد من المشاركة في إدارة الشؤون العامة للبلاد[١].

والمتتبع لمعنى الديمقراطية يجد أنها تعني حكم الشعب والديمقراطية وهي مشتقة من مصطلحين هما (Demos) وتعني الشعب و(Krates) وتعني حكم أو سلطة ومن جمع المصطلحين معا فإن مصطلح الديمقراطية يعني سلطة الشعب أو حكم الشعب.

ويذهب رأي في الفقه إلى أن مبدأ الديمقراطية يعد متحققا من حيث الواقع بمجرد الآخذ بمبدأ الفصل بين السلطات باعتبار أن ذلك يمنع تركيز السلطة في يد هيئة واحدة، ويذهب رأي آخر إلى ضرورة التفريق في الديمقراطية وعلى حسب الحيز الجغرافي الذي يجري فيه تطبيق الديمقراطية ، ويقسم هذا الاتجاه الديمقراطية، إلى ديمقراطية شرقية وغربية[٢]، ونرى أن هذا الرأي يجانب الحقيقة ويخرج الديمقراطية عن معناها الحقيقي، فالديمقراطية لها مفهوم واحد لا يختلف باختلاف الزمان والمكان، فهي تعني حكم الشعب أو الأخذ بمبدأ السياسية الشعبية أي أن يكون الشعب مصدر السيادة والسلطة[٣].

لقد دافع (جان جاك روسو) عن الديمقراطية المباشرة في مؤلفه (العقد الاجتماعي) فقد رأى فيها الصورة الحقيقية والترجمة الصحيحة لمبدأ السيادة الشعبية المطلقة (ذلك أن الإرادة العامة للشعب لا تقبل الإنابة أو التمثيل)، وهاجم روسو النظام النيابي كونه (يصيب الروح الوطنية لدى الشعب بالوهن والضعف... هذا إضافة إلى أن نواب الشعب لا يمكن أن يكونوا ممثلين له بل هم وكلاء منفذين لإرادته وليس لهم

---

١ - روبرت دال - الديمقراطية ونقادها - ج١- أصول الديمقراطية الحديثة - ترجمة نمير عباس مظفر - دار الفارس العربي للنشر والتوزيع - ١٩٩٥ - ص ٢٠.

٢ - د. محمد نصر مهنا - علوم سياسية - دراسة في الأصول والنظريات - دار الفكر العربي - القاهرة - ص ٢٢٢.

٣ - انظر مؤلفنا - النظرية العامة في القانون الدستوري - دار الاتحاد للطباعة - بنغازي - ٢٠٠٣ - ص ٦٥.

أن يفصلوا في الشيء بصفة نهائية، فكل تشريع لم يوافق عليه الشعب لا يمكن أن نطلق عليه قانون)[1].

ويبدو أن دعاة الديمقراطية وحقوق الإنسان في الغرب كانوا قد ادخلوا التحوير على هذا المصطلح وبما ينسجم وتطلعاتهم في السلطة وإدارة الشؤون العامة للبلاد فلو تتبعنا حقيقة ممارسة السلطة في الغرب لوجدنا أنها حكرا على فئة أو أفراد ينتمون إلى طبقات معينة.

ففي انجلترا لم يمنح حق الترشيح والانتخاب إلا لمالكي العقارات[2]، وفي بريطانيا اليوم يتناوب على السلطة وإدارة الشؤون العامة للبلاد الحزبين الرئيسين (المحافظين - العمال) وبالتالي فلا يمكن الوصول إلى السلطة إلا عن طريق أحد هذين الحزبين هذا أولا، ولا يكفي هذا الشرط وحده للوصول إلى السلطة بل لابد أن يحتل المرشح منصبا متقدما في الحزب وتحديدا أن يكون رئيسا للحزب، وهكذا تناوب على السلطة في بريطانيا منذ مطلع القرن العشرين حتى الآن زعماء حزب العمال والمحافظين.

وفي الولايات المتحدة لا يكفي الانتماء لأحد الحزبين الرئيسيين (الجمهوري - الديمقراطي) واحتلال المراكز المتقدمة فيهما للوصول إلى السلطة، بل لابد أن يكون المرشح على درجة من الثراء بحيث يكون قادرا على تحمل تكاليف الدعاية الانتخابية التي تصل في أغلب الأحيان إلى عدة ملايين من الدولارات، حيث لا تأخذ الدولة هناك على عاتقها تحمل تكاليف الدعاية الانتخابية، وللدلالة على ضخامة تكاليف الدعاية الانتخابية، نشير إلى أن تكاليف الدعاية الانتخابية للرئيس الأمريكي (تيودور روزفلت) بلغت سنة ١٩٠٤ (١,٩٠٠) مليون وتسعمائة ألف دولار. وبلغت تكاليف الدعاية الانتخابية للرئيس (هوفر) سنة ١٩٢٨ (١١) أحد عشر مليون دولار[3].

---

١ - د. علي محمد علي - دراسات في علم الاجتماع السياسي - - دار الجامعة المصرية - مصر - ١٩٧٧ - ص ٢٣٦.

٢ - د. أحمد ظاهر - المرجع السابق - ص ٢١٩.

٣- Mackiley - The American presidency - New York University press - ١٩٥٥ - p. ١١٥.

وبلغت تكاليف الدعاية الانتخابية للرئيس (جورج بوش الابن) في ولايته الأولى سنة ٢٠٠٠ (٢) أثنين مليون دولار في الأسبوع الواحد.

وحتى في الدول الغربية التي تأخذ على عاتقها تحمل تكاليف الدعاية الانتخابية، فإنها تفرض شروطا من شأنها تقييد إرادة الراغبين في الترشيح، وعلى سبيل المثال أن القانون الأساسي الفرنسي الزم الراغب في الترشيح لعضوية الجمعية الوطنية الفرنسية، إيداع مبلغ قدره (١٠٠,٠٠٠) مائة ألف فرنك فرنسي تسجل إيرادا لخزينة الدولة إذا لم يحصل المرشح على ٥% من أصوات الناخبين في الدائرة الانتخابية[١].

ولم يكتف دعاة الديمقراطية الغربية بهذه الشروط لممارسة الحقوق السياسية بل فرضوا شروطا أخرى من شأنها الحد من ممارسة هذه الحقوق ، ومن بين هذه الشروط دفع الضريبة الانتخابية ومثل هذا الشرط ما زال معمولا به في بعض الولايات الأمريكية.

أمام هذه القيود لنا أن نتساءل عن فحوى الديمقراطية التي نادى بها الغرب، أهي الديمقراطية أم الرق والتمييز ؟ ذلك التمييز الذي لم يتم القضاء عليه إلا في وقت متأخر من القرن العشرين، فرسميا لم يلغ الرق في موريتانيا إلا في الثمانينات من القرن المنصرم، ولم يتم القضاء على التمييز العنصري في جنوب أفريقيا إلا في سنة ١٩٩٤ بإعلان استقلال جنوب أفريقيا وتنصيب المناضل (نلسون مانديلا) أول رئيس أفريقي لجنوب أفريقيا.

ونتيجة للعيوب التي أفرزتها تجربة الديمقراطية النيابية (الديمقراطية غير المباشرة) كونها لا تمثل حقيقة إرادة الشعب في التعبير عن رأيه في إدارة الشؤون العامة للدولة، اهتدى العقل السياسي الغربي إلى نظام وسط يجمع بين خصائص الديمقراطية المباشرة وغير المباشرة وأطلق على هذا النظام (الديمقراطية شبه المباشرة).

١- Pirre Pactet - Le rigim politique ET administritif EN France - L. G. D. J. Paris - ١٩٨٨ - no ٢٦.

وفي هذا النظام هناك مجلس نيابي وحكومة بالمفهوم السائد في الديمقراطية النيابية إلا أن ما يميز هذا النظام أنه يستند إلى الاستفتاء، الذي يعني التعرف على رأي الشعب بشأن مسألة معينة يطرحها البرلمان، لكن الاستفتاء لا ينصب على كافة المسائل التي يناقشها البرلمان، بل يقتصر على بعض منها، كالاستفتاء على تعديل الدستور أو القانون أو المعاهدات التي تبرمها الحكومة ومثل هذا النظام غير معمول به حاليا إلا في سويسرا في ظل دستور سنة ١٨٤٨ النافذ.

وفي ظل هذا النظام بلغت أعلى نسبة مساهمة للشعب في الاستفتاء ٦٣% من مجموع الذين لهم حق الاشتراك في الاستفتاء، وهذا يعني أن نسبة ٣٧ % ممن لهم حق الاشتراك في الاستفتاء يعزفون عنه، وهذا إن دل على شيء فإنما يدل على عدم إيمان الشعب بهذا النظام أو عدم اطمئنانه لنتائجه.

ونرى أن الإعلانات والمواثيق الدولية لحقوق الإنسان كانت قد أدركت حقيقة، هي عدم إيمان القابضين على السلطة في غالبية دول العالم بالديمقراطية المباشرة كونها تشكل خطرا حقيقيا على مصالحهم، فأشارت هذه المواثيق والإعلانات إلى أن السلطة تمارس من قبل الشعب بصورة مباشرة أو غير مباشرة ومما لاشك فيه أن هناك بون شاسع بين مشاركة الشعب في إدارة شؤون بلاده مباشرة ومشاركته في ذلك بصورة غير مباشرة.

فقد نص الإعلان العالمي لحقوق الإنسان في المادة (٢١) على أن:

١- لكل فرد حق المشاركة في إدارة الشؤون العامة لبلاده، إما مباشرة وإما بواسطة ممثلين يختارون بحرية.

٢- إرادة الشعب هي مناط سلطة الحكم ويجب أن تتجلى هذه الإرادة من خلال انتخابات حرة نزيهة تجري دوريا بالاقتراع العام وعلى قدم المساواة بين الناخبين وبالتصويت السري أو بإجراء مماثل يضمن حرية التصويت).

أما اتفاقية الحقوق المدنية والسياسية، فقد نصت في المادة (٢٥) منها على أن:

أ- المشاركة في إدارة الشؤون العامة أما مباشرة أو بواسطة ممثلين يختارون بحرية.

ب - لكل مواطن الحق في أن ينتخب وينتخب في انتخابات دورية أصيلة وعامة وعلى أساس المساواة على أن تتم الانتخابات بطريق الاقتراع السري وان تضمن التعبير عن إرادة الناخبين.

ونصت المادة (٢٣) من البروتوكول رقم (١) الملحق بالاتفاقية الأوروبية لحقوق الإنسان على أن (التزام الدول بأن تنظم على فترات معقولة انتخابات حرة بالاقتراع السري وفي شروط تضمن حرية التعبير والرأي للشعب وذلك باختيار من يمثلونه).

والملاحظ على نصوص الإعلانات والاتفاقيات أعلاه ،أنها تشير إشارة عابرة للمشاركة بصورة مباشرة في إدارة الشؤون العامة للبلاد هذا أولا، ثم أنها تشير جميعا للمشاركة غير المباشرة كبديل للمشاركة المباشرة، ومن المتفق عليه أن المشاركة غير المباشرة في إدارة الشؤون العامة للبلاد هي نقيض المشاركة المباشرة إذ تجري الأولى (المشاركة غير المباشرة) من خلال نواب يمثلون الشعب إذا افترضنا أن الانتخابات جرت في ظل أجواء حرة ونزيه، في حين تجري الثانية (المشاركة المباشرة) بصورة مباشرة من قبل الشعب.

كما تشير النصوص آنفة الذكر إلى أن الانتخابات يجب أن تكون حرة ونزيهة وأمام هذه الإشارة فنتساءل ما هي ضمانات إجراء الانتخابات في أجواء حرة نزيهة هذا من ناحية، ومن ناحية أخرى ما هي النتائج المترتبة على إجراء الانتخابات في أجواء غير نزيهة ؟ هذه التساؤلات وغيرها لا تجد لها إجابة.

وفي النظرية العالمية الثالثة، فإن الديمقراطية تعني فيه (إيجاد أداة حكم ليست حزبا ولا طبقة ولا طائفة ولا قبيلة بل أداة الحكم هي الشعب كله... وليست ممثلة عنه ولا نائبة، فلا نيابة عن الشعب)[1].

ووفقا لهذه النظرية تعتبر الديمقراطية المرتكز الأساسي لممارسة الحكم حيث تقضي بإعادة السيطرة النهائية على عملية اتخاذ القرار إلى الشعب، أي إلى أعلى

١ - انظر الكتاب الأخضر - المرجع السابق - ص ٥٥- ٥٦.

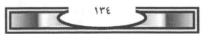

سلطة مجتمعية، وترى هذه النظرية أنه لا وجود للحرية والمساواة والعدالة وحقوق الإنسان إلا في إطار المجتمع الجماهيري، حيث تنتفي الإدارة الدكتاتورية وذلك بامتلاك الشعب للسلطة والثروة والسلاح، تلك العناصر الثلاثة الرئيسية التي مكنت في الماضي أقلية ضئيلة من الاستئثار بالسلطة وإقامة نظم دكتاتورية، إذن فالحل السياسي لإشكالية الديمقراطية يكمن في إعادة هذه الأدوات الثلاث إلى الشعب.

على ذلك إن النظرية العالمية الثالثة ترفض الديمقراطية النيابية، فلا نيابة عن الشعب، والواقع أن هذا الطرح تردد صداه قبل أكثر من قرنين إذ قال (روسو) "الديمقراطية، الممارسة المباشرة لسلطة الحكم من جانب المواطنين" ويرى (روسو) "إن قيام أفراد المجتمع بالمشاركة في العمل السياسي هو اتحاد الجزء بالكل في إرادة مشتركة لا يطيع فيها إلا نفسه ويظل متمتعا بالحرية كما كان من قبل"، إن (روسو) يرفض الأحزاب والتنظيمات والتجمعات لأنها انحراف عن الإرادة المشتركة.

المبحث الثاني

الحقوق السياسية في الشريعة الإسلامية

من الحقائق المسلم بها، أن الشريعة الإسلامية ثورة اجتماعية إنسانية نقلت الإنسان من واقع متخلف إلى واقع إنساني حضاري، وذلك بما أرست من مبادئ وأسس تقوم على منهج التوحيد ومبادئ العدالة وصون كرامة الإنسان محققا بذلك نقله نوعية في مختلف المجالات الدينية والسياسية والاجتماعية.

وعلى الصعيد السياسي، أقام الإسلام أساس الدولة الجديد على مبدأ الشورى الذي مثل وما زال يمثل أعظم صور الديمقراطية، ولم تكن الشورى مجرد سطور في القرآن الكريم، بل كانت حياة عملية عاشها النبي مع أصحابه في مكة قبل أن يقيم له دولة ثم طبقها في دولته في المدينة.

وظل نظام الشورى على ما هو عليه في عهد الخلفاء الراشدين يمارسونه بصورة أو أخرى إلى أن دخلوا في الفتنة الكبرى، وانتهت الخلافة الراشدة وأعقبتها الخلافة الأموية والعباسية القائمتين على القهر والاستبداد، وانتقلت بذلك الدولة الإسلامية من نظام الشورى إلى نظام الحكم الثيوقراطي الاستبدادي الذي يتمسح بالدين، ومنذ ذلك القوت ارتبطت الدولة الإسلامية بالحكم المستبد، وتم تصنيف التراث الإسلامي في أحضان دولة مستبدة.

أولا- معنى الشورى :-

الشورى لغة، يقال شار العسل يشوره شورا وشيارة ومشارا ومشارة: استخرجه من الوقية واجتباه[1]، ويقال فلان جيد المشورة، أو هي الأمر الذي يتشاور فيه، تقول شاورته في الأمر أي طلبت رأيه واستخرجت ما عنده[2].

---

١ - لسان العرب لأبن منظور - المجلد الثاني - مادة شور.

٢ - المعجم الوسيط - مادة شور - دار إحياء التراث الإسلامي - قطر - ١٩٨٥.

أما في الاصطلاح فإن الشورى تعني، طلب الشيء لذا قال عنها بعض العلماء أنها "الاجتماع على الأمر، ليستشير كل واحد صاحبه ويستخرج ما عنده"[١]. وقال بعضهم الشورى، عرض الأمر على الخبرة حتى يعلم المراد منه[٢]. أو هي استطلاع الرأي من ذوي الخبرة للتوصل إلى أقرب الأمور للحق أو هي استطلاع رأي الأمة أو من ينوب عنها في الأمور العامة المتعلقة بالمصالح العامة[٣].

ومن استقراء المعاني الشرعية لكلمة الشورى، نجد أن الشارع قد ميز بين الشورى والمشورة، فالشورى هي اخذ الرأي مطلقا، أما المشورة فهي أخذ الرأي على سبيل الإلزام، وصارت كلمة الشورى والمشورة جزءا من واقع العمل السياسي في نظام الحكم في الإسلام.

ثانيا- دليل الشورى :-

دليل الشورى من القرآن والسنة، فقد ورد في قوله تعالى: ﴿فبما رحمة من الله لنت لهم ولو كنت فظا غليظ القلب لانفضوا من حولك فاعف عنهم واستغفر لهم وشاورهم في الأمر فإذا عزمت فتوكل على الله إن الله يحب المتوكلين﴾ (آل عمران:١٥٩). وقوله تعالى: ﴿والذين استجابوا لربهم وأقاموا الصلاة وأمرهم شورى بينهم ومما رزقناهم ينفقون﴾ (الشورى:٣٨).

وسأل الصحابي الجليل معاذ بن جبل، رسول الله (صلى الله عليه وعلى آله وسلم) قائلا "يا رسول الله إن الأمر ينزل منا لم ينزل فيه قرآن ولم تمض فيه منك سنة، قال عليه السلام: اجمعوا له العاملين فاجعلوه شورى بينكم ولا تقضوا فيه برأي رجل واحد). وقول الرسول (صلى الله عليه وعلى آله وسلم) (ما ندم من استشار ولا خاب من استخار).

١ - أحكام القرآن لأبن العربي - ج١- ط٢- ص ٢٩٨.
٢ - روح المعاني - ج٢٥ - طبعة المنيرية - ص ٤٦.
٣ - د. عبد الحميد الأنصاري - نظام الحكم في الإسلام - دار قطري بن الفجاءة - قطر - ١٩٨٥ - ص ٤٥.

ثالثا - معوقات الشورى :-

على حد سواء مع أي تجربة ديمقراطية ناجحة أخرى، واجهت تجربة الشورى في الدولة الإسلامية العديد من العقبات ربما بل وأخطرها على الإطلاق رغبة المنافقين من المنضمين للإسلام عنوة في إفشال هذه التجربة التي لم يسبق الإسلام إليها شريعة أخرى.

وبالرغم من أن المنافقين لم يشكلوا في المجلس إلا ثلة قليلة إلا انهم حاولوا جهدهم عرقلة عمل المجلس من خلال عقد جلسات غير رسمية سرا يتناجون فيها بالآثم والعدوان والتآمر على الدولة الإسلامية والمسلمين، واللافت للنظر أن تلك الجلسات انتشرت وانخدع بها بعض المسلمين من ضعاف الإيمان.

وحينما شعر الرسول (صلى الله عليه وعلى آله وسلم) بخطر تلك الجلسات على وحدة الصف الإسلامي، نهاهم عنها ودعاهم إلى طرح آرائهم ومقترحاتهم في مجلس الشورى الذي للجميع حضوره وأن تتم مناقشتها بصورة علنية، لكن المنافقين رفضوا هذه الدعوة بل وشجعتهم تلك الدعوة على تحدي النبي، فكانوا يدخلون عليه فيلقون عليه التحية باستهزاء ولذلك نزل قوله تعالى: ﴿ألم تر إلى الذين نهوا عن النجوى ثم يعودون لما نهوا عنه ويتناجون بالأثم والعدوان ومعصيت الرسول وإذا جاءوك حيوك بما لم يحيك به الله ويقولون في أنفسهم لولا يعذبنا الله بما نقول﴾(المجادلة:٨).

لكن النهي الوارد في الآية الكريمة لم يردع المنافقين وأعوانهم، بل زادهم طغيانا على طغيانهم، فنزل قوله تعالى محذرا المنافقين من التآمر في مجالسهم ﴿ألم تر إلى الذين تولوا قوما غضب الله عليهم ما هم منكم ولا منهم ويحلفون على الكذب وهم يعلمون۞ أعد الله لهم عذابا شديدا﴾(المجادلة: من الآية١٥).

ونظام الشورى في الإسلام يقابل الديمقراطية المباشرة في النظم السياسية المعاصرة، ولإفشال هذه التجربة الفريدة آنذاك سعى المنافقون إلى تكوين جمعية أهل الحل والعقد ومثل هذا التشكيل لم يكن معروفا في عصر الرسول، إذ كانت الشورى آنذاك فرضا على كل مسلم ومسلمة من المكلفين شرعا.

الأمر الذي يعني أن الشورى الإسلامية لا تعرف الإنابة أو التمثيل النيابي ، فالشورى فرض عين وعلى حد سواء مع الصلاة والزكاة بل وتقدمت في الترتيب على الزكاة ن فقد ورد في قوله تعالى: ﴿والذين استجابوا لربهم وأقاموا الصلاة وأمرهم شورى بينهم ومما رزقناهم ينفقون﴾(الشورى:٣٨). وقوله تعالى: ﴿لا تجعلوا دعاء الرسول بينكم كدعاء بعضكم بعضا قد يعلم الله الذين يتسللون منكم لواذا فليحذر الذين يخالفون عن أمره أن تصيبهم فتنة أو يصيبهم عذاب أليم﴾ (النور:٦٣).

على ذلك أن مجلس الشورى يضم في عضويته كل مسلم ومسلمة بالغ عاقل وليس لأي منهم التخلف عن جلساته إلا لعذر مقبول، وكانت وسيلة الدعوة لانعقاد المجلس بالمناداة لصلاة جامعة، فيسارع المسلمون للمسجد وكما كان القرآن لا يسمح بوجود (ملأ) حول النبي فيحكم في الأمر لأن مثل هذا الملأ كان يعني الاستبداد بالرأي والحكم.

ومع تسنم الأمويين السلطة، بدأ عصر الاستبداد وتحكم الملأ تحت مصطلح (أهل الحل والعقد)[1].

وواصل خلفاء بني العباس هذه المسيرة إذ تبنوا نظام الحكم الثيوقراطي، وتم تصنيف التراث الإسلامي في أحضان دولة مستبدة، وأرسيت مبادئ الفقه الدستوري في مناخ كان لا يرى تعارضا بين الإسلام والحكم الاستبدادي.

١ - د. أحمد صبحي منصور - الشورى الإسلامية - أصولها - تطبيقها - دراسة قرآنية - الديمقراطية وحقوق الإنسان - ج٢- - حقوق الإنسان : إشكالية التدويل والخصوصية - الملتقى العالمي الثالث حول فكر معمر القذافي - الكتاب الأخضر - ٣٠ التمور - ٣ الحرث ١٩٩٤ - ط١- ١٩٩٥ - ص ١٦٠.

المبحث الثالث

الحقوق السياسية للمرأة

في هذا المبحث سوف نتناول بالدراسة مدى حق المرأة بالمشاركة في الحياة السياسية في الشريعة الإسلامية، كما سنبحث في حقوق المرأة، كما سنبحث في حقوق المرأة هذه في اتفاقيات وإعلانات حقوق الإنسان.

● **المطلب الأول- الحقوق السياسية للمرأة في الشريعة الإسلامية:**

قبل الخوض في مدى حق المرأة في المشاركة بالحياة السياسية في الشريعة الإسلامية لابد من التمييز بين نوعين من الولاية، هما :-

أولا الولاية الخاصة:

وهي الولاية التي تخول صاحبها حق التصرف في شأن من الشؤون الخاصة بغيره، كالولاية على المال والوصاية على العقار ولا خلاف في مساواة المرأة بالرجل في هذا النوع من الولاية.

وإذا كان للمرأة حق التصرف بشؤون غيرها، فمن باب أولى يكون لها حق التصرف بشؤونها الخاصة كالبيع والشراء والهبة والوصية والإجارة والرهن وليس لزوجها أو لأهلها حق منعها من هذه الولاية.

ثانيا- الولاية العامة:

وهي السلطة الملزمة في شأن من شؤون الجماعة، كولاية الفصل في الخصومات وتنفيذ الأحكام ورئاسة الدولة والوزارة وتمثيل الدولة في الخارج...... وبمعنى آخر تشمل الولاية العامة على ما أصطلح عليه القانون الوضعي السلطات الثلاث (التشريعية - التنفيذية القضائية)[1].

---

١ - د. عبد الحميد متولي - الحقوق السياسية للمرأة في الإسلام مع المقارنة بالأنظمة الدستورية الحديثة - منشأة المعارف - الإسكندرية في -١٩٨٧- ص ٥٢.

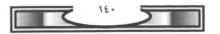

وإذا كانت الآراء اتفقت على مساواة المرأة بالرجل في الولاية الخاصة ،إلا أنها اختلفت بشأن المساواة في الولاية العامة (المشاركة في الحياة السياسية) وعلى النحو التالي :-

أولا - الرأي الذي يذهب إلى عدم أحقية المرأة في المشاركة بالحياة السياسية:-

وعلى حسب هذا الرأي إن الإمامة لا تنعقد للمرأة وإن اتصفت بجميع صفات الكمال وخصال الاستقلال، وكيف تترشح المرأة لمنصب الإمامة وليس لها تولي منصب القضاء[١]. وعلى حسب رأي بعض الفقه (أن الإمام لا يستغني عن الاختلاط بالرجال والمشاورة معهم في الأمور ، والمرأة ممنوعة من ذلك ولأن المرأة ناقصة في أمر نفسها حيث لا تمتلك النكاح فلا تجعل لها الولاية على الغير)[٢]. ويستند هذا الاتجاه في بناء رأيه في عدم أحقية المرأة بالمشاركة في الحياة السياسية إلى أسانيد من القرآن والسنة النبوية الشريفة.

ففي القرآن الكريم ورد في قوله تعالى: ﴿الرجال قوامون على النساء بما فضل الله بعضهم على بعض وبما أنفقوا من أموالهم﴾(النساء:٣٤). وحيث أن مباشرة الحقوق السياسية تقتضي في بعض الأحيان شغل الوظائف السياسية التي قد تكون نوعا من القوامة الأمر الذي يجعلها محظورة على النساء. كما ورد في قوله تعالى: ﴿ ولهن مثل الذي عليهن بالمعروف وللرجال عليهن درجة﴾ (البقرة: من الآية٢٢٨). فهذه الآية تشير إلى أن الرجال أصلح من النساء في ممارسة الشؤون العامة ومن بينها الشؤون السياسية. كما جاء في قوله تعالى: ﴿وقرن في بيوتكن ولا تبرجن تبرج الجاهلية الأولى﴾(الأحزاب: من الآية٣٣). فالآية الكريمة تأمر النساء بعدم التبرج ومخالطة الرجال، ومما لاشك فيه أن

١- أبي حامد الغزالي - فضائح الباطنية وفضائل المستظهرية - ص ١٨٠ - ١٨١.
٢ - احمد بن عبد الله القلقشندي - مآثر الاناقة في معالم الخلافة - ج١- ص ٣١.

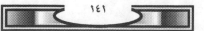

ممارسة العمل السياسي يقتضي بالضرورة مخالطة الرجال والتعامل معهم. وهذا ما نهت عنه الآية الكريمة.

ومن السنة النبوية ما ورد في الحديث الشريف: (لن يفلح قوم ولوا أمرهم نسائهم)[1]. فعلى حسب رأي من يقول بعدم جواز ممارسة المرأة للحقوق السياسية، أن هذا الحديث يحظر تولي المرأة أي منصب حكومي أو عام لان في ذلك عدم الفلاح، فالمرأة بطبيعتها عاطفية الأمر الذي يضعف عزيمتها في اتخاذ القرارات الحاسمة. وفي الحديث الشريف (النساء ناقصات عقل ودين)[2]. و(إذا كان أمراؤكم شراركم وأغنياؤكم بخلاءكم وأمركم إلى نساءكم فباطن الأرض خير من ظهرها)[3].

كما يذهب أصحاب هذا الرأي إلى أن العرف جرى منذ فجر الإسلام وحتى الآن على عدم إسناد الشريعة الإسلامية أي منصب حكومي للمرأة، وقد كان في الصدر الأول للإسلام نساء فضليات وفيهن من تتقدم على الرجال كأمهات المؤمنين والسيدة فاطمة الزهراء (ع) والسيدة زينب بنت الحسين ، ومع ذلك لم يطلب لأي منهن الاشتراك في السياسة أو إدارة شؤون الدولة ولو كان إشراكها في السياسة جائز لما أهملت أي منهن.

ثانيا- الرأي الذي يذهب إلى حق المرأة في المشاركة بالحياة السياسية :-

وبخلاف الرأي الأول ذهب أصحاب هذا الرأي إلى أن للمرأة الحق في المشاركة في الحياة السياسية وعلى حد سواء مع الرجل، كما لها الحق في تولي كل المناصب السياسية والعامة[4].

والواقع أن أصحاب هذا الرأي استندوا فيما ذهبوا إليه إلى نوعين من الحجج، الأولى تمثلت بالرد على أصحاب الرأي الأول، والثانية كانت من القرآن والسنة.

١ - الشوكاني - نيل الاوطار - ط٣- مطبعة البابي الحلبي - ١٩٦٣ - ص ٢٧٣.
٢ - نفس المرجع - ص ٣٥٢.
٣ - أبو الأعلى المودودي - تدوين الدستور الإسلامي - ص ٨٨.
٤ - أبن قدامة - المغنى - ج١١-ص ٣٧٥.

فقد أستند الرأي الأول فيما ذهب إليه إلى قوله تعالى: ﴿الرجال قوامون على النساء ﴾ (النساء: من الآية٣٤)،

والقوامة الواردة في الآية الكريمة هي قوامة تأديب الزوج لزوجته حال النشوز، فقد نزلت هذه الآية في

زوجة سعد بن الربيع الذي نشزت زوجته فلطمها فذهبت شاكية للنبي، فقال لها اقتصي منه، فلما

ذهبت ناداها وقال (هذا جبريل آتاني فأنزل الله تعالى قوله: ﴿الرجال قوامون على النساء ﴾ فقال

الرسول الكريم: (أردت أمرا وأراد الله غيره) على ذلك أن هذه الآية الكريمة نزلت في سبب خاص، فهي

خاصة بواقعة تتعلق بشؤون الآسرة ولا علاقة لها بالشؤون العامة أو السياسية.

أما قوله تعالى: ﴿ ولهن مثل الذي عليهن بالمعروف وللرجال عليهن درجة ﴾ (البقرة: من الآية٢٢٨).

فأعلوية الرجل على المرأة هنا ليس درجة سمو وأفضلية في الإنسانية أو القيمة أو السمو والرفعة والقدرة على

إدارة الشؤون العامة إنما درجة قوامه في شؤون الأسرة، فالأسرة وعلى حد سواء مع أي مجتمع آخر تحتاج لمن

يقودها ويتولى إدارة شؤونها، وهذه القيادة من الطبيعي أن تكون للرجل باعتباره رب الآسرة ورئيسها الأعلى [1].

وأما استناد أصحاب الرأي الأول إلى قوله تعالى: ﴿وقرن في بيوتكن ولا تبرجن تبرج الجاهلية

الأولى ﴾ (الأحزاب: من الآية٣٣) كدليل على عدم أحقية المرأة في الاشتراك بإدارة الشؤون العامة والسياسية منها،

فالاستناد إلى الآية الكريمة كان غير دقيق لأن هذه الآية نزلت لتخاطب نساء النبي ومن ثم فإن الحكم مقصور

عليهن فقط، بدليل أنه جاء في صدر الآية: ﴿يا نساء النبي لستن كأحد من النساء إن اتقيتن فلا تخضعن

بالقول فيطمع الذي في قلبه مرض وقلن قولا معروفا❁وقرن في بيوتكن ولا تبرجن تبرج الجاهلية

الأولى﴾ (الأحزاب: من الآية ٣٢-٣٣).

---

١ - راجع الشيخ محمد شلتوت - الإسلام عقيدة وشريعة - ص ١٧٦.

فضلا عن أن هذه الآية لا تعني حظر خروج النساء من البيت مطلقا وإنما المقصود بها البقاء حيث لا تكون هناك حاجة للخروج، فقد ورد في تفسير أبن كثير، أن المقصود بقوله تعالى: ﴿ وقرن في بيوتكن ﴾ "ألزمن بيوتكن فلا تخرجن لغير حاجة".

واستناد أصحاب الرأي الأول للحديث الشريف (لن يفلح قوم ولوا أمورهم نساءهم) استناد غير دقيق، فقد ورد هذا الحديث بشأن واقعة محددة، حينما تولت بنت كسرى ملك الفرس رئاسة الدولة لعدم وجود من يتولى هذا المنصب من الرجال بفعل الحرب الأهلية التي اجتاحت البلاد وتقتيل الرجال بعضهم لبعض الأمر الذي أفضى بالملك لامرأة. هذا إضافة إلى أن هذا الحديث من أحاديث الآحاد وحكم أحاديث الآحاد أنها لا تفيد العلم اليقيني وحيث أن الخلاف تعلق بمدى أحقية المرأة في المشاركة في الحياة السياسية فلا يمكن الاستناد لحديث الآحاد للتدليل على الرأي.

والاستناد لحديث (النساء ناقصات عقل ودين) فهو الآخر استناد غير صحيح لأن أصحاب هذا الرأي اجتزؤوا الحديث الشريف (... ما رأيت من ناقصات عقل ودين أذهب للب الرجل الحازم من إحداكن قلن: وما نقصان ديننا وعقلنا يا رسول الله ؟ قال : أليس شهادة المرأة مثل نصف شهادة الرجل، قلن بلى، قال : فذلكن من نقصان عقلها، أليس إذا حاضت لم تصل ولم تصم. قلن بلى، قال : فذلكن من نقصان دينها).

على ذلك أن نقصان العقل في الحديث الشريف هنا ينصرف إلى أن شهادة المرأة نصف شهادة الرجل استنادا للآية الكريمة: ﴿ واستشهدوا شهيدين من رجالكم فإن لم يكونوا رجلين فرجل وامرأتان ممن ترضون من الشهداء أن تضل إحداهما فتذكر إحداهما الأخرى﴾ (البقرة: من الآية٢٨٢).

أما نقصان الدين فمرجعه إلى ما يعتري المرأة من عوارض طبيعية كالحيض الذي يحول بين المرأة وبين أداء فرضتي الصلاة والصيام.

والقول بنقصان العقل والدين بهذا المعنى، لحرمان المرأة من ممارسة الحقوق الأساسية يعني بالضرورة حرمانها من إتيان أي تصرف قانوني آخر كإدارة أموالها والموافقة على عقد النكاح والبيع والشراء، في حين أن من الثابت أن للمرأة إجراء سائر التصرفات القانونية التي أشرنا إليها وعلى حد سواء مع الرجل سواء أكانت متزوجة أو غير متزوجة ودون حاجة لأذن زوجها أو وليها.

وإضافة لتفنيد حجج الرأي الأول أورد أنصار الرأي الثاني العديد من الأسانيد للتدليل على حق المرأة في المشاركة بالحياة السياسية، من بينها قوله تعالى: ﴿والمؤمنون والمؤمنات بعضهم أولياء بعض يأمرون بالمعروف وينهون عن المنكر ويقيمون الصلاة ويؤتون الزكاة ويطيعون اللـه ورسوله أولئك سيرحمهم اللـه إن اللـه عزيز حكيم)﴾ (التوبة:٧١). فهذه الآية تشير إلى أن للمرأة أسوة بالرجل حق الولاية العامة ولها الحق كالرجل في أن تأمر بالمعروف وتنهي عن المنكر.

كما ورد في قوله تعالى: ﴿يا أيها الملأ أفتوني في أمري ما كنت قاطعة أمرا حتى تشهدون ۞ قالوا نحن أولو قوة وأولو بأس شديد والأمر إليك فانظري ماذا تأمرين﴾ (النمل: من الآية٣٢- ٣٣). فهذه الآية تشير إلى أن المرأة يمكن لها أن تبدي الرأي السليم وتشارك في العمل السياسي وتتحمل أعباؤه. وقوله تعالى: ﴿يا أيها النبي إذا جاءك المؤمنات يبايعنك على أن لا يشركن بالله شيئا ولا يسرقن ولا يزنين ولا يقتلن أولادهن ولا يأتين ببهتان يفترينه بين أيديهن وأرجلهن ولا يعصينك في معروف فبايعهن ﴾ (الممتحنة: من الآية١٢). وعملا بهذه الآية بايع الرسول صلى اللـه عليه وسلم وفد الأنصار في بيعة العقبة الثانية، وقد آلت النساء على أنفسهن في هذه البيعة الدفاع عن الإسلام والذود عنه، ومما لاشك فيه أن البيعة تعد مشاركة في الحياة السياسية.

وفي السنة النبوية، قبل الرسول صلى اللـه عليه وسلم الآمان الملزم باسمها، فقد ورد في الحديث الشريف (لقد أجرنا من أجارت أم هاني).

وللمرأة الحق في أن تؤم المسجد، فقد ورد عن الرسول صلى اللـه عليه وسلم (إذا استأذنت أحدكم امرأته إلى المسجد فلا يمنعها) والمسجد في عهد الرسول صلى اللـه عليه وسلم ليس مكان عبادة حسب ولكن مكان لاجتماع المسلمين والتشاور بشؤونهم العامة، ومن أشهر ما روي، أن الخليفة الثاني عمر بن الخطاب، وقف في المسجد يخاطب الناس ويطالبهم بعدم المغالاة في صداق النساء ووضع حد أقصى له، فعارضته امرأة وقالت : يا أمير المؤمنين نهيت عن الزيادة في صداق النساء وطالبت بوضع حد أقصى له، فقال نعم، فقالت أما سمعت قوله تعالى: ﴿وإن أردتم استبدال زوج مكان زوج وآتيتم إحداهن قنطارا فلا تأخذوا منه شيئا أتأخذونه بهتانا وإثما مبينا۞وكيف تأخذونه وقد أفضى بعضكم إلى بعض وأخذن منكم ميثاقا غليظا﴾ (النساء:الآية ٢٠-٢١). فاعترف الخليفة بخطئه وقال : اللهم غفرانك أكل الناس أفقه من عمر حتى النساء، ثم دعا الناس وقال : كنت قد نهيتكم عن زيادة صادق النساء على أربعمائة درهم فمن شاء أن يزيد أن يفعل[١].

ثالثا - الرأي الذي يذهب إلى أن للمرأة ممارسة كل الحقوق السياسية إلا رئاسة الدولة : -

ويذهب أصحاب هذا الرأي إلى أن للمرأة ممارسة سائر الحقوق السياسية وتولي كاف المناصب الحكومية باستثناء رئاسة الدولة، واستدلوا على ما ذهبوا إليه بعدة أدلة، من بينها هجرة النساء المسلمات من مكة إلى الحبشة ثم بعد ذلك من مكة إلى المدينة، وإن من آمن منهن من الأنصار حضرن موسم الحج وبايعن الرسول بيعة العقبة الكبرى كما بايعن الرسول بعد الهجرة وفتح مكة، على مكارم الأخلاق ومحاسن الأعمال وسائر شرائع الإسلام.

كما شاركت بعض النساء في غزوات الرسول صلى اللـه عليه وسلم وسقين الماء للمسلمين وداوين جرحاهم، وحينما ثارت الفتن بين المسلمين الأوائل شاركت المرأة برأيها، فهناك من وقفت

---

١ - الشيخ زكريا البري - حق المرأة في الولاية العامة وفي الانتخابات - مجلة العربي -الكويت -ع١٤٤ نوفمبر ١٩٧٠ - ص ٣٥.

في صفين مؤيدة للأمام علي. في حين خرجت السيدة عائشة تحرض على الإمام علي وتخطئ ما فعله إلا أنها ندمت بعد ذلك على ما فعلت ولامنها على ذلك أمهات المؤمنين، إذ كان الأولى بها وهي زوجة الرسول بنص القرآن ألا تخرج من بيتها، فتابت واستغفرت، وقد أعادها الإمام علي بعد المعركة إلى بيتها في المدينة محاطة بكل مظاهر الاحترام والإكرام وفرض لها حراسة من النساء حتى عادت إلى بيتها[1].

● **المطلب الثاني - الحقوق السياسية للمرأة في إعلانات واتفاقيات حقوق الإنسان:**

الملاحظ إن إعلانات ومواثيق حقوق الإنسان لم تتطرق صراحة لحق المرأة في المشاركة بالحياة السياسية للدولة، واكتفت بالإشارة العامة التي أوردتها بمناسبة تنظيمها للحقوق السياسية للأفراد. فالمادة (٢١) من الإعلان العالمي لحقوق الإنسان تشير إلى أنه (١- لكل فرد حق المشاركة في إدارة الشؤون العامة لبلاده...) أما المادة (٢٥) من اتفاقية الحقوق المدنية والسياسية فتنص على أن لها (أ- المشاركة في إدارة الشؤون العامة المباشرة أو بواسطة ممثلين يختارون بحرية). ونصت المادة (٢٣) من البروتوكول رقم (١) الملحق بالاتفاقية الأوروبية لحقوق الإنسان على أنه (...وفي شروط تضمن حرية التعبير والرأي للشعب وذلك باختيار من يمثلونه). وتلافيا لهذا النقص المسجل على الإعلانات والمواثيق الدولية الخاصة بحقوق الإنسان عرضت الجمعية العامة اتفاقية خاصة بالحقوق السياسية للمرأة للتوقيع والتصديق عليها بقرارها رقم (٦٤٠ / د ٧٠) في ٢٠ ديسمبر / كانون أول ١٩٥٢ ودخلت هذه الاتفاقية حيز التنفيذ في ٧ يوليو / تموز ١٩٥٤، ونصت هذه الاتفاقية في المادة الأولى منها على حق المرأة في التصويت في جميع الانتخابات بشروط متساوية بينهن وبين الرجال، أما المادة الثانية من الاتفاقية فأقرت أهلية النساء في أن ينتخبن لعضوية جميع الهيئات المنتخبة بالاقتراع العام. كما أقرت

---

١ - د. مصطفى السباعي - المرأة بين افقه والقانون - المكتب الإسلامي - بيروت - ط٦ - ١٤٠٤ هـ -١٩٨٤- ص ١٥٣.

المادة الثالثة من نفس الاتفاقية حق المرأة في تقلد المناصب العامة وممارسة جميع الوظائف المنشأة بمقتضى التشريع الوطني بشروط تضمن تحقيق المساواة بينهن وبين الرجال.

وبذات الاتجاه ذهبت اتفاقية القضاء على التمييز ضد المرأة لسنة ١٩٧٩ حيث نصت المادة السابعة من هذه الاتفاقية على أنه (يتعين على الدول الأطراف أن تتخذ التدابير المناسبة للقضاء على التمييز ضد المرأة في الحياة السياسية والعامة لبلدها بحيث تكفل للمرأة على قدم المساواة مع الرجل الحق في التصويت في كافة الانتخابات والاستفتاءات العامة مع منحها الأهلية للانتخابات لكافة الهيئات التي ينتخب أعضاؤها بالاقتراع العام، كما يتعين أن يكفل للمرأة المشاركة في صياغة سياسة الحكومة وتنفيذها وفي شغل الوظائف العامة والقيام بالمهام العامة على كافة المستويات الحكومية بالإضافة إلى إعطائها حق المشاركة في أية منظمات وجمعيات غير حكومية تهتم بالحياة السياسية والعامة لبلده.

لقد شهد العالم على مدى العقدين الأخيرين اهتمام دوليا خاصا بقضايا المرأة، بدأ باعتبار عام ١٩٧٥ عاما دوليا للمرأة انتهى بوضع استراتيجية استشرافية دولية، في مؤتمر نيروبي عام ١٩٨٥ للنهوض بالمرأة حتى عام ٢٠٠٠ وقد تسارع هذا الاهتمام مع تزايد القلق الدولي من استمرار ظاهرة التمييز ضد المرأة وتهميش دورها وما يترتب عليه من هدر الطاقة وتعطيل قوى أساسية في عمليات التنمية الشاملة للمجتمعات حيث بدأ العالم يدرك بوضوح أن من أهم العقبات التي تواجه خطط التنمية للمجتمعات هي دور المرأة ومكانتها في المجتمع[١].

---

١ - خديجة حباشنة أبو علي - رؤية نظرية مختلفة لإشكالية المرأة وآليات لتطوير المشاركة السياسية للمرأة العربية - ندوة المرأة العربية والمشاركة السياسية - عمان - الأردن - ١٩٩٨ - دار السندباد والنشر - عمان - الأردن - ٢٠٠٠- ص ٤٢ - ٤٣.

وإبرازا لأهمية دور المرأة في بناء المجتمع ومؤسسات الدولة أشار تقرير الأمم المتحدة لعام ١٩٩٠ إلى المشاركة السياسية للمرأة في البلد المعني، يعد أحد مؤشرات التنمية البشرية ولقياس هذه المشاركة وضعت مؤشرات محددة مثل عدد المقاعد التي تحتلها النساء في البرلمان ونسبة النساء في المناصب الإدارية العليا، ونسبة النساء في المهن والإدارة[١].

وحسب معايير تقرير الأمم المتحدة للتنمية البشرية لعام ١٩٩٠ بلغت نسبة مشاركة المرأة العربية في البرلمان ٤% وصفر% بالنسبة للعديد من دول الخليج.

وبلغت هذه النسبة في العراق ١٠,٨% وفي تونس ٤٤,٥ % وفي المغرب صفر % وفي السودان ٧ % والجزائر ٢,٤ % ومصر ٤٣,, %[٢].

والملاحظ أن هذه النسبة المتدنية لمشاركة المرأة في الحياة السياسية لم تقتصر على البلاد العربية، بل هي ذاتها على الصعيد العالمي فوفقا لآخر الإحصائيات الخاصة بالناصب الحكومية التي تولتها المرأة على الصعيد العالمي خلال القرن العشرين، فإن هناك سبع نساء فقط تولين منصب رئيس الحكومة، في حين شغلت النساء ما نسبته ٣،٥ % من المناصب الحكومية في البلدان الأعضاء في الأمم المتحدة، بينما أنعدم حضورهن في حكومات (٩٣) بلد وهن غائبات كليا عن المهام الحكومية (وزير - وكيل وزارة - كاتب دولة - مدير عم) في (٤٩) دولة من بينها (٢١) دولة أفريقية[٣].

١ - إصلاح جاد - نحو إظهار المشاركة السياسية للمرأة العربية - ندوة المرأة العربية والمشاركة السياسية - ص ٢٩.
٢ - انظر د. سهى هندية - واقع مشاركة المرأة في مؤسسات السلطة الوطنية الفلسطينية - ندوة المرأة العربية والمشاركة السياسية - ص ١٠٣.
٣ - انظر نساء تونس واقع وآفاق حول المرأة - مركز الدراسات والبحوث والتوثيق والإعلام - الكريديف - تونس - ١٩٩٥ - ص ١٩٢.

ومن استعراض بعض الإحصائيات السابقة يتبين لنا أن المرأة لم تأخذ مكانها الطبيعي في الحياة السياسية ربما لأن المجتمع بصفة عامة ما زال يعتقد أن الرجل أصلح من يمارس العمل السياسي أو هو الأقدر على ذلك بطبيعته البيولوجية والفسلجية، فالمرأة بطبيعتها أكثر عاطفية من الرجل، والعمل السياسي هو الأخر بطبيعته لا مجال فيه للعاطفة.

ويرجع البعض نسبة المشاركة المتدنية للمرأة في الحياة السياسية للمعتقدات الدينية والمؤسسات الاجتماعية التي تلعب دورا هاما في تكريس صورة المرأة النمطية التي تحرمها من مراكز قيادية سياسية.

فالمؤسسات الدينية والاجتماعية تنزع نحو إعادة التقسيم الأيديولوجي بين العام والخاص، هذا التقسيم يؤدي إلى توقع أن البيت هو مكان المرأة، ويؤثر الفصل بين الرجال والنساء أفقيا وعموديا في مكان العمل على دخول المرأة السلطة السياسية.

فالنساء تتمركز أفقيا في وظائف أقل مرتبة من وظائف الرجل مثل السكرتارية والتعليم والتمريض، وعموديا في الخدمات مثل الصناعات، فيما يتمركز عمل الرجال في الصناعات الثقيلة وبالتالي تعد الوظائف التي تتمركز فيها النساء غير منظمة وتمتاز بأنها أقل أجر ونفوذا وهذا نتاج تقسيم العمل القائم على النوع الاجتماعي والذي يبعد المرأة عن المشاركة في الحياة السياسية[1].

والملاحظ أن الولايات المتحدة وبعض الدول الأوروبية حاولت الدخول من منفذ المشاركة المتدنية للمرأة العربية في الحياة السياسية كوسيلة لخلق شرخ في صرح المجتمع العربي المتجانس، ولنا في الواقع العراقي في أعقاب سقوط نظام صدام حسين خير مثال على ذلك.

فقد لجأت الولايات المتحدة منذ البداية إلى محاولة شق وحدة الصف العراقي بوسائل شتى من بينها الإيماء للمرأة بأنها عانت وما زالت تعاني الاضطهاد، وكان

---

١ - د. سهى هندية - المرجع السابق- ص ١٠٢.

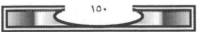

ومازال مصدر هذا الاضطهاد الرجل، فلجأت إلى تحديد المقاعد المخصصة لها في أول مؤسسة سياسية تم تشكيلها في أعقاب سقوط نظام حكم صدام حسين (مجلس الحكم) حيث خصص لها ثلاثة مقاعد، وحينما اغتيلت إحدى شاغلات هذا المنصب عينت محلها عضوه أخرى[1].

وحدد قانون إدارة الدولة المؤقت العراقي عدد المقاعد المخصصة للمرأة في المجلس الوطني، بـ (٢٥) مقعد من أصل (١٠٠) مقعد. كما عملت الولايات المتحدة باتجاه الضغط لتحديد عدد المناصب الوزارية التي تشغلها المرأة في أول وزارة عراقية تشكل في أعقاب انتهاء الاحتلال رسميا في ٣٠ يونيو / حزيران ٢٠٠٤، حيث شغلت المرأة في هذه الحكومة أربع وزارات (الأشغال - البيئة - شؤون المرأة - المهجرين).

واللافت للنظر أن هذه الحكومة خصصت إحدى حقائبها لشؤون المرأة، ومثل هذه الحقيبة لم يعرفها تاريخ الوزارات العراقية الأمر الذي أوحى للمرأة العراقية بأنها الشريحة الوحيدة أو الأكثر اضطهادا في الشعب العراقي. صحيح أن المرأة العراقية عانت من الظلم والاضطهاد في عهد صدام حسين حيث زج بها في السجون وأجبرت على الهجرة والتغريب وأعدمت، لكنها ليست الشريحة الوحيدة التي عانت من الاضطهاد، فقد عانا كل الشعب العراقي من الاضطهاد.

ويبدو أن الفكرة الموجهة التي حاولت الولايات المتحدة زرعها في العراق آتت ثمارها، فقد تعالت الأصوات النسائية المنادية بإنصاف المرأة من ظلم الرجل وازدادت التجمعات النسوية بصورة لافتة للنظر الأمر الذي وصل حد التمرد إذا لم نكن مبالغين في ذلك.

---

١ - النساء الثلاث اللاتي عين في مجلس الحكم هن (د. عقيلة الهاشمي - د. رجاء الخزاعي - د. صن كول جاكوب).

إننا لسنا ضد إنصاف المرأة ووضعها في مكانها الطبيعي الذي يليق بها وبمكانتها وأدميتها، لكننا ضد الأفكار الوافدة التي تحاول النيل من مجتمعنا وقيمنا الدينية والأخلاقية. فما زالت المرأة العربية والمسلمة تحتفظ بالقيم الاجتماعية والأخلاقية والدينية التي كثيرا ما حاول أعداء الأمة والإسلام المساس بها أو النيل منها بخلاف المرأة الأوروبية والأمريكية التي تحولت إلى مجرد سلعة تشترى وتباع بل أنها استلبت حتى اسمها، فالمرأة في هذه المجتمعات تسمى بإسم زوجها بعد الزواج، ومن لم تتمكن من الزاج وهن الغالبية تلجأ إلى الرذيلة والسبل غير المشروعة أملا في الحصول على مولود قد يخفف عنها وحدتها ويحميها من المستقبل المجهول.

وأمام هذه الحقيقة الشاخصة للعيان لنا أن نتساءل ألم يكن المركز القانوني للمرأة العربية والمسلمة أسمى من مركز نظيرتها في الولايات المتحدة وأوروبا.

الفصل الثالث

الحـق في التعليـم

لا معنى للحديث عن حقوق الإنسان دون الحديث عن الحق في التعليم، ولا نكون مبالغين إذا قلنا أن حق الإنسان في التعليم يتقدم حتى على الحق في الحياة، فلا قيمة للحق في الحياة دون التعليم.

واللافت للنظر أن غالبية الجهود الدولية سواء في المحافل الدولية أو على صعيد المؤتمرات والندوات العلمية والأكاديمية المعقودة في مجال حقوق الإنسان تركز على حق الإنسان في الحياة وعلى حقوقه السياسية وقلما تبحث هذه الملتقيات في حق الإنسان في التعليم.

وربما كان الحديث عن حق الإنسان في التعليم أولى بالحديث من الحقوق الأخرى بعد انتشار الجهل والتجهيل في العالم ولا سيما في أفريقيا بشكل كبير كجزء من السياسة الاستعمارية أو نتيجة لعدم اهتمام الدولة أو قدرته على توفير التعليم لمواطنيه.

ففي البلاد الفقيرة تتجه الدولة إلى رفع يدها عن توفير سبل الحصول على التعليم أو لا تقدم الدعم الذي من شأنه تمكين المواطن من التعلم.

وبعد أن قضت بعض الدول على الأمية في فترات معينة ازدادت لديها الأمية والجهل في فترات أخرى أما بفعل الحروب أو نتيجة العامل الاقتصادي.

ففي العراق مثلا تم القضاء على الأمية بصورة نهائيا عام ١٩٨٠ ولكن نتيجة لاندلاع حرب لخليج الأولى التي استمرت ثماني سنوات (١٩٨٠ - ١٩٨٨) وحرب الخليج الثانية (١٩٩٠- ٢٠٠٣) انتشرت الأمية بين طبقات المجتمع العراقي بشكل كبير بفعل العامل الاقتصادي، حيث لم تجد الغالبية العظمى من

أبناء الشعب العراقي حتى ما يسد رمقها فكيف بهذه الغالبية أن تعلم أبناءها وهي تعتمد في الكثير من الأحيان على جهد كل أفراد الأسرة وحتى الصغار منهم لتوفير مستلزماتها بل وحاجياتها الضرورية إما لأن رب الأسرة قتل أثناء الحرب أو لأن رب الأسرة عاجز عن العمل بفعل الإعاقة، وحتى لو كان رب الأسرة موجودا وقادرا على العمل فإن الأخير قد لا يستطيع بمفرده توفير مستلزمات أسرته، في ظل الحصار الاقتصادي الجائر الذي فرض على العراق في أعقاب غزوه للكويت. ناهيك عن ارتفاع تكاليف توفير مستلزمات التعليم وفي كافة مراحله ابتداء من التعليم الابتدائي وانتهاء بالتعليم العالي، الأمر الذي دفع الكثير من الأسر إلى عدم إرسال أبنائها للمدرسة والاكتفاء بإقحامهم في سوق العمل بدلا من ذلك.

ويبدو أن السياسة الاستعمارية لم تقف عند هذا الحد حسب، بل اتجهت لزرع قناعة جديدة لدى الشباب في بلدان العالم الثالث وتحديدا لدى الشباب العربي تقضي بأن العمل وطرق أبواب السوق واقتحام أغواره أجدى نفعا من العلم والتعلم. رافق ذلك انخفاض متوسط ما يحصل عليه الموظف من المرتب هذا إذا وجد الوظيفة أصلا، ساعد بشكل كبير على العزوف عن التعليم والدراسة، بل أن مسألة العزوف عن الدراسة لم تعد مشكلة كما كانت سابقا فقد كانت الأسرة العربية تسعى لتعليم أبنائها بشتى السبل لتضمن لهم مكانة مرموقة في المجتمع أو تضمن لهم على الأقل مصدر دخل معقول يكفل لهم حياة كريمة.

و أمام ذلك كله انتشرت الأمية والجهل في مجتمعات العالم الثالث بعد أن قضي على الأمية في بلدان العالم الأول وغالبية بلدان العالم الثاني.

وسوف نبحث في الحق في التعليم في الشريعة الإسلامية ثم في إعلانات واتفاقيات حقوق الإنسان.

المبحث الأول

حق التعليم في الشريعة الإسلامية

اهتم الإسلام بالعلم والعلماء منذ بداية الدعوة، فلكل دين سماوي معجزة، ومعجزة الإسلام القرآن الكريم الذي لم يسبق في بلاغته وفصاحته كتاب لا من قبل ولا من بعد.

وقد نزلت أول سورة في القرآن الكريم تؤكد على العلم والتعلم ﴿اقرأ باسم ربك الذي خلق۞خلق الأنسان من علق۞اقرأ وربك الأكرم۞الذي علم بالقلم۞علم الأنسان ما لم يعلم﴾ (العلق: الآية من ١-٥).

كما ورد في قوله تعالى: ﴿قالوا سبحانك لا علم لنا إلا ما علمتنا إنك أنت العليم الحكيم) ﴾(البقرة:٣٢). وقوله تعالى: ﴿قل هل يستوي الذين يعلمون والذين لا يعلمون﴾ (الزمر: من الآية٩).

وقوله تعالى: ﴿الرحمن ۞ علم القرآن ۞ خلق الأنسان ۞ علمه البيان﴾ (الرحمن: الآية ١-٤) وللتدليل على أهمية العلم ومكانة العالم في الدنيا والآخرة فقد ورد في القرآن الكريم: ﴿يرفع الله الذين آمنوا منكم والذين أوتوا العلم درجات ﴾ (المجادلة: من الآية١١).

وقد حث القرآن الكريم صراحة على التعليم والتعلم، فقد جاء في قوله تعالى: ﴿ فلولا نفر من كل فرقة منهم طائفة ليتفقهوا في الدين ولينذروا قومهم إذا رجعوا إليهم لعلهم يحذرون﴾ (التوبة: من الآية١٢٢).

كما ورد في محكم كتبه ﴿ فاسألوا أهل الذكر إن كنتم لا تعلمون﴾ (النحل: من الآية٤٣).

وفي الحديث النبوي الشريف (إن من إشراط الساعة أن يرفع العلم ويثبت الجهل .....)[1]. وقد روي أن وفد عبد القيس أتوا النبي صلى الله عليه وسلم فحثهم على أن يحفظوا الإيمان والعلم ويخبروا من وراءهم فقال لهم (ارجعوا إلى أهليكم فعلموهم)[2]. وفي الحديث الشريف (من سلك طريقا يلتمس فيه علما سهل الله له به طريق إلى الجنة)[3].

وعن أنس رضي الله عنه (قال : قال رسول الله ﷺ من خرج في طلب العلم فهو في سبيل الله حتى يرجع). فهذه الأحاديث والكثير غيرها تؤكد على أهمية العلم بل وترغب المسلمين على طلب العلم ، فالحديث الشريف جعل من طلب العلم طريقا إلى الجنة بل أن الحديث قرن طلب العلم بالجهاد، فالجهاد وطلب العلم كلاهما في سبيل الله ولا أدل على أهمية العلم في الشريعة الإسلامية، قرار الرسول في مواجهة أسرى بدر من المشركين، فقد اشترط الرسول لإطلاق سرح كل مشرك لقاء تعليمه عشر من المسلمين، في الوقت الذي كان فيه الإسلام بحاجة لمطالب سياسية ودينية ربما كانت تبدو أكثر أهمية من طلب العلم والتعلم.

ولم يكتف الإسلام بمجرد التعلم ولكن حث على التفقه فيه والاستزادة منه فقد ورد في الحديث الشريف (وما يزال الرجل عالما ما طلب العلم فإن ظن انه علم فقد جهل).

ولكل علم بلاده ورجاله، والسفر والتغرب من اجل طلب العلم ليس من إفرازات التطور العلمي والتكنولوجي، بل أن أول من حث عليه الإسلام، فقد ورد في الحديث الشريف (أطلب العلم ولو في الصين) وورد ذكر الصين في الحديث الشريف تحديدا لكونها الأبعد عن ديار الإسلام وإذا كان أبعد أصقاع الأرض يمكن بلوغها في

---

١ - فتح الباري - ج١- ص ٢١٣.

٢ - نفس المرجع - ص ١٢١.

٣ - الترهيب والترغيب للمنذري - ج١- ص ٥٣.

يومنا هذا في ظرف عدة ساعات بفعل تطور وسائل النقل، فإن السفر من بلد لآخر كان يستغرق عدة أشهر على عهد سيدنا رسول الله صلى الله عليه وسلم وبالتالي فلا وجه للمقارنة في المشقة بين العهدين.

والعلم في الشريعة الإسلامية نوعان: فرض عين وفرض كفاية، **والنوع الأول (فرض العين)**، واجب على كل مسلم ومسلمة وقد أختلف فيه الفقهاء، فالمتكلمون عندهم : علم الكلام إذ به يدرك التوحيد ويعلم به ذات الله سبحناه وتعالى وصفاته، وقال الفقهاء : هو علم الفقه إذ به تعرف العبادات والحلال والحرم وقال المفسرون والمحدثون، هو علم الكتاب والسنة إذ بهما يتوصل إلى العلوم كلها.

أما فرض الكفاية، فهو كل علم لا يستغنى عنه في قوام أمور الدنيا كالطب والهندسة، فمثل هذه العلوم لو خلا البلد عمن يقوم بها أصاب أهل البلد الحرج وإذا قام بها البعض سقط الفرض عن الآخرين[١].

والدعوة للعمل والتعلم وكفالته أمر غير مقصور على الرجال، بل وكفلته الشريعة للنساء أيضا لتعرف واجباتها الشرعية تجاه خالقها وزوجها ومجتمعها الأمر الذي يدخل واجب التعلم هذا في فرض العين.

والأصل أن تحصل المرأة على التعليم في بيتها وعلى يد زوجها أو أحد أفراد أسرتها فإن لم يكن ذلك متاحا، فيجوز خروجها لطلب العلم ولا يجوز منعها من ذلك[٢]. ولكن يجب أن يكون خروجها هذا متمشيا مع ما هو مطلوب منها شرعا من البعد عن الرجال وعدم الاختلاط بهم.

ففي عهد الرسول صلى الله عليه وسلم كن النساء يخرجن لطلب العلم ولكن بدون مزاحمة الرجال أو مخالطتهم، إذ كان لهن يوم مخصص لطلب العلم، فقد روى

١ - أبو حمد لغزالي - إحياء علوم الدين - ج١- ط٢- دار الغد العربي - ١٩٨٦ - ص ٢٨.
٢ - الشيخ عطية صقر - (س) و (ج) للمرأة المسلمة - الدار المصرية للكتاب - القاهرة - ١٤٠٩ هـ - ١٩٨٨ - ص ١٦٧.

أبي سعيد الخدري قال (قالت النساء للنبي صلى الـلـه عليه وسلم غلبنا عليك الرجال فاجعل لنا يوما من نفسك فوعدهن يوما لقينه فيه فوعظهن وأمرهن فقال فيما قال لهن (ما منكن امرأة تقدم ثلاثا من ولدها إلا كان لها حجابا من النار، فقالت امرأة واثنين فقال وأثنين).

المبحث الثاني

حق التعليم في إعلانات وإتفاقيات حقوق الإنسان

الملاحظ أن إعلانات واتفاقيات حقوق الإنسان كانت قد نصت على حق الإنسان بالتعليم بشيء من التفصيل على خلاف الحقوق الأخرى التي أشارت إليها بصورة مقتضبة، ربما لأن هذا الحق من الناحية الواقعية يتقدم على سائر الحقوق الأخرى، فكما أشرنا سابقا أن لا قيمة لحياة الإنسان دون تعليم.

من هنا نصت المادة (٢٦) من الإعلان العالمي لحقوق الإنسان على أنه:

١- لكل شخص الحق في التعليم ويجب أن يكون التعليم في مراحله الأولى والأساسية على الأقل بالمجان وأن يكون التعليم الأولي إلزاميا، وينبغي أن يعمم التعليم الفني والمهني وأن ييسر القبول لتعليم العالي على قدم المساواة التامة للجميع على أساسا الكفاءة.

٢- يجب أن تهدف التربية إلى إنماء شخصية الإنسان إنماء كاملا وإلى تعزيز احترام حقوق الإنسان والحريات الأساسية وتنمية التفاهم والتسامح والصداقة بين جميع لشعوب والجماعات العنصرية أو الدينية وإلى زيادة مجهود الأمم المتحدة لحفظ السلام.

٣- للآباء الحق الأول في اختيار نوع تربية أولادهم.

وأول ما يلاحظ على نص الفقرة الأولى من المادة (٢٦) أنها تطالب بجعل التعليم مجانيا وإلزاميا في المراحل الأولى والأساسية، ولنا أن نسأل عن معنى المراحل الأولى وإلى أي سنوات دراسية تنصرف، هل تنصرف إلى مرحلة التعليم الابتدائي فقط؟ أم تمتد إلى التعليم الثانوي؟ أم أنها تقتصر على بعض السنوات الدراسية في المرحلة الابتدائية؟ فهذا النص يقبل اكثر من تأويل.

أما نص الفقرة الثانية من نفس المادة فينادي بتيسير القبول في التعليم العالي على قدم المساواة، والواقع أن هذه الإشارة تستحق الوقوف عندها فحتى سنوات قريبة

كانت بعض الدول تجعل من الدراسة في مجالات معينة حكرا على فئات معينة، من بينها العراق في حقبة حكم صدام حسين، الذي وجه بجعل الدراسة في كلية التربية حكرا على أعضاء حزب البعث الأمر الذي انتهى إلى تراجع المستوى التعليمي للطلبة الدراسيين في الثانويات إلى حد كبير بفعل تخريج كوادر غير مؤهلة أصلا للتدريس ولا يحملون من المؤهلات سوى الانتماء وربما الولاء للحزب.

وتنص الفقرة الثالثة على أنه (للأباء الحق في اختيار نوع تربية أولادهم). ونرى أن هذا النص يتسم بالغموض ، فما المقصود بنوع التربية وهل أن للتربية أنواعا، أم أن المقصود بذلك نوع التعليم وفي هذه الحالة هناك اختلاف بين نوع التربية ونوع التعليم، وإذا كان المقصود بنص الفقرة الثالثة نوع التعليم، فكان الأولى بهذا النص أن يحدد صلاحية الآباء في اختيار نوع التعليم لأولادهم بالمراحل التعليمية الأساسية فقط باعتبار أن الطفل في هذه المرحلة غير قادر على اختيار التعليم الأنسب، على أن يترك له اختيار نوع تعليمه في المراحل الأخرى.

وربما أدرك واضعو العهد الدولي للحقوق الاقتصادية والاجتماعية والثقافية الغموض والمآخذ المسجلة على نص الفقرة الثالثة من المادة (٢٦) من الإعلان العالمي لحقوق الإنسان، فصاغوا نص الفقرة الثالثة من المادة (١٣) من العهد على النحو التالي (تتعهد الدول الأطراف في العهد الحالي باحترام حرية الآباء والأوصياء القانونيين عندما يكون تطبيق ذلك ممكنا في اختيار ما يرونه من مدراس لأطفالهم غير تلك المؤسسة من قبل السلطات العامة مما يتماشى مع الحد الأدنى للمستويات التعليمية التي وضعتها الدولة أو التي توافق عليها وفي أن يؤمنوا لأطفالهم التعليم الديني والأخلاقي الذي يتماشى مع معتقداتهم الخاصة).

والملاحظ على نص الفقرة الثالثة من المادة (١٣) من العهد الدولي الخاص بالحقوق الاقتصادية والاجتماعية والثقافية، أنه يجعل التعليم الابتدائي مجانيا في المرحلة الابتدائية والثانوية والجامعية:

١- تقرر الدول الأطراف في العهد الحالي بحق كل فرد في التعليم على أن توجه التعليم نحو التنمية الشاملة للشخصية الإنسانية وللإحساس بكرامتها وان تزيد

من قوة الاحترام لحقوق الإنسان والحريات الأساسية كما أنها تتفق على أن يمكن تعليم جميع الأشخاص من الاشتراك بشكل فعال في مجتمع حر وأن تعزز التفاهم والتسامح والصداقة بين جميع الأمم والأجناس والجماعات العنصرية أو الدينية وأن يدعم نشاط الأمم المتحدة في حفظ السلام.

٢- تقرر الدول الأطراف في العهد الحالي رغبة منها في الوصول إلى تحقيق كلي لهذا الحق.

٣- وجوب جعل التعليم الثانوي في أشكاله المختلفة بما في ذلك التعليم الثانوي الفني والمهني متاحا وميسورا للجميع بكل الوسائل المناسبة وعلى وجه الخصوص عن طريق جعل التعليم مجانيا بالتدريج.

٤- وجوب جعل التعليم العالي كذلك ميسورا للجميع على أساس الكفاءة بكل الوسائل المناسبة وعلى وجه الخصوص عن طريق جعل التعليم مجانيا بالتدريج.

٥- وجوب تشجيع التعليم الأساسي أو تكثيفه بقدر الإمكان بالنسبة للأشخاص الذين لم يحصلوا على كامل فترة تعليمهم الابتدائي.

٦- وجوب متابعة تطوير النظام المدرسي على كافة المستويات وإنشاء نظام مناسب للمناهج التعليمية وتحسين الأحوال المادية للهيئة التعليمية بشكل مستمر.

٧- تتعهد الدول الأطراف في العهد الدولي باحترام حرية الآباء والأوصياء القانونيين عندما يكون تطبيق ذلك ممكنا في اختيار ما يرونه من مدارس لأطفالهم غير تلك المؤسسات من السلطات العامة مما يتماشى مع الحد الأدنى للمستويات التعليمية التي قد تضعها الدولة أو توافق عليها وفي أن يؤمنوا لأطفالهم التعليم الديني والأخلاقي الذي يتماشى مع معتقداتهم الخاصة.

٨- ليس في هذه المادة ما يمكن تفسيره بأنه تدخل في حرية الأفراد والهيئات في تأسيس المعاهد التعليمية وتوجيهها ضمن حدود مراعاة المبادئ المدونة في الفقرة (١) من هذه المادة ومتطلبات وجوب تمشي المادة التعليمية في مثل هذه المعاهدة مع الحد الأدنى للمستويات التي تقررها الدولة.

ومنح العهد الدولي للحقوق الاقتصادية والاجتماعية والثقافية، الدول الأطراف والتي لم تتمكن حين انضمامها للعهد من توفير التعليم المجاني والإلزامي، منحها فرصة لتبني ذلك خلال فترة معقولة، لكي لا يكون نص المادة (١٤) عائقا لانضمام الدول للعهد، فقد نصت المادة (١٤) على أنه (تتعهد كل دولة طرف في العهد الحالي والتي لم تكن في الوقت الذي أصبحت فيه طرفا فيه قادرة على تأمين التعليم الابتدائي الإلزامي داخل إقليمها أو في الأقاليم الأخرى الخاضعة لولايتها بأن تعد وتتبنى خلال عامين خطة عمل مفصلة من أجل التطبيق التدريجي لمبدأ التعليم الإلزامي المجاني للجميع وذلك خلال عدد معقول من السنين يجري تحديده في الخطة المذكورة).

وإبرازا لدور التعليم في حياة الأمة والمجتمع الدولي، فقد اعتبر إعلان طهران أن الأمية هي من بين عقبات تحقيق أهداف ومقاصد الأمم المتحدة، فقد جاء في الفقرة (١٤) من هذا الإعلان والذي اعتمدته الجلسة السابعة والعشرين للمؤتمر الدولي لحقوق الإنسان في ١٣ أبريل / أيار ١٩٦٨ على انه (أن وجود أكثر من سبعمائة مليون من الأميين في مختلف أنحاء العالم لهو عقبة عظمى في طريق جميع الجهود الرامية إلى تحقيق أهداف ومقاصد ميثاق الأمم المتحدة وأحكام الإعلان العالمي لحقوق الإنسان..).

أما منظمة اليونسكو فقد اهتمت بحق التعليم وأصدرت العديد من الاتفاقيات والتوصيات بهذا الشأن، من بينها الاتفاقية الخاصة بمكافحة العنصرية في التعليم والتوصيات الموافقة لهذه الاتفاقية لسنة ١٩٦٠

وبموجب هذه الاتفاقية تتعهد الدول الأطراف :-

أ- إلغاء أي نص أو أوامر إدارية تنطوي على التمييز في التعليم.

ب- أن تضمن سن أي قوانين إذا لزم الأمر تؤكد على عدم وجود تمييز في قبول الطلاب في معاهدة التعليم.

ج- ألا تسمح بأي اختلاف في المعاملة بين الرعايا الوطنيين من جانب السلطات العامة إلا على أساس الجدارة أو الحاجة، بالنسبة لمسائل الرسوم المدرسية وتقديم المنح الدراسية أو أي صورة من صور المساعدات التي تقدم للطلاب أو التراخيص والتسهيلات اللازمة لمتابعة الدراسة في الدول الأجنبية.

د- ألا تسمح في أي صورة من صور المعونات التي تمنحها السلطات العامة للمؤسسات التعليمية بفرض أية قيود أو أي إجراء يكون أساسه الوحيد انتماء التلاميذ إلى جماعات معينة.

هـ- أن تمنح الرعايا الأجانب المقيمين في أراضيها نفس الحقوق في التعليم الذي تمنحه لرعاياها.

ومن بين التوصيات التي أصدرها اليونسكو بشأن التعليم، التوصيات حول التعليم التقني والمهني لسنة ١٩٦٢ والمعدلة سنة ١٩٧٤، وجاء في هذه التوصية (...وجود بعد دولي ومنظور عالمي في التعليم على جميع مستوياته وبجميع أشكاله... التفهم والاحترام بجميع الشعوب وثقافاتها الأثنية المحلية وثقافات الأمم الأخرى... وإدراك الترابط العلمي المتزايد بين الشعوب والأمم... واتخاذ الخطوات اللازمة لضمان صيرورة مبادئ الإعلان العالمي لحقوق الإنسان ومبادئ الاتفاقيات الدولية للقضاء على جميع أشكال التمييز العنصري جزءا لا يتجزأ من الشخصية النامية لكل طفل أو يافع أو شاب أو راشد عن طريق تطبيق هذه المبادئ في السلوك اليومي للتعليم على كل مستوى...).

كما أصدر اليونسكو التوصية الخاصة بالتعليم المهني والتقني، والواقع أن هذه التوصية جاءت دعما للتوصيات الصادرة عن منظمة العمل الدولية بشأن التوجيهات المهنية لسنة ١٩٤٩ والتوصيات المتعلقة بالتكوين المهني لسنة ١٩٥٦.

وأصدرت (اليونسكو) التوصية المتعلقة بشروط المسلمين لسنة ١٩٦٦ والتوصية المتعلقة بالتعليم من أجل التفاهم والتعاون والسلام الدوليين والتعليم المتصل بحقوق الإنسان وحرياته الأساسية.

وعلى حد سواء مع الحقوق الأخرى، نصت اتفاقية القضاء على جميع أشكال التمييز العنصري ضد المرأة لسنة ١٩٧٩ على حق المرأة في التعليم، وعالجت هذا الحق في نصوص المواد (١٠- ١٤) منها.

فقد نصت المادة العاشرة من هذه الاتفاقية على التزام الدول الأطراف باتخاذ جميع التدابير المناسبة للقضاء على التمييز ضد المرأة لكي تضمن لها حقوقا مساوية

لحقوق الرجل في مجال التربية والتعليم وفي مجال التوجيه الوظيفي والمهني للالتحاق بالدراسات والحصول على الدرجات العلمية في المؤسسات التعليمية في شتى مراحلها وعلى اختلاف فئاتها سواء في المناطق الريفية أو الحضرية بحيث تكون هذه المساواة مكفولة في مرحلة الحضانة، وفي التعليم العام والتقني والمهني والتعليم التقني العالي وكذلك جميع أنواع التدريب المهني.

كما تلتزم الدول الأطراف باتخاذ التدابير المناسبة لتحقيق المساواة بين الجنسين في المناهج الدراسية والامتحانات ومستويات مؤهلات أعضاء هيئة التدريس وفي نوعية المرافق والمعدات الدراسية، كما تلتزم بتحقيق المساواة في الحصول على المنح والإعانات الدراسية وفي فرص الإفادة من برامج مواصلة التعليم بما في ذلك برامج تعليم الكبار ومحو الأمية الوظيفي.

كما نصت الاتفاقية على التزام الدول الأطراف بالعمل على خفض معدلات ترك الطالبات للدراسة، وتنظيم برامج للفتيات والنساء اللائي تركن المدرسة قبل الأوان.

وبموجب هذه الاتفاقية تعهدت الدول الأطراف بالقضاء على أي مفهوم نمطي عن دور الرجل ودور المرأة في كافة مراحل التعليم بجميع أشكاله، وذلك من خلال تشجيع التعليم المختلط، وغيره من أنواع التعليم التي تعين على تحقيق هذا الهدف ولا سيما عن طريق مراجعة وتنقيح المناهج والكتب المدرسية وتكييف أساليب التعليم.

أما الوثيقة الخضراء الكبرى لحقوق الإنسان في عصر الجماهير، فقد نصت المادة (١٥) منها على أنه (التعليم والمعرفة حق طبيعي لكل إنسان، فلكل إنسان الحق في اختيار التعليم الذي يناسبه والمعرفة التي تروقه دون توجيه أو إجبار). وأول ما يلاحظ على نص المادة (١٥) أنها تجعل من التعليم حق طبيعي للإنسان، وبالتالي فإن هذا الحق لا يمكن حجبه عن الراغب في التعليم بأي صورة ولأي سبب من الأسباب، هذا إضافة إلى أن هذه المادة لم تكتف بالإشارة للتعليم فقط بل أشارت للمعرفة أيضا ونرى أن هناك اختلاف أو تمييز يبرز بين التعليم والمعرفة، فالتعليم غالبا ما يتم الحصول عليه من خلال المؤسسات التعليمية الحكومية أو الخاصة ويخول كل تحصيل

علمي حامله شهادة معينة تؤهله العمل بمستوى معين، في حين أن المعرفة هي عملية انعكاس للواقع وعرضه في الفكر الإنساني المرتبط مكانيا وزمانيا من ناحية ومرتبط بالممارسة العلمية التغيرية في الأنشطة الإنتاجية والمجتمعية بكل أبعادها من ناحية أخرى، إذا أن المعرفة والتغيير العملي هما جانبان مشروطان ويتوقف كل منهما على الآخر وبشكل تبادلي لعملية تاريخية واحدة.

هذا إضافة إلى أن نص المادة (١٥) من الوثيقة الخضراء نادت بالحرية المطلقة لكل شخص في اختيار التعليم الذي يناسبه والمعرفة التي يرغب فيها دون توجيه أو إجبار ولو من الآباء أو أفراد الأسرة وفي أي مرحلة دراسية وهي ضمانة لم يوردها الإعلان العالمي لحقوق الإنسان والعهد الدولي للحقوق الاقتصادية والاجتماعية والثقافية.

والملاحظ أن مسألة الحق في التعليم كانت قد استخدمت في الآونة الأخيرة من قبل الدول الكبرى كوسيلة للضغط على الدول والشعوب من اجل إخضاعها لإرادتها وسياستها، ففي أعقاب أحداث سبتمبر ٢٠٠١ تعالت أصوات الولايات المتحدة المنادية بإدخال التعديلات على المناهج التعليمية في بلدان العالم الثالث، ولا سيما الإسلامية والعربية منها كي تساير هذه المناهج على حد زعمها التطورات العلمية التي شهدها العالم في ظل ثورة المعلومات والاتصالات وعلوم الكومبيوتر والميكروبيولوجي والهندسة الوراثية إلى جانب العلوم الحديثة في اللغة والاجتماع والانثروبولوجيا والاقتصاد.

إننا لسنا ضد فكرة تحديث المناهج في المدارس والجامعات الإسلامية والعربية كي تقف إلى جانب نظيراتها العالمية، ولكن بشرط أن تكون هذه التعديلات وفقا للحاجات الحقيقية لمدارسنا وجامعاتنا مع ملاحظة أن التعديلات التي تطالب الولايات بإدخالها على مناهجنا تنصب على تراثنا التاريخي والديني والاجتماعي ومما لاشك فيه أن جامعاتنا ليست بحاجة لمثل هذه التعديلات ولكن هي بحاجة للتحديث في الجانب العلمي والتكنولوجي، فمما لاشك فيه أن العلم طرأ عليه الكثير من التطورات في العقد الأخير من القرن العشرين ومطلع القرن الحادي والعشرين وبالتالي فإن

دعواتنا لتحديث وتطوير المناهج تنصب على هذا جانب دون الجانب الآخر (الدين - التاريخ) فمثل هذه التعديلات ضرورية وأساسية لإحداث نقلة نوعية في الممارسة العملية والعلمية في مجتمع كمجتمعنا عاش ظروف عصيبة سياسيا واقتصاديا واجتماعيا نجد أثرها اليوم في ضعف المبادرة الفردية وشعور المرء بان حريته مقيدة دون أن تكون كذلك موضوعيا وهو ما يفقد التنمية بمختلف مجالاتها الزخم المطلوب للنهوض بالعالم الإسلامي والعربي.

الفصـــل الـرابع

الحق في الـجنسية

إن أصل اصطلاح الجنسية (Nationality) أنه مشتق من كلمة Nation أي الأمة، وهي بدورها مشتقة من الكلمة اللاتينية (Nation) أي المنحدرين من جنس واحد، وعند إطلاق هذا المصطلح أول مرة كان يشير إلى الرابطة الاجتماعية بين الفرد والأمة[١].

ومع مرور الزمن أصبح يشير إلى انتماء الفرد للدولة وليس للأمة. وتعددت التعاريف المطروحة للجنسية، فمنهم من عرفها بأنها (تبعية قانونية وسياسية تحددها الدولة ويكتسب الفرد بموجبها الصفة الوطنية)[٢]. ومنهم من عرفها بأنها (رابطة سياسية يغدو الفرد بمقتضاها عضوا من العناصر المكونة على الديمومة لدولة معينة)[٣]. وعرفها آخر بأنها (رابطة سياسية تربط الفرد بدولة معينة)[٤]. كما عرفت بأنها (رابطة سياسية وقانونية بين الفرد والدولة)[٥].

وتبرز أهمية الجنسية من كونها، أساس التمتع بالحقوق الوطنية في الدولة، كالحق في الإقامة وتولي الوظائف العامة والمشاركة في الحياة السياسية والتمتع بحماية الدولة وفي مقابل هذه الامتيازات ترتب الجنسية عدة التزامات على حاملها كأداء الخدمة العسكرية والدفاع عن الوطن، والمشاركة في العمل التطوعي والتبرع للدولة وما إلى ذلك من الالتزامات الأخرى.

---

١ - د. عز الدين عبد الـلـه - القانون الدولي الخاص - دار النهضة العربية - القاهرة - ط١٠ -١٩٧٧ - ص ١٢٥.

٢- د. شمس الدين الوكيل - الموجز في الجنسية ومركز الأجانب - منشأة المعارف - الإسكندرية - ط١ - ١٩٦٤ - ص ١٢٤.

٣- Noboyt - Course de droit International prive francais - ١٩٤٧ - p. ٤٧.

٤- Battifol ET Legard - Droit International prive - ١٩٨١ - p. ٥٩.

٥ - د. محمد اللافي - الوجيز في القانون الدولي الخاص - دراسة مقارنة - منشورات مجمع الفاتح للجامعات - ١٩٨٩ - ص٨٥.

ونظرا لأهمية الجنسية وما تثيره من إشكاليات، فقد بدأ الاهتمام الدولي بها في وقت مبكر، فقد طرح معهد القانون الدولي(Institute of International law)، في اجتماعه المنعقد في اكسفورد (المملكة المتحدة) سنة ١٨٨٠ مشروع لتنازع القوانين وخصصت نصوص المواد (٢- ٥) منه لموضوع الجنسية **حيث جاء فيها :-**

١- أن يكون للولد الشرعي جنسية أبيه.

٢- أن تكون للولد الشرعي جنسية أبيه متى ثبت نسبه منه قانونا وإلا كانت له جنسية أمه أن ثبت نسبه منها قانونا إذا كان مكان بلاده مجهولا[1].

٣- أن تكون للمولود من أبوين مجهولين أو من أبوين معلومين ولكنهما مجهولا الجنسية، جنسية الدولة التي ولد أو وجد المولد على إقليمها.

وعقدت جمعية القانون الدولي الخاص، المؤسسة سنة ١٨٧٣ عدة اجتماعات ناقشت فيها موضوع الجنسية، منها اجتماع (بوينس أيرس) سنة ١٩٢٢ واجتماع لندن سنة ١٩٢٣ واجتماع استوكهولم سنة ١٩٢٤ **وانتهت اجتماعات الجمعية إلى :-**

١- وضع مشروع لتشريع موحد في الجنسية للإقلال من تعدد وانعدام الجنسية.

٢- وضع مشروع اتفاق دولي لحل تنازع القوانين في الجنسية للإقلال من مساوؤه.

ولم تكن اتفاقيات وإعلانات حقوق الإنسان بعيدة عن الاهتمام بموضوع الجنسية بل أن كافة إعلانات حقوق الإنسان أشارت للحق في الجنسية ووضعت عدة ضمانات من شأنها الحد من المساس بهذا الحق، وإن تباينت في درجة هذه الضمانات، **فالإعلان العالمي لحقوق الإنسان أشار في المادة (١٥) منه إلى أنه:**

١- لكل فرد الحق في التمتع بجنسية ما.

٢- لا يجوز تعسفا حرمان أي فرد من جنسيته ولا من حقه في تغيير الجنسية).

أما العهد الدولي للحقوق المدنية والسياسية فقد نص في الفقرة الثالثة من المادة (٢٤) منه على أنه (لكل طفل الحق في اكتساب الجنسية). ونصت المادة (٧) من اتفاقية الطفل لسنة ١٩٨٩ على أنه (١- يسجل الطفل بعد ولادته فورا ويكون له الحق منذ ولادته في أسم والحق في اكتساب الجنسية...).

---

١ - د. محمد اللافي - نفس المرجع - ص ٨٥- ٨٦.

وما يلاحظ على نصوص الإعلانات والاتفاقيات آنفة الذكر أنها وبالرغم من اهتمامها بالحق في اكتساب الجنسية، إلا أنها لا توفر الحماية الكافية لهذا الحق فالإعلان العالمي لحقوق الإنسان يشير إلى عدم جواز حرمان أي شخص من جنسيته تعسفا، وهذا يعني بمفهوم المخالفة جواز الحرمان من الجنسية إذا كان هناك ما يبرره أو إذا لم يكن الحرمان لسبب تعسفي وبالتالي نرى أن هذا النص يفسح المجال واسعا للحكومات لحرمان رعاياها من جنسيتهم لأي مبرر تراه، إذ أن مصطلح التعسف مصطلح واسع غير محدد ليس له ضابط معين يمكن الاستناد إليه لمعرفة تحققه من عدمه.

أما العهد الدولي للحقوق المدنية والسياسية فأشار تحديدا لحق الطفل في الجنسية، وأمام هذا التحديد لنا أن نتساءل أليس لعديمي الجنسية من غير الأطفال الحق في اكتساب الجنسية؟ وهل أن الحق في الجنسية مقصورا على فئات عمرية معينة ؟.

وألزمت اتفاقية القضاء على كافة أشكال التمييز ضد المرأة لسنة ١٩٧٩ كل الدول الأطراف، أن تعطي المرأة نفس الحقوق التي يتمتع بها الرجل فيما يتعلق باكتساب الجنسية أو تغييرها أو الاحتفاظ بها وأن تضمن بوجه خاص ألا يترتب على الزواج من أجنبي أو على تغيير الزوج لجنسيته أثناء الزواج، أن تتغير تلقائيا جنسية الزوجة أو أن تصبح بلا جنسية أو أن تفرض عليها جنسية الزوج.

كما ألزمت الفقرة الأولى من المادة (٩) من الاتفاقية كل الدول الأطراف بإعطاء المرأة حقا مساويا لحق الرجل فيما يتعلق بجنسية أطفالهما.

وبذلك تكون الاتفاقية قد عالجت الوضع الذي كانت تعاني منه المرأة بسبب توقف اكتسابها للجنسية أو تغييرها أو فقدانها على العلاقة الزوجية والتبعية لجنسية الزوج دون الاعتداد برغباتها هي، ومن ثم فإن المرأة في ظل هذا الواقع ربما تكون غير قادرة على إبرام العقود أو رفع الدعوى أو الإدعاء على الغير دون موافقة زوجها أو السلطة القضائية، فالزوجة يمكن أن تكون خاضعة لقرار الزوج المتعلق بالمسكن أو الإقامة دون النظر إلى رغباتها ويمكن أن يؤثر اختيار الزوج على ممارستها لحقوقها القانونية الهامة التي تتحدد بسكن أو إقامة الزوج[١].

---

١ - م (٩ / ٢) من اتفاقية القضاء على كافة أشكال التمييز ضد المرأة لسنة ١٩٧٩.

وعالجت الوثيقة الخضراء لحقوق الإنسان وعلى حد سواء مع باقي إعلانات واتفاقيات حقوق الإنسان، الحق في الجنسية في المبدأ الرابع منها إلا أن ما يميز هذا الحق في الوثيقة الخضراء عنه في الإعلانات العالمية الأخرى، أنه أحاط هذا الحق بضمانات كبيرة من شأنها حمايته من الاعتداء، فقد نص هذا المبدأ على أن (المواطنة في المجتمع الجماهيري حق مقدس لا يجوز إسقاطها أو سحبها). وأول ما يسجل لهذا النص أنه يشير إلى عدم جواز سحب الجنسية أو إسقاطها تحت أي ظرف ولأي سبب كان، وهذه الضمانة لم تنص عليها أي من إعلانات حقوق الإنسان الأخرى وهي سابقة تسجل للوثيقة الخضراء هذا من ناحية، ومن ناحية أخرى أن المبدأ الرابع من الوثيقة الخضراء أشار إلى عدم جواز السحب أو الإسقاط وهو ينصرف إلى حاملي الجنسية الأصلية والمكتسبة بالتجنس، وهذه الإشارة بالإضافة إلى كونها ضمانة لحاملي الجنسية بالاكتساب ، هي دليل على النظرة الواحدة لجميع مواطني الجماهيرية الليبية وهي سابقة أخرى لم تسبق الوثيقة الخضراء إليها أي من الإعلانات العالمية الأخرى.

وبخلاف ما أكدت عليه إعلانات واتفاقيات حقوق الإنسان من ضرورة تمتع كل شخص بجنسية دولة معينة، تشددت العديد من الدول في منح الجنسية لطالبيها. واللافت للنظر أن هذا التشدد جاء من قبل الدول التي كثيرا ما نادت بضرورة تبني حقوق الإنسان ورعايتها واتخذت منها حجة لمهاجمة الدول وفرض العقوبات عليها، ومن بين هذه الدول، الولايات المتحدة الأمريكية وفرنسا.

ففي أعقاب أحداث سبتمبر ٢٠٠١ تشددت كلا الدولتين في منح الجنسية لطالبيها من الناحية القانونية والإجرائية، فقد رفع قانون الجنسية في الدولتين المذكورتين مدة للإقامة اللازمة لمنح الجنسية للأجنبي من خمس سنوات إلى عشر سنوات، ناهيك عن تعقيد الإجراءات الواجب اتباعها لتقديم طلبات الحصول على الجنسية وإجراءات منحها من قبل الجهات المختصة. فكثيرا ما رفضت السلطات المختصة في كلا الدولتين طلبات الحصول على الجنسية لا لشيء إلا لان مقدمي هذه الطلبات من المسلمين أو من العرب بحجة أن منح الجنسية لأي من هؤلاء أمر قد يشكل تهديدا لأمن الدولة واستقرارها بعد أن اتهمت الولايات المتحدة ومن سار في ركبها العرب والمسلمين بالإرهاب في حين أن مصدر الإرهاب في العالم يجد أساسه في احتلال الدول وإذلال الشعوب وسلب ثرواتها، فلم يكن العرب والمسلمون في يوم من الأيام طلاب حرب أو دعاة إرهاب.

الفصل الخامس

الحق في الحياة

يعد هذا الحق أغلى الحقوق التي يملكها الإنسان، فالحياة منحة إلهية أعطيت للإنسان ليقوم برسالته على الأرض ويؤدي دوره في الحياة إيمانا وعملا.

وحدد الإسلام مهمة الإنسان في الحياة ورسالته فيها باستخلافه في الأرض وقيامه بتوحيد خالقه وعبادته وحده، فقد ورد في القرآن الكريم: ﴿ولقد كرمنا بني آدم وحملناهم في البر والبحر ورزقناهم من الطيبات وفضلناهم على كثير ممن خلقنا تفضيلا﴾ (الاسراء:٧٠). وقوله تعالى: ﴿الـلـه الذي سخر لكم البحر لتجري الفلك فيه بأمره ولتبتغوا من فضله ولعلكم تشكرون۞وسخر لكم ما في السماوات وما في الأرض جميعا منه إن في ذلك لآيات لقوم يتفكرون﴾ (الجاثية:الآية ١٢-١٣). وقوله تعالى: ﴿وما خلقت الجن والأنس إلا ليعبدون۞ما أريد منهم من رزق وما أريد أن يطعمون۞إن الـلـه هو الرزاق ذو القوة المتين﴾ (الذريات:الآية ٥٦-٥٨).

وقدست الشريعة الإسلامية الغراء، حق الإنسان في الحياة بعد أن كان هذا الحق منتهكا في العصور السابقة لها، حيث لم تكن حياة الإنسان تمثل قيمة عليا آنذاك.

ففي عصر ما قبل الإسلام كان للأب حق قتل ولده إذا كان عاجزا عن إعالته، وله مثل هذا الحق على ابنته إذا خاف شذوذها وخروجها عن الطريق القويم. وأنكرت الشريعة الإسلامية كل هذه المظاهر وحرمت كل ألوان الاعتداء على حق الحياة بكل صوره، فحرمت قتل الأولاد الصغار ووأد البنات وأنكرت عليهم الوحشية الظالمة، فقد ورد في قوله تعالى: ﴿وإذا بشر أحدهم بالأنثى ظل وجهه مسودا وهو كظيم۞يتوارى من القوم من سوء ما بشر به أيمسكه على هون أم يدسه في التراب ألا ساء ما يحكمون﴾ (النحل: الآية ٥٨-٥٩). وقوله تعالى: ﴿وإذا الموؤودة سئلت۞بأي ذنب قتلت﴾ (التكوير: الآية ٨-٩).

وقوله تعالى: ﴿ولا تقتلوا أولادكم خشية إملاق نحن نرزقهم وإياكم إن قتلهم كان خطئا كبيرا﴾ (الاسراء:٣١).

والشريعة الإسلامية حينما حرمت الاعتداء على حق الحياة وحرمته بصورة مطلقة ولو كان على النفس، فقد ورد في قوله تعالى: ﴿ولا تقتلوا أنفسكم إن الله كان بكم رحيما﴾ (النساء: من الآية٢٩). بل أنها لم تكتف بهذا التحريم ولكن عاقبت عليه في الآخرة ومن جنس الذنب والجريمة في الدنيا، فإن قتل نفسه بسم أو حديد أو تردى من جبل فقتل نفسه فهو في النار، فقد ورد في الحديث الشريف (من تردى من جبل فقتل نفسه فهو في نار جهنم يتردى فيها خالدا مخلدا فيها أبدا، ومن تحسى سما فقتل نفسه فسمه في يده يتحساه في نار جهنم خالدا مخلدا فيها أبدا ومن قتل نفسه بحديدة فحديدته في يده يتوجأ بها في نار جهنم خالدا مخلدا فيها أبدا!).

وتعبيرا عن هول الاعتداء على حق الحياة دون وجه حق فقد قرن القرآن الكريم هذه الجريمة بالشرك بالله، فقد ورد في قوله تعالى: ﴿والذين لا يدعون مع الله إلها آخر ولا يقتلون النفس التي حرم الله إلا بالحق﴾ (الفرقان: من الآية٦٨). فهذه الجريمة من أكبر الكبائر واخطر الجرائم وأشدها على الأفراد والجماعة، إنها جريمة إذا تفشت في مجتمع أو بيئة نشرت الرعب والفزع، وقضت على الأمن والاستقرار وأشاعت الفوضى والبغضاء وقضت على الروابط الإنسانية ، من هنا قرن القرآن الكريم قتل النفس بغير حق بقتل الناس جميعا ﴿من قتل نفسا بغير نفس أو فساد في الأرض فكأنما قتل الناس جميعا﴾ (المائدة: من الآية٣٢). وتوعد القرآن الكريم مرتكب هذه الجريمة بأشد العذاب ﴿ومن يقتل مؤمنا متعمدا فجزاؤه جهنم خالدا فيها وغضب الله عليه ولعنه وأعد له عذابا عظيما﴾ (النساء:٩٣).

ولما كان القتل عدوانا على النفس بغير حق هو إهدار لحق الحياة فقد شرع القصاص ليكف الجاني وتسلم الحياة من العدوان، فقد ورد في قوله تعالى: ﴿ولكم في القصاص حياة يا أولي الألباب لعلكم تتقون﴾ (البقرة:١٧٩).

وتحدث القرآن الكريم عن أول جريمة قتل على ظهر الكرة الأرضية ليكشف عن طبيعة العدوان الكامنة في النفوس الشريرة، فمن اجل هذه النماذج الشريرة والعدوان على الأبرياء كان قتل النفس الواحدة، حيث لا يكون قصاص ولا دفاع عنها يمثل قتل جميع الناس لأنها واحدة من نفوس البشر جميعا تشترك هي وغيرها في حق الحياة وكان إبقاؤها حية للدفاع عن حقها في الحياة أو بالقصاص إذا اعتدى عليها يمثل إحياء النفوس جميعا ففي صيانة حياتها صيانة لحق الحياة الذي يشترك فيه الناس جميعا، فقد وورد في قوله تعالى:

﴿من أجل ذلك كتبنا على بني إسرائيل أنه من قتل نفسا بغير نفس أو فساد في الأرض فكأنما قتل الناس جميعا﴾ (المائدة:٣٢).

ودفع احترام الحق في الحياة بعض الفقهاء إلى القول بأنه لا يجوز للدولة أن تقرر عقوبة القتل عن غير جرائم الحدود والقصاص المنصوص على عقوبة القتل فيها (القتل - الزنا - الحرابة - الردة - البغي) حتى لو كانت جريمة الخيانة[١].

ولم يبدأ الاهتمام بالحق في الحياة على الصعيد الدولي إلا بعد أن اتخذت جريمة العدوان على هذا الحق، الصفة الجماعية (جريمة إبادة الجنس البشري) فبموجب المادة (٢٣٠) من معاهدة سيفر (Sevres)[٢]. تعهدت الحكومة العثمانية أن تسلم لسلطات الدول الحليفة الأشخاص الذين تطلبهم منها لارتكابهم مذابح في أراضي الإمبراطورية العثمانية.

واتخذت أول خطوة باتجاه تقنين هذه الجريمة أثناء الانعقاد الأول للجمعية العامة للأمم المتحدة سنة ١٩٤٦ عندما تقدمت وفود كل من كوبا وبنما والهند باقتراح إلى الجمعية العامة يرمي إلى توجيه نظر المجلس الاقتصادي والاجتماعي إلى موضوع إبادة الجنس البشري ودعوة هذا المجلس إلى دراسة هذا الموضوع دراسة علمية مستفيضة وتقديم تقرير عما كان بالإمكان اعتبار جريمة إبادة الجنس البشري جريمة دولية.

---

١ - انظر أبي يوسف - الخراج - ص ١٩٠.

٢ - عقد هذه المعاهدة بين دول الحلفاء والدولة العثمانية سنة ١٩٢٠.

وفي أعقاب الحرب العالمية الثانية وما خلفته من ويلات ابتداء من محارق هتلر وانتهاء بإلقاء القنبلة الذرية على (هورشيما ونكازاكي) ، تزايد الاهتمام الدولي بالحق في الحياة وبدأ هذا الاهتمام واضحا من خلال الإشارة لهذا الحق في ديباجة الإعلان العالمي لحقوق الإنسان (نحن شعوب الأمم المتحدة وقد آلينا على أنفسنا أن ننقذ الأجيال المقبلة من ويلات الحرب التي في خلال جيل واحد جلبت على الإنسانية مرتين أحزانا يعجز الوصف عنها... وفي سبيل هذه الغايات اعتزمنا أن نأخذ على أنفسنا بالتسامح وان نعيش معا في سلام وحسن جوار...).

أما المادة الثالثة من هذا الإعلان فقد نصت على أنه (لكل فرد الحق في الحياة والحرية وسلامة شخصه). ونصت الفقرة الأولى من المادة السادسة من العهد الدولي للحقوق المدنية والسياسية على أن (كل كائن بشري يتمتع بحق الحياة المتأصل فيه، وهذا الحق يحميه القانون ولا يحرم أحد من هذا الحق بطريقة تعسفية).

والملاحظ على ما ورد في الإعلان العالمي لحقوق الإنسان بشان الحق في الحياة انه جاء مقتضبا في إشارته له كما لم يشر للضمانات التي من شأنها حمايته من الاعتداء.

أما العهد الدولي للحقوق المدنية والسياسية، فقد أورد مبدأ عام أشار فيه إلى حق الإنسان في الحياة، لكنه أورد في نهاية الفقرة الأولى من المادة السادسة تعبيرا من شأنه المساس بهذا الحق (... ولا يحرم أحد من هذا الحق بطريقة تعسفية). وتعبير التعسف كما أشرنا سابقا تعبيرا عاما واسعا غير محدد، يمكن من خلاله النفاذ في كل مرة ينتهك فيها حق الإنسان في الحياة.

وتطبيقا لما ورد في الإعلان العالمي لحقوق الإنسان فقد أقرت الجمعية العامة للأمم المتحدة في ٧ ديسمبر / كانون الأول ١٩٤٨ اتفاقية منع جريمة إبادة الجنس البشري والمعاقبة عليها، وعرفت المادة الثانية من هذه الاتفاقية جريمة الإبادة بأنها (يقصد بإبادة الجنس البشري في هذه الاتفاقية أي فعل من الأفعال التالية يرتكب بقصد القضاء كلا أو بعضا على جماعة بشرية بالنظر إلى صفتها الوطنية أو القومية أو العرقية أو العنصرية أو الدينية وذلك :-

أ-   قتل أفراد الجماعة.

ب-   الاعتداء الجسيم على أفراد هذه الجماعة بدنيا أو نفسيا

ج- إخضاع الجماعة عمدا إلى أحوال معيشية يقصد بها إهلاكها الفعلي كليا أو جزئيا.

د - فرض تدابير يقصد بها إعاقة التناسل (منع التوالد) داخل هذه الجماعة.

هـ - نقل الأطفال قسرا من جماعة إلى جماعة أخرى.

وورد عين هذا التعريف في المادة الرابعة من النظام الأساسي للمحكمة الجنائية الدولية ليوغوسلافيا السابقة وكذلك في المادة الثالثة من النظام الأساسي للمحكمة الجنائية الدولية لرواندا، والمادة السادسة من النظام الأساسي للمحكمة الجنائية الدولية بموجب أحكام نظام روما.

وفي سنة ١٩٥٤ طرح مشروع لتقنين الجرائم المخلة بسلم الإنسانية وأمنها. وجاء في المادة العاشرة من هذا المشروع، انه تشكل الأفعال التالية جرائم ضد السلم وأمن الإنسانية (قيام سلطة الدولة أو أفرادها بارتكاب أفعال بقصد التدمير الكلي أو الجزئي لجماعة بسبب صفتها القومية أو الوطنية أو العنصرية أو الدينية ويدخل في ذلك :-

أ-   قتل أعضاء هذه الجماعة.

ب-   الاعتداء الجسيم على السلامة البدنية أو النفسية لأفراد الجماعة.

ج- إخضاع أفراد الجماعة عمدا لظروف معيشية من شأنها أن تقود إلى تدميرها ماديا كلا أو بعضا.

د- اتخاذ إجراءات تهدف إلى إعاقة الولادات داخل الجماعة.

هـ - النقل القسري لأطفال الجماعة إلى جماعة أخرى.

وبالرغم من دخول اتفاقية منع جريمة إبادة الجنس البشري والمعاقبة عليها، حيز التنفيذ منذ أكثر من خمسين عاما، إلا أن هذه الاتفاقية لم تحد من جريمة الإبادة الجماعية في العالم، بل على العكس أن هذه الجريمة آخذت بالتزايد بشكل مضطرد ودون أن يستطيع القضاء الجنائي الدولي ملاحقة ومعاقبة مرتكبي هذه الفضائع في أغلب الأحيان.

من ذلك إقدام وزير الدفاع الإسرائيلي آنذاك (أرئيل شارون) في ١٦ سبتمبر/ أيلول ١٩٨٢ وبعض كبار معاونيه بالاتفاق مع مليشيات الكتائب اللبنانية المارونية بتصفية ما لا يقل عن (٣٥٠٠) فلسطيني ولبناني في مخيمي صبرا وشتيلا[١].

وقد أصدرت الجمعية العامة للأمم المتحدة قرارها رقم (١٥٢) لسنة ١٩٨٢ الذي وصفت فيه الأعمال التي قام بها الجيش اللبناني والكتائب اللبنانية المارونية بأنه يشكل جريمة إبادة للجنس البشري.

واللافت للنظر أن الولايات المتحدة وبريطانيا كانت قد اعترضت على هذا القرار باعتباره يشكل إساءة لاستخدام مصطلح إبادة الجنس البشري[٢].

وأثر ذلك سارعت إسرائيل إلى تشكيل لجنة للتحقيق برئاسة القاضي (إسحاق كيهان) رئيس المحكمة العليا الإسرائيلية آنذاك وأصبحت هذه اللجنة تعرف فيما بعد بلجنة "كاهانا" للتحري في ظروف ارتكاب هذه الأعمال والأشخاص المسؤولين عنها وانتهت اللجنة في تقريرها الذي أصدرته سنة ١٩٨٣ إلى أن المسؤولية المباشرة عن هذه المجازر تقع على (إيلي حبيقة) رئيس مخابرات الكتائب آنذاك كما أكد التقرير على مسؤولية وزير الدفاع الإسرائيلي آنذاك (أرئيل شارون) ولكن بصورة غير مباشرة.

وتكررت مثل هذه المجازر سنة ١٩٩٦ حينما قامت إسرائيل بقصف ملجأ (قانا) واجتياح مخيم (جنين) سنة ٢٠٠٢ وحينما اتخذ الأمين العام للأمم المتحدة (كوفي عنان) قرارا بتشكيل لجنة للتحقيق في الفضائع المرتكبة في جنين، وجه هذا القرار بمعارضة شديدة من قبل الولايات المتحدة الأمر الذي دعا الأمين العام إلى استبدال هذه اللجنة بلجنة أخرى لتقصي الحقائق، وحتى هذه اللجنة لم تتمكن من مباشرة مهامها بتأثير الولايات المتحدة والعراقيل والشروط التي وضعتها إسرائيل لاستقبال هذه اللجنة.

---

١ - انظر أمير سالم - لمن يهمه الأمر... من يحاكم القتلة من مجرمي الحرب الإسرائيليين - مركز الدراسات والمعلومات القانونية لحقوق الإنسان - القاهرة - ط١- ١٩٩٥.

٢ - شارون وميلوسيفيتش - وجهان لعملة واحدة - مقال منشور في جريدة الأهرام - ٣٠ يوليو / حزيران ٢٠٠١. ص ٢

والجدير بالذكر أن ليس للنتائج التي تنتهي إليها لجنة تقصي الحقائق أي آثار قانونية تذكر وإنما ينصب جل عملها على الكشف عن بعض الحقائق والفضائح المرتكبة، في حين أن النتائج التي تنتهي إليها لجان التحقيق قد تنتهي إلى إدانة الدولة أو إحالة مسئوليها إلى المحاكم الجنائية الدولية.

ومما لا يخفى على الناشطين في مجال حقوق الإنسان والمهتمين بهذه الشؤون أن الولايات المتحدة كانت قد اتخذت موقفا مساندا للكيان الصهيوني منذ تأسيس هذا الكيان، وعلى كافة الأصعدة ولا سيما في المحافل الدولية، فمنذ تأسيس الأمم المتحدة حتى الآن استخدمت الولايات المتحدة (٢٥) مرة حق الفيتو في مواجهة القرارات التي تدين إسرائيل، (٧) مرات منها خلال الولاية الأولى للرئيس الأمريكي (جورج بوش الابن) (٢٠٠٠- ٢٠٠٤).

وفي يوغوسلافيا السابقة أرتكب الصرب أبشع الفظائع في مواجهة المسلمين وبالرغم من تشكيل محكمة خاصة لمحاكمة المسؤولين عن هذه الفضائع ومثول ومحاكمة البعض منهم، إلا أن الكثير من المسؤولين عنها ما زالوا أحرارا طلقاء ينعمون بالحرية ويتنقلون من دولة لأخرى بحرية.

ففي مدينة (فيسكرارد) البوسنية، قتل الصرب ومثلوا بأكثر من (٤٠٠) مسلم[١]. وتعرضت قرية (كوزارك) المسلمة لنفس المصير، حيث قتل فيها (٥٠٠٠) مسلم ومثل بهم بعد قتلهم من قبل الجنود الصرب.

أما مدينة (مودريج) فقد قتل فيها اكثر من (٦٠٠) مسلم ما بين امرأة وطفل وقد وجد عدد كبير من جثث النساء والفتيات وقد ألقي بهن من سطوح البنايات وهن عاريات تماما، كما عثر على جثث الأطفال وقد وضعت في خلاطات الأسمنت[٢].

١ - د. حسام الشيخة - المسؤولية والعقاب عن جرائم الحرب -مع دراسة تطبيقية على جرائم الحرب في البوسنة والهرسك - جامعة القاهرة - كلية الحقوق - ٢٠٠١ - ص ٣٢١.

٢ - نفس المرجع - ص ٣٢٠ - ٣٢١.

ومثل هذه الفضائع ارتكبت في رواندا ففي غضون أسابيع قليلة قتل ما لا يقل عن (٨٠٠,٠٠٠) شخص جلهم من التوتسي على يد جماعة الهوتو المتطرفين لأسباب عرقية محضة.

وأمام هذه الفضائع لنا أن نتساءل عن دور منظمات حقوق الإنسان والأمم المتحدة والدول الكبرى الراعية لحقوق الإنسان كما تدعي هي في الحد من هذه الفضائع؟ واللافت للنظر أن أشد الفضائع المرتكبة في مواجهة الحق في الحياة وقعت في ظل الأمم المتحدة التي كان من أبرز أهدافها المحافظة على السلم والأمن الدوليين، ولنا أن نتسائل ألا تشكل مثل هذه الفضائع تهديدا للأمن والسلم الدوليين؟ لا سيما وأن هذه المنازعات الداخلية كثيرا ما تجر لمنازعات دولية. إذ غالبا ما يجد أطراف النزاع الداخلي أطراف دولية تقدم لهم العون والدعم في صراعهم هذا عسكريا واقتصاديا سعيا وراء تحقيق أهداف معينة تسعى إليها تلك الأطراف كالعمل على إضعاف أطراف النزاع كسبيل للسيطرة على الدولة أو نكاية بدولة أخرى تقدم الدعم للطرف الأخر في النزاع.

وعلى حد سواء مع الإعلان العالمي لحقوق الإنسان والعهد الدولي للحقوق المدنية والسياسية، نظمت الوثيقة الخضراء، الحق في الحياة في المبدأ الثامن منها، إذ نص هذا المبدأ على أنه (أبناء المجتمع الجماهيري يقدسون حياة الإنسان ويحافظون عليها وغاية المجتمع الجماهيري إلغاء عقوبة الإعدام وحتى يتحقق ذلك يكون الإعدام فقط لمن تشكل حياته خطرا أو فسادا على المجتمع وللمحكوم عليه قصاصا بالموت طلب التخفيف أو الفدية مقابل الحفاظ على حياته، ويجوز للمحكمة استبدال العقوبة إذا لم يكن ذلك ضارا بالمجتمع أو منافيا للشعور الإنساني ويدينون الإعدام بوسائل بشعة كالكرسي الكهربائي والحقن والغازات السامة).

والجدير بالذكر أن عدد دول العالم التي ألغت قوانينها عقوبة الإعدام (١٠٢) دولة من بين (١٩١) دولة هي مجموع دول العالم، ومن بين هذه الدول الولايات المتحدة إلا أنها أعادت العمل بهذه العقوبة منذ عام ١٩٧٦ ولم تكتف بذلك بل استخدمت الكرسي الكهربائي لتنفيذ عقوبة الإعدام التي تعد من أبشع وسائل تنفيذ هذه العقوبة.

الفصـل الســادس

حرية العقيدة

لا بد من التمييز ابتداء بين حرية العقيدة وحرية العبادة، فحرية العقيدة تعني أن يكون للإنسان الحق في اختيار ما يؤدي إليه اجتهاده في الدين، فلا يكون لغيره الحق في إكراهه على عقيدة معينة أو على تغيير ما يعتقده بوسيلة من وسائل الإكراه.

أما حرية العبادة فتعني حق الفرد في ممارسة شعائر دينه طبقا لعقيدته علنا وجهارا، وحريته في ألا يتعبد أو لا يمارس أي نشاط ديني. ولا تثير حرية العقيدة أي صعوبة بخلاف حرية العبادة نظرا لعلانيتها وهي ما تكون محلا للتنظيم.

وقبل نزول القرآن الكريم لم تكن حرية العقيدة، من الحريات المعترف بها سواء على الصعيد الديني أو التشريعي، فلم تعترف أي من الديانات أو الشرائع السماوية السابقة للإسلام بحرية العقيدة.

فالكنيسة الكاثوليكية كانت تفرق بين نوعين من أتباعها، فهي تعطي القساوسة الحق في الاطلاع على أدلة خصومهم كي يرد عليها ولهذا الغرض أجازت لهم قراءة الخارجين على الدين.

أما غير القساوسة فقد حرم عليهم الاطلاع على شيء من ذلك إلا بإذن خاص، فهي تخول الخاصة من أسباب التهذيب العقلي ما لا تخول العامة، وإن كانت تحرم على الفريقين التمتع بالحرية الفكرية[1].

جاء الإسلام لينبذ كل ما لا يقبله العقل، فد جاء في قوله تعالى: ﴿قل هذه سبيلي أدعو إلى اللـه على بصيرة أنا ومن اتبعني ﴾ (يوسف: من الآية١٠٨).

---

١ - جون ستيورات ميل - حول الحرية من سلسلة (اخترنا لك) - العدد ٦٤ - ص ٧٣- ٧٤.

حتى أن النبي في إعلانه لوحدانية اللـه لم يقصر الأمر على المعجزات والخوارق بل دعا الناس إلى إعمال الفكر وإنفاذ البصيرة وبعد ذلك من شاء فليؤمن ومن شاء فليكفر.

ويعيب القرآن الكريم على قوم كانت عقائدهم تقليدا لغيرهم دون وعي أو تفكير، فقد جاء في قوله تعالى: ﴿وإذا قيل لهم اتبعوا ما أنزل اللـه قالوا بل نتبع ما ألفينا عليه آباءنا أولو كان آباؤهم لا يعقلون شيئا ولا يهتدون﴾ (البقرة:١٧٠).

وبعد ذلك البيان إلى ضرورة التفكير والتبصر لاختيار العقيدة التي يقتنع بها الإنسان، أنكر الإسلام الإكراه في العقيدة بكل صوره، فقد ورد في القرآن الكريم: ﴿لا إكراه في الدين قد تبين الرشد من الغي﴾ (البقرة: من الآية٢٥٦). وقوله تعالى: ﴿قل يا أيها الكافرون ۞ لا أعبد ما تعبدون ۞ ولا أنتم عابدون ما أعبد ۞ ولا أنا عابد ما عبدتم ۞ ولا أنتم عابدون ما أعبد ۞ لكم دينكم ولي دين) (الكافرون:الآية ١-٦). وقوله تعالى: ﴿وقل الحق من ربكم فمن شاء فليؤمن ومن شاء فليكفر﴾ (الكهف:٢٩). وقد ذهب بعض أئمة التفسير إلى أن سبب نزول قوله تعالى: لا إكراه في الدين ﴾. أنه كان لدى بني النضير من يهود المدينة أولاد من أبناء الصحابة ربوهم وهودوهم، فلما رأى النبي (صلى اللـه عليه وعلى أله وسلم) بإجلاء بني النضير لتوالي إيذاءهم للمسلمين، أراد المسلمون أن يأخذوا أبنائهم ويكرهوهم على الإسلام، فنزلت الآية الكريمة (لا إكراه في الدين) فقال النبي (قد خير اللـه أصحابكم فإن اختاروهم فهم منهم وإن أختاركم فهم منكم).

وبذلك تكون الشريعة الإسلامية قد اتخذت أسلوبا علميا لحماية حرية العقيدة ويقوم هذا الأسلوب على أساسين :-

- **الأساس الأول** : إلزام الناس باحترام حق الغير في اعتقاد ما يشاء فليس لأحد أن يكره غيره على اعتناق عقيدة ما أو تركه أخرى.

- **الأساس الثاني**:إلزام صاحب العقيدة نفسه أن يعمل على حرية عقيدته.

واستطاعت الشريعة الإسلامية بهذا الأسلوب حل مشكلة حرية العقيدة حلا جذريا يتلاءم والحرية الشخصية وما كان الـلـه عز وجل شأنه أن يأمر الناس بالإيمان به وعبادته مكرهين ﴿ولو شاء ربك لآمن من في الأرض كلهم جميعا أفأنت تكره الناس حتى يكونوا مؤمنين﴾ (يونس:٩٩). فالعبادة الحقة والتكليف المعقول لا يتلاءمان والإكراه الذي يجعل من الإنسان الحر المفكر المدعو في القرآن الكريم إلى الإيمان بعد التفكير السديد، قطعة من حجر.

فكل عقيدة لا تصطدم بالحق والخير، من حيث كونها تنبثق في أصلها وأساسها من الإيمان بوجود الـلـه الخالق، بقطع النظر عن ملابسات التفكير الجانبية الخاطئة التي طرأ عليها، هي في نظر الإسلام عقيدة يصان أهلها عن كل إكراه وإنما اكتفى الإسلام بعرض وجهة نظره في الوحدانية الحقة المبرأة من كل شائبة عرضا عقليا جدليا مهذبا.

وعلى هذا الأساس من عدم الإكراه وإطلاق حرية العقيدة والعبادة عومل أهل الكتاب جميعا، بل إن الإسلام حرص على كفالة الأمن والسلام لهم، فقد ورد في محكم كتابه ﴿لا ينهاكم الـلـه عن الذين لم يقاتلوكم في الدين ولم يخرجوكم من دياركم أن تبروهم وتقسطوا إليهم إن الـلـه يحب المقسطين﴾ (الممتحنة:٨). من هنا عاش الذميون في الدولة الإسلامية لا يتعرض لعقيدتهم أحد ولا يكرهون على ترك دينهم تطبيقا لقوله تعالى: ﴿لكم دينكم ولي دين﴾ (الكافرون:٦). وقول النبي الكريم (اتركوهم وما يدينون لهم ما لنا وعليهم ما علينا)[1].

وأعطى الرسول (صلى الـلـه عليه وعلى أله وسلم) عهدا لأهل نجران في اليمن (بأنها وحاشيتها في جوار الـلـه وذمة رسوله على أموالهم وأنفسهم وأرضهم وملتهم. لا يغير أسقف من أسقفيته ولا راهب من رهبانيته ولا كاهن عن كهانته ومن سأل حقا فهم بينهم النصف غير ظالمين ولا مظلومين).

---

١ - الكاساني - بدائع الصنائع في ترتيب الشرائع - ج١- المطبعة الجمالية - القاهرة - ١٣٢٨ هـ - ص ١٠٠.

كما جاء في عهده لليهود حين قدم إلى المدينة (وان يهود بني عوف أمة مع المؤمنين لليهود دينهم وللمسلمين دينهم ومواليهم وأنفسهم إلا من ظلم أو إثم فإنه لا يرتفع " لا يهلك " إلا نفسه وأهل بيته)[1].

وخاطب عمر بن الخطاب أهل إيليا (بيت المقدس) (هذا ما أعطى عبد الله بن عمر أهل إيليا من الإيمان : أعطاهم أمانا على أنفسهم وأموالهم وكنائسهم وصلبانهم، سقيمها وبريئها وسائر ملتها، أنه لا تسكن كنائسهم ولا تهدم ولا ينتقص منها ولا من حيزها ولا يكرهون على دينهم ولا يضار أحد منهم).

أما مشركو الجزيرة العربية فلهم حكم خاص يدخل في باب سياسة الدولة لوجودهم في الأرض التي أنبثق عنها الدين اكثر مما يدخل في باب الإيمان والإلحاد كما لو رأت دولة من الدول انه لا يسكن عاصمتها رعايا دولة معادية لها حفاظا على أمن الدولة.

أما الإلحاد المطلق بوجود الله فتختلف نظرة الإسلام إليه ويختلف حكمه فيه، بين إلحاد يبقى في حدود التفكير العقلي والنقاش الجدلي الذي يراد منه البحث عن الحق من طريق العقل، وبين إلحاد يعتمد صاحبه بسوء نية نشر الإلحاد والتبشير به بالخطابة والكتابة والنشر[2].

فإذا اقتصر الأمر على كونه تفكيرا بريئا من سوء النية ونقاشا علميا محضا فإن حرية الإنسان عند هذا القدر لا تكون محددة بأي قيد لأن الله عز وجل امرنا بالتفكير والإيمان بعد اقتناع.

وعلى الصعيد الدولي جاء النص على حرية العقيدة في وقت مبكر نسبيا، فقد نص عليه إعلان حقوق الإنسان والمواطن الفرنسي في المادة العاشرة منه (لا يجوز إزعاج أي شخص بسبب آرائهم وهي تشمل معتقداته الدينية بشرط ألا تكون المجاهرة

---

١ - ابن هشام - السيرة النبوية - مطبعة الحلبي - القاهرة - ط٢- - ١٣٧٥ هـ - ١٩٥٥ - ص ٥٠٢.

٢ - نديم الجسر - فلسفة الحرية في الإسلام - المؤتمر الأول لمجمع البحوث الإسلامية - الأزهر - شوال ١٣٨٣ - مارس ١٩٦٤ - ص ٣٢٠.

بها سببا لإخلال بالنظام العام المحدد بالقانون). والملاحظ على هذا النص أنه يقر بحرية العقيدة والعبادة في آن واحد إلا إذا كان الإجهار بالعبادة يشكل إخلالا بالنظام العام، والواقع أن هذا الاستثناء من شأنه تقييد حرية العقيدة، فتعبير النظام العام تعبيرا واسعا فضفاضا من شأنه تقيد حرية العقيدة لا سيما وأن المشرع هو من يحدد عناصر ومفهوم النظام العام وهذا المفهوم قابلا للتغير من وقت لآخر تبعا لاختلاف فلسفة الدولة وتشريعاتها وبالتالي فإن حدود هذه الحرية قد تختلف من وقت لأخر.

أما الإعلان العالمي لحقوق الإنسان فقد نص على أنه (لكل إنسان الحق في حرية الفكر والضمير والدين، ويتضمن هذا الحق حريته في تغيير دينه أو عقيدته سرا أو جهرا، وحده أو مشتركا مع غيره وذلك بالتعبير والمباشرة والعبادة وإقامة الشعائر)[1]. على ذلك إن الإعلان العالمي لحقوق الإنسان ينص على حرية العقيدة وما يميز هذا النص أنه جاء مفصلا في إشارته لحرية العقيدة وضمانا لتطبيق صحيح لحرية العقيدة فقد منح الإعلان لكل فرد حرية تغيير عقيدته أو دينه، والواقع أن هذه الإشارة تتماشى في جانب معين مع شريعتنا الإسلامية الغراء في جانب وتتناقض معها في جانب آخر، فالشريعة الإسلامية تجيز للكتابين الدخول في الإسلام ولا تجيز العكس، فليس للمسلم اعتناق غير الإسلام وإلا كان مرتدا مهدور الدم.

هذا إضافة إلى أن الإطلاق الذي جاء به الإعلان العالمي لحقوق الإنسان فيما يتعلق بحرية العقيدة من شأنه الإخلال بنظام الدولة الاجتماعي والديني فالإعلان يشير إلى أن (... حرية كل شخص في تغيير دينه وعقيدته سرا وجهرا وحده أو مشتركا مع غيره...) ويزداد هذا الخطر مع انتشار الحركات التبشيرية التي اتجهت لضرب الدول والمجتمعات بقاعدتها الدينية والاجتماعية مستغلة في الكثير من الأحيان الفراغ العقائدي الذي يعاني منه الشباب أو حاجتهم المادية في ظل البطالة التي اجتاحت دول العالم ولا سيما الدول الفقيرة منها.

---

١ - م (١٨) من الإعلان العالمي لحقوق الإنسان.

ونص العهد الدولي للحقوق المدنية والسياسية في المادة (١٨) منه على حرية العقيدة:

١- لكل فرد الحق في حرية الفكر والضمير والديانة، ويشمل هذا الحق حريته في الانتماء إلى أحد الأديان أو العقائد باختياره وفي أن يعبر منفردا أو مع آخرين بشكل علني أو غير علني عن ديانته أو عقيدته سواء كان ذلك عن طريق العبادة أو التقيد أو الممارسة أو التعليم.

٢- لا يجوز إخضاع أحد لإكراه من شأنه أن يعطل حريته في الانتماء إلى أحد الأديان أو العقائد التي يختارها.

٣- تخضع حرية الفرد في التعبير عن ديانته أو معتقداته فقط للقيود المنصوص عليها في القانون والتي تستوجبها السلامة العامة أو النظام العام أو الصحة العامة أو الأخلاق أو حقوق الآخرين وحرياتهم الأساسية.

٤- تتعهد الدول الأطراف في العهد الحالي باحترام حرية الآباء والأمهات والأوصياء القانونيين عند إمكانية تطبيق ذلك في تامين التعليم الديني أو الأخلاقي لأطفالهم مع معتقداتهم الخاصة).

والملاحظ أن نص المادة (١٨) من العهد الدولي للحقوق المدنية والسياسية كان قد تجاوز المآخذ المسجلة على الإعلان العالمي لحقوق الإنسان حينما أجاز لأي شخص تغيير دينه أو عقيدته، حيث نص العهد على حرية الانتماء لأحد الأديان دون أن يشير لحق الفرد في تغيير ديانته.

هذا إضافة إلى أن العهد الدولي للحقوق المدنية والسياسية لم يقيد حرية العقيدة بشرط عدم المساس بالسلامة العامة أو النظام العام أو الصحة العامة أو الأخلاق أو حقوق الآخرين وحرياتهم الأساسية، والواقع أن هذا الشرط من شأنه إهدار هذه الحرية ومصادرتها، حيث أن القيد الذي أورده العهد قيدا عاما مطلقا فضفاضا ليس له ضابط معين يمكن الاحتكام إليه (السلامة العامة - النظام العام - الصحة العامة - الأخلاق - حقوق الآخرين)، وبالتالي كان الأولى بواضعي العهد إيراد محدد آخر أكثر انضباطا

بحيث يوازن بين كفالة هذه الحرية من ناحية والمحافظة على أمن المجتمع واستقراره من ناحية أخرى.

وأورد العهد مبدأ جديد، الزم بموجبه الدول الأطراف احترام حرية الآباء والأمهات والأوصياء القانونيين بتأمين التعليم الديني لأطفالهم تمشيا مع معتقداتهم الخاصة. وكان الأولى بالعهد قصر هذا الحق على الآباء والأمهات دون الأوصياء القانونيين باعتبار أن الطفل يدين بدين أباه أو أمه ولكن ليس بالضرورة أن يدين بدين الوصي عليه وربما لجأ الأخير للتأثير على الطفل لاعتناق دينه أو تثقيفه بثقافته الدينية.

والملاحظ في العالم أن هناك اتجاه متزايد ولا سيما في الولايات المتحدة وأوروبا لتقييد حرية العقيدة بالرغم من أن غالبية هذه الدول كانت قد انضمت وصدقت على العهد الدولي للحقوق المدنية والسياسية[1].

وعلى سبيل المثال عملت الولايات المتحدة منذ أحداث سبتمبر ٢٠٠١ على التضييق على المسلمين وقيدت حريتهم في ممارسة شعائرهم الدينية وأغلقت الكثير من مساجدهم بحجة اتخاذها أماكن لاجتماع المتشددين بدلا من استخدامها أماكن عبادة.

وفي سنة ٢٠٠٤ صوت البرلمان الفرنسي لصالح القانون الذي اقترحه الرئيس (جاك شيراك) لمنع الحجاب والرموز الدينية للديانات الأخرى في المدارس والمؤسسات الرسمية. وعملا بأحكام هذا القانون طردت إحدى المدارس في مدينة (ميلوز) طالبتين من المدرسة عمر إحداهما اثنا عشر سنة والأخرى ثلاثة عشر سنة لرفضهما الظهور في المدرسة دون حجاب قبل الدخول للمدرسة.

واللافت للنظر أن الولايات المتحدة وفرنسا والعديد من الدول الأوربية كثيرا ما تفخر باحترامها حقوق الإنسان وتبنيها للجهود الدولية الراعية لحقوق الإنسان، بل أن هذه الدول كثيرا ما تنتقد بلدان العالم الثالث ومن بينها الدول العربية بحجة عدم احترامها حقوق الإنسان، وتدعوها للإقتداء بها في مجال حقوق الإنسان. وأمام هذه

١ - انضمت فرنسا للعهد الدولي للحقوق المدنية والسياسية في ١٤ نوفمبر / تشرين الثاني ١٩٨٠ وانضمت الولايات المتحدة لهذا العهد في ١٨ يونيه / حزيران ١٩٩٢.

الحقائق لنا أن نتسائل عن أي حقوق إنسان تتحدث الولايات المتحدة وأوروبا وعن أي نموذج وثقافة تسعى لفرضها على العالم الإسلامي والعربي، هل هي فعلا ثقافة حقوق الإنسان كما ينبغي أن تكون أم ثقافة حقوق الإنسان وفقا للنموذج الذي رسمته لنفسها والذي سعت من خلاله إلى ضرب العادات والتقاليد والتربية والثقافة التي ورثناها عن الإسلام وعن موروثنا التاريخي العظيم؟ ومما لاشك فيه أن الثقافة الأخيرة هي التي سعت العولمة إلى تعميمها وفرضها على العالم بأسره وعلى العالمين الإسلامي والعربي باعتبارهما جزاءا من هذا العالم.

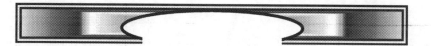

الملاحق

أولا

الإعلان العالمي لحقوق الإنسان

الديباجة:

لمـا كـان الاعتراف بالكرامـة المتأصلـة في جميـع أعضـاء الأسرة لبشرية وبحقوقهم المتساوية الثابتة هو أساس الحرية والعدل والسلام في العالم.

ولما كان تناسي حقوق الإنسان وازدراؤها قد أفضيا إلى أعمال همجية آذت الضمير الإنساني وكانت غاية ما يرون إليه عامة البشر انبثاق عالم يتمتع الفرد بحرية القول والعقيدة ويتحرر من الفزع والفاقة.

ولما كان من الضروري أن يتولى القانون حماية حقوق الإنسان لكيلا يضطر المرء إلى التمرد على الاستبداد والظلم.

ولما كانت شعوب الأمم المتحدة قد أكدت في الميثاق من جديد إيمانها بحقوق الإنسان الأساسية وبكرامة الفرد وقدره وبما للرجال والنساء من حقوق متساوية وحزمت أمرها على أن تدفع بالرقي الاجتماعي قدما وان ترفع مستوى الحياة في جو من الحرية أفسح.

ولما كانت الدول الأعضاء قد تعهدت بالتعاون مع الأمم المتحدة على ضمان اطراد مراعاة حقوق الإنسان والحريات الأساسية واحترامها.

ولما كان للإدراك العام لهذه الحقوق والحريات الأهمية الكبرى للوفاء التام بهذا التعهد.

فإن الجمعية العامة تنادي بهذا الإعلان العالمي لحقوق الإنسان:

على المستوى المشترك الذي ينبغي أن تستهدفه كافة الشعوب والأمم حتى

يسعى كل فرد وهيئة في المجتمع واضعين على الدوام هذا الإعلان نصب أعينهم إلى توطيد احترام هذه الحقوق والحريات عن طريق التعليم والتربية واتخاذ إجراءات مطردة قومية وعالمية لضمان الاعتراف بها ومراعاتها بصورة عالمية فعالة بين الدول الأعضاء ذاتها وشعوب البقاع الخاضعة لسلطانها.

المادة (١)

يولد جميع الناس أحرارا متساوين في الكرامة والحقوق، وقد وهبوا عقلا وضميرا وعليهم أن يعامل بعضهم بعضا بروح الإخاء.

المادة (٢)

لكل إنسان حق التمتع بكافة الحقوق والحريات الواردة في هذا الإعلان دون أي تمييز، كالتمييز بسبب العنصر أو اللون أو الجنس أو اللغة أو الدين أو الرأي السياسي أو أي رأي آخر أو الأصل الوطني أو الاجتماعي أو الثروة أو الميلاد أو أي وضع آخر دون أي تفرقة بين الرجال والنساء.

وفضلا عما تقدم فلن يكون هناك أي تمييز أساسه الوضع السياسي أو القانوني أو الدولي لبد أو البقعة التي ينتمي إليها الفرد سواء كان هذا البلد أو تلك البقعة مستقلا أو تحت الوصاية أو غير متمتع بالحكم الذاتي أو كانت سيادته خاضعة لأي قيد من القيود.

المادة (٣)

لكل فرد الحق في الحياة والحرية وسلامة شخصه

المادة (٤)

لا يجوز استرقاق أو استعباد أي شخص، ويحظر الاسترقاق وتجارة الرقيق بكافة أوضاعهما.

المادة (٥)

لا يعرض أي إنسان للتعذيب ولا للعقوبات أو المعاملات القاسية أو الوحشية أو الحاطة بالكرامة.

المادة (٦)

لكل إنسان أينما وجد الحق في أن يعترف بشخصيته القانونية

المادة (٧)

كل الناس سواسية أمام القانون ولهم الحق في التمتع بحماية متكافئة عنه دون أي تفرقة، كما لهم جميعا الحق في حماية متساوية ضد أي تمييز يخل بهذا الإعلان وضد أي تحريض على تمييز كهذا.

المادة (٨)

لكل شخص الحق في أن يلجأ إلى المحاكم الوطنية لإنصافه من أعمال فيها اعتداء على الحقوق السياسية التي يمنحها له القانون.

المادة (٩)

لا يجوز القبض على أي إنسان أو حجزه أو نفيه تعسفا.

المادة (١٠)

لكل إنسان الحق على قدم المساواة التامة مع الآخرين في أن تنظر قضيته أمام محكمة مستقلة نزيهة نظرا عادلا علنيا للفصل في حقوقه والتزاماته وأية تهمة جنائية توجه إليه.

المادة (١١)

١- كل شخص متهم بجريمة يعتبر بريئا إلى أن تثبت إدانته قانونا بمحاكمة علنية تؤمن له فيها الضمانات الضرورية للدفاع عنه.

٢- لا بد أن أي شخص من جراء أداء عمل أو الامتناع عن أداء عمل إلا إذا كان ذلك يعتبر جرما وفقا للقانون الوطني أو الدولي وقت الارتكاب، كذلك لا توقع عليه عقوبة أشد من تلك التي كان يجوز توقيعها وقت ارتكاب الجريمة.

المادة (١٢)

لا يعرض أحد لتدخل تعسفي في حياته الخاصة أو أسرته أو مسكنه أو مراسلاته أو لحملات على شرفه وسمعته، ولكل شخص الحق في حماية القانون من مثل هذا التدخل أو تلك الحملات.

المادة (١٣)

٣- لكل فرد حرية التنقل واختيار محل إقامته داخل حدود كل دولة.

٤- يحق لكل فرد أن يغادر أية بلاد بما في ذلك بلده كما يحق له العودة إليه.

المادة (١٤)

١- لكل فرد الحق في أن يلجأ إلى بلا أخرى أو يحاول الالتجاء إليها هربا من الاضطهاد.

٢- لا ينتفع بهذا الحق من قدم للمحاكمة في جرائم غير سياسية أو لأعمال تناقض أغراض الأمم المتحدة ومبادئها.

المادة (١٥)

١- لكل فرد حق التمتع بجنسية ما.

٢- لا يجوز حرمان شخص من جنسيته تعسفا أو إنكار حقه في تغييرها.

المادة (١٦)

١- للرجال والمرأة متى بلغا سن الزواج حق التزوج وتأسيسي أسرة دون أي قيد بسبب الجنس أو الدين، ولهما حقوق متساوية عند الزواج وأثناء قيامه وعند انحلاله.

٢- لا يبرم عقد الزواج إلا برضا الطرفين الراغبين في الزواج رضا كاملا لا إكراه فيه.

٣- الأسرة هي الوحدة الطبيعية الأساسية للمجتمع ولها حق التمتع بحماية المجتمع والدولة.

المادة (١٧)

١- لكل شخص حق التملك بمفرده وبالاشتراك مع غيره.

٢- لا يجوز تجريد أحد من ملكه تعسفا.

المادة (١٨)

لكل شخص الحق في حرية التفكير والضمير والدين، ويشمل هذا الحق حرية تغيير ديانته وعقيدته وحرية الإعراب عنهما بالتعليم والممارسة وإقامة الشعائر ومراعاتها سواء أكان ذلك سرا أو مع الجماعة.

المادة (١٩)

لكل شخص الحق في حرية الرأي والتعبير، ويشمل هذا الحق حرية اعتناق الآراء دون أي تدخل، واستقاء الأنباء والأفكار وتلقيها وإذاعتها بأية وسيلة كانت دون تقيد بالحدود الجغرافية.

المادة (٢٠)

١- لكل شخص الحق في حرية الاشتراك في الجمعيات والجماعات السلمية.

٢- لا يجوز إرغام أحد على الانضمام إلى جمعية ما.

المادة (٢١)

١- لكل فرد الحق في الاشتراك في إدارة الشؤون العامة لبلاده أما مباشرة وإما بواسطة ممثلين يختارون اختيارا حرا.

٢- لكل شخص نفس الحق الذي لغيره في تقلد الوظائف العامة في البلاد.

٣- إن إرادة الشعب هي مصدر سلطة الحكومة، ويعبر عن هذا الإرادة بانتخابات نزيهة دورية تجري على أساس الاقتراع السري وعلى قدم المساواة بين الجميع أو حسب أي إجراء مماثل يضمن حرية التصويت.

المادة (٢٢)

لكل شخص بصفته عضوا في المجتمع الحق في الضمانات الاجتماعية وفي

أن تحقق بواسطة المجهود القومي والتعاون الدولي وبما يتفق ونظم كل دولة ومواردها الحقوق الاقتصادية والاجتماعية والتربوية التي لا غنى عنها لكرامته وللنمو والحرية الشخصية.

المادة (٢٣)

١- لكل شخص الحق في العمل، وله حرية اختياره بشروط عادلة مرضية كما إن له حق الحماية عن البطالة.

٢- لكل فرد دون أي تمييز الحق في أجر متساو للعمل.

٣- لكل فرد يقوم بعمل الحق في أجر عادل مرض يكفل له ولأسرته عيشة لائقة بكرامة الإنسان تضاف إليه عند اللزوم، وسائل أخرى للحماية الاجتماعية.

٤- لكل شخص الحق في أن ينشئ وينضم إلى نقابات حماية لمصلحته.

المادة (٢٤)

لكل شخص الحق في الراحة، وفي أوقات الفراغ، ولا سيما في تحديد معقول لساعات العمل في عطلات دورية بأجر.

المادة (٢٥)

١- لكل شخص الحق في مستوى من المعيشة كاف للمحافظة على الصحة والرفاهية له ولأسرته، ويتضمن ذلك التغذية والملابس والمسكن والعناية الطبية وكذلك الخدمات الاجتماعية اللازمة، وله الحق في تأمين معيشته في حالات البطالة والمرض والعجز والترمل والشيخوخة وغير ذلك من فقدان وسائل العيش نتيجة لظروف خارجة عن إرادته.

٢- للأمومة والطفولة الحق في مساعدة ورعاية خاصتين، وينعم كل الأطفال بنفس الحماية الاجتماعية سواء أكانت ولادتهم ناتجة عن رباط شرعي أم بطريقة غير شرعية.

المادة (٢٦)

١- لكل شخص الحق في التعلم، ويجب أن يكون التعليم في مراحله الأولى والأساسية على الأقل بالمجان، وان يكون التعليم الأولي إلزاميا وينبغي أن يعمم التعليم الفني والمهني، وأن ييسر القبول للتعليم العالي على قدم المساواة التامة للجميع وعلى أساس الكفاءة.

٢- يجب أن تهدف التربية إلى إنماء شخصية الإنسان إنما كاملا، إلى تعزيز احترام حقوق الإنسان والحريات الأساسية وتنمية التفاهم والتسامح والصداقة بين جميع الشعوب والجماعات العنصرية والدينية، وإلى زيادة مجهود الأمم المتحدة لحفظ السلام.

٣- للأباء الحق الأول في اختيار نوع تربية أولادهم.

المادة (٢٧)

١- لكل فرد الحق في أن يشترك اشتراكا حرا في حياة المجتمع الثقافية وفي الاستمتاع بالفنون والمساهمة في التقدم العلمي والاستفادة من نتائجه.

٢- لكل فرد الحق في حماية المصالح الأدبية والمادية المترتبة على إنتاجه العلمي أو الأدبي أو الفني.

المادة (٢٨)

لكل فرد الحق في التمتع بنظام اجتماعي دولي تتحقق بمقتضاه الحقوق والحريات المنصوص عليها في هذا الإعلان تحققا تاما.

المادة (٢٩)

١- على كل فرد واجبات نحو المجتمع الذي يتاح فيه وحده لشخصيته أن تنمو نموا حرا كاملا.

٢- يخضع الفرد في ممارسة حقوقه وحرياته لتلك القيود التي يقررها القانون فقط، لضمان الاعتراف بحقوق الغير وحرياته واحترامها لتحقيق المقتضيات العادلة للنظام العام والمصلحة العامة والأخلاق في مجتمع ديمقراطي.

٣- لا يصح بحال من الأحوال أن تمارس هذه الحقوق ممارسة تتناقض مع أغراض الأمم المتحدة ومبادئها.

المادة (٣٠)

ليس في هذا الإعلان نص يجوز تأويله على انه يخول لدولة أو جماعة أو فرد أي حق في القيام بنشاط أو تأدية عمل يهدف إلى هدم الحقوق والحريات الواردة فيه.

ثانيا

العهد الدولي الخاص بالحقوق

الاقتصادية والاجتماعية والثقافية

الديباجة:

إن الدول الأطراف في العهد الحالي، حيث أن الكرامة المتأصلة في جميع أعضاء الأسرة الدولية وبحقوقهم المتساوية التي لا يمكن التصرف بها، يشكل استنادا للمبادئ المعلنة في ميثاق الأمم المتحدة، أساس الحرية والعدالة والسلام في العالم.

وإقرارا منها بانبثاق هذه الحقوق عن الكرامة المتأصلة في الإنسان وإقرارا منها بأن مثال الكائنات الإنسانية الحرة المتمتعة بالتحرر من الخوف والحاجة إنما يتحقق فقط، استنادا إلى الإعلان العالمي لحقوق الإنسان إذا قامت بأوضاع يمكن معها لكل فرد أن يتمتع بحقوقه الاقتصادية والاجتماعية والثقافية وكذلك بحقوقه المدنية والسياسية،

ونظرا لالتزام الدول بموجب ميثاق الأمم المتحدة بتعزيز الاحترام لحقوق الإنسان وحرياته ومراعاتها.

وتقريرا منها لمسؤولية الفرد، بما عليه من واجبات تجاه الأفراد الآخرين والمجتمع الذي ينتمي إليه، في الكفاح لتعزيز حقوقه المقررة في العهد الحالي ومراعاتها، توافق على المواد التالية.

القسم الأول

المادة (١)

١- لكافة الشعوب الحق في تقرير المصير، ولها استنادا لهذا الحق أن تقرر بحرية كيانها السياسي وأن تواصل بحرية نموها الاقتصادي والاجتماعي والثقافي.

٢- ولجميع الشعوب تحقيقا لغاياتها الخاصة أن تتصرف بحرية في ثرواتها ومواردها الطبيعية دون إخلال بأي من الالتزامات الناشئة من التعارف الاقتصادي الدولي، ولا يجوز بحال من الأحوال حرمان شعب ما من وسائله المعيشية الخاصة.

٣- على جميع الدول الأطراف في العهد الحالي، بما فيه المسؤولة عن إدارة الأقاليم التي لا تحكم نفسها بنفسها أو الموضوعة تحت الوصاية، أن تعمل من أجل تحقيق حق تقرير المصير وأن تحترم ذلك الحق تمشيا مع نصوص ميثاق الأمم المتحدة.

القسم الثاني

المادة (٢)

١- تتعهد كل دولة طرف في العهد الحالي أن تقوم منفردة ومن خلال المساعدة والتعاون الدوليين باتخاذ الخطوات، خاصة الاقتصادية والفنية ولأقصى ما تسمح به مواردها المتوفرة من أجل التوصل تدريجيا للتحقيق الكامل للحقوق المعترف بها في العهد الحالي بكافة الطرق المناسبة بما في ذلك على وجه الخصوص تبني الإجراءات التشريعية.

٢- تتعهد الدول الأطراف في العهد الحالي بضمان ممارسة الحقوق المدونة في العهد الحالي بدون تمييز من أي نوع سواء كان ذلك بسبب العنصر أو غيره أو الأصل القومي أو الاجتماعي أو بسبب الملكية أو صفة الولادة أو غيرها.

٣- يجوز للأقطار النامية مع الاعتبار الكافي لحقوق الإنسان ولاقتصادها الوطني، أن تقرر المدى الذي تضمن عنده الحقوق الاقتصادية المعترف بها في العهد الحالي بالنسبة لغير المواطنين.

المادة (٣)

تتعهد الدول الأطراف في العهد الحالي بتأمين الحقوق المتساوية للرجال والنساء في التمتع بجميع الحقوق الاقتصادية والاجتماعية والثقافية المدونة في العهد الحالي.

المادة (٤)

تقر الدول الأطراف في العهد الحالي بأنه يجوز للدولة، في مجال التمتع بالحقوق التي تؤمنها تمشيا مع العهد الحالي، أن تخضع هذه الحقوق للقيود المقررة في القانون فقط وإلى المدى الذي يتماشى مع طبيعة هذه الحقوق فقط ولغايات تعزيز الرفاه العام في مجتمع ديمقراطي فقط.

المادة (٥)

١- ليس في العهد الحالي ما يمكن تفسيره بأنه يجيز لأية دولة أو جماعة أو شخص أي حق في الاشتراك بأي نشاط أو القيام بأي عمل يستهدف القضاء على أي من الحقوق أو الحريات المقررة في هذه الاتفاقية أو تقييدها لدرجة أكبر مما هو منصوص عليه في العهد الحالي.

٢- لا يجوز تقييد حقوق الإنسان الأساسية المقررة أو القائمة في أي قطر استنادا إلى القانون أو الاتفاقات أو اللوائح أو العرف أو التحلل منها بحجة عدم إقرار العهد الحالي بهذه الحقوق أو إقرارها بدرجة أقل.

القسم الثالث

المادة (٦)

١- تقر الدول الأطراف في العهد الحالي بالحق في العمل الذي يتضمن حق كل فرد في أن تكون أمامه فرصة كسب معيشته عن طريق العمل الذي يختاره أو يقبله بحرية، وتتخذ هذه الدول الخطوات المناسبة لتأمين هذا الحق.

٢- تشمل الخطوات التي تتخذها أي من الدول الأطراف في العهد الحالي للوصول إلى تحقيق كامل لهذا الحق برنامج وسياسات ووسائل للإرشاد والتدريب الفني والمهني من اجل تحقيق نمو اقتصادي واجتماعي وثقافي مطرد وعمالة كاملة ومنتجة في ظل شروط تؤمن للفرد حرياته السياسية والاقتصادية.

المادة (٧)

تقر الدول الأطراف في العهد الحالي بحق كل فرد في المجتمع بشروط عمل صالحة وعادلة تكفل بشكل خاص:

(أ) مكافآت توفر لكل العمال كحد أدنى :

١- أجور عادلة ومكافآت متساوية عن الأعمال المتساوية القيمة دون تمييز نم أي نوع، وعلى وجه الخصوص تكفل للنساء شروط عمل لا تقل عن تلك التي يتمتع بها الرجال مع مساواة في الآجر عن الأعمال المتساوية.

٢- معيشة شريفة لهم ولعائلاتهم طبقا لنصوص العهد الحالي.

(ب) ظروف عمل مأمونة وصحية.

(ج) فرص متساوية لكل فرد بالنسبة لترقيته في عمله إلى مستوى أعلى مناسب دون خضوع في ذلك لأي اعتبار سوى اعتبارات الترقية والكفاءة.

(د) أوقات للراحة والفراغ وتحديد معقول لساعات العمل وإجازات دورية مدفوعة وكذلك مكافآت عن أيام العطلة العامة.

المادة (٨)

١- تتعهد الدول الأطراف في العهد الحالي بأن تكفل :

(أ) حق كل فرد في تشكيل النقابات والانضمام إلى ما يختار منها في حدود ما تفرضه قواعد التنظيم المعني، وذلك من أجل تعزيز وحماية مصالحه الاقتصادية والاجتماعية، ولا يجوز وضع القيود على ممارسة هذا الحق سواء ما ينص عليه في القانون مما يكون ضروريا في مجتمع ديمقراطي صالح الأمن الوطني أو النظام العام أو من اجل حماية حقوق الآخرين وحرياتهم.

(ب) حق النقابات في تشكيل اتحادات وطنية أو تعاهدات وحق هذه الأخيرة بتكوين منظمات نقابية دولية أو الانضمام إليها.

(ج) حق النقابات في العمل بحرية دون أن تخضع لأي قيود سواء ما ينص عليه في القانون مما يكون ضروريا في مجتمع ديمقراطي لصالح الأمن الوطني أو النظام العام أو من اجل حماية الآخرين وحرياتهم.

(د) الحق في الإضراب على أن يمارس طبقا لقوانين القطر المختص.

١- لا تحول هذه المادة دون فرض القيود القانونية على ممارسة هذه الحقوق بواسطة أعضاء القوات المسلحة أو الشرطة أو الإدارة الحكومية.

٢- ليس في هذه المادة ما يخول الدول الأطراف في اتفاق منظمة العمل الدولية لعام ١٩٤٨ الخاصة بحرية المشاركة وحماية الحق في التنظيم، اتخاذ الإجراءات التشريعية التي من شأنها الإضرار بالضمانات المنصوص عليها في ذلك الاتفاق أو تطبيق القانون بشكل يؤدي إلى الإضرار بتلك الضمانات.

المادة (٩)

تقر الدول الأطراف في العهد الحالي بحق كل فرد في الضمان الاجتماعي بما في ذلك التأمين الاجتماعي.

المادة (١٠)

تقر الدول الأطراف في العهد الحالي:

١- وجوب منح الأسرة أوسع حماية ومساعدة ممكنة إذ أنها الوحدة الاجتماعية الطبيعية والأساسية في المجتمع، خاصة بحكم تأسيسها وأثناء قيامها بمسؤولية رعاية وتثقيف الأطفال القاصرين ويجب أن يتم الزواج بالرضا الحر للأطراف المقبلة عليه.

٢- وجوب منح الأمهات حماية خاصة خلال فترة معقولة قبل الولادة وبعدها، ففي هذه الفترة يجب منح الأمهات العاملات إجازة مدفوعة أو إجازة مقرونة بمنافع مناسبة من الضمان الاجتماعي.

٣- وجوب اتخاذ إجراءات خاصة لحماية ومساعدة جميع الأطفال والأشخاص الصغار دون أي تمييز لأسباب أبوية أو غيرها ويجب حماية الأطفال والأشخاص الصغار من الاستغلال الاقتصادي والاجتماعي، ويجب فرض العقوبات القانونية على من يقوم باستخدامهم في أعمال تلحق الأضرار بأخلاقهم أو بصحتهم أو تشكل خطرا على حياتهم أو أن يكون من شأنها إعاقة نموهم

الطبيعي وعلى الدول كذلك أن تضع حدودا للسن بحيث يحرم استخدام العمال من الأطراف بأجر ويعاقب عليه قانونا إذا كانوا دون السن.

المادة (١١)

١- تقرر الدول الأطراف في العهد الحالي بحق كل فرد في مستوى معيشي مناسب لنفسه ولعائلته، بما في ذلك الغذاء المناسب والملبس والمسكن، كذلك في تحسين أحواله المعيشية بصفة مستمرة، وتقوم الدول الأطراف باتخاذ الخطوات المناسبة لضمان تحقيق هذا الحق، مع الإقرار بالأهمية الخاصة للتعاون الدولي القائم على الرضاء الحر في هذا الشأن.

٢- تقوم الدول الأطراف في العهد الحالي، إقرارا منها بالحق الأساسي لكل فرد في أن يكون متحررا من الجوع، منفردة أو من خلال التعاون الدولي باتخاذ الإجراءات بما في ذلك البرامج المحددة والتي تعتبر ضرورية:

(أ) من اجل تحسين وسائل الإنتاج وحفظ وتوزيع الأغذية وذلك عن طريق الانتفاع الكلي من المعرفة التقنية والعلمية وبنشر المعرفة بمبادئ التغذية وبتنمية النظم الزراعية وإصلاحها بحيث يحقق ذلك أكبر قدرة من الكفاءة في التنمية والانتفاع من الموارد الطبيعية.

(ب) من اجل تأمين توزيع عادل للمؤن الغذائية في العالم تبعا للحاجة مع الأخذ بالاعتبار مشاكل الأقطار المستوردة للأغذية والمصدرة لها.

المادة (١٢)

١- تقرر الدول الأطراف في العهد الحالي بحق كل فرد في المجتمع بأعلى مستوى ممكن من الصحة البدنية والعقلية.

٢- تشمل الخطوات للازمة التي تتخذها الدول الأطراف في العهد الحالي للوصول إلى تحقيق كلي لهذا الحق ما هو ضروري من أجل:

(أ) العمل على خفض نسبة الوفيات في المواليد وفي وفيات الأطفال من اجل التنمية الصحية للطفل.

(ب) تحسين شتى الجوانب البيئية والصناعية.

(ج) الوقاية من الأمراض المعدية والمتفشية والمهنية ومعالجتها وحصرها.

(د) خلق ظروف من شأنها أن تؤمن الخدمات الطبية والعناية الطبية في حالة المرض.

المادة (١٣)

١- تقرر الدول الأطراف في العهد الحالي بحق كل فرد في التعليم، وهي تتفق على أن توجه التعليم نحو التنمية الشاملة للشخصية الإنسانية وللإحساس بكرامتها وان تزيد من قوة الاحترام لحقوق الإنسان والحريات الأساسية كما أنها تتفق على أن يمكن التعليم جميع الأشخاص من الاشتراك بشكل فعال في مجتمع حر وأن تعزز التفاهم والتسامح والصداقة بين جميع الأمم والأجناس والجماعات العنصرية أو الدينية وأن يدعم نشاط الأمم المتحدة في حفظ السلام.

٢- تقر الدول الأطراف في العهد الحالي رغبة منها في الوصول إلى تحقيق كلي لهذا الحق بـ:

(أ) وجوب جعل التعليم الابتدائي إلزاميا ومتاحا بالمجان للجميع.

(ب) وجوب جعل التعليم الثانوي في أشكاله المختلفة بما في ذلك التعليم الثانوي الفني والمهني متاحا وميسورا للجميع بكل الوسائل المناسبة وعلى وجه الخصوص عن طريق جعل التعليم مجانيا بالتدريج.

(ج) وجوب جعل التعليم العالي كذلك ميسورا للجميع على أساس الكفاءة بكل الوسائل المناسبة وعلى وجه الخصوص عن طريق جعل التعليم مجانيا بالتدريج.

(د) وجوب تشجيع التعليم الأساسي أو تكثيفه بقدر الإمكان بالنسبة للأشخاص الذين لم يحصلوا على كامل فترة تعليمهم الابتدائي أو لم يتموها.

(هـ) وجوب متابعة تطوير النظام المدرسي على كافة المستويات وإنشاء نظام مناسب للمنح التعليمية وتحسين الأحوال المادية للهيئة التعليمية بشكل مستمر.

٣- تتعهد الدول الأطراف في العهد الحالي باحترام حرية الآباء والأوصياء القانونيين، عندما يكون تطبيق ذلك ممكن في اختيار ما يرونه من مدارس لأطفالهم، غير تلك المؤسسة من السلطات العامة، مما يتماشى مع الحد الأدنى للمستويات التعليمية التي قد تضعها الدولة أو توافق عليها وفي أن يؤمنوا لأطفالهم التعليم الديني والأخلاقي الذي يتماشى مع معتقداتهم الخاصة.

٤- ليس في هذه المادة ما يمكن تفسيره بأنه تدخل في حرية الأفراد والهيئات في تأسيس المعاهد التعليمية وتوجيهها ضمن حدود مراعاة المبادئ المدونة في الفقرة (١) من هذه المادة ومتطلبات وجوب تماشي المادة التعليمية في مثل هذه المعاهدة مع الحد الأدنى للمستويات التي تقررها الدولة.

المادة (١٤)

تتعهد كل دولة طرف في العهد الحالي والتي لم تكن، في الوقت الذي أصبحت طرفا فيه، قادرة على تأمين التعليم الابتدائي الإلزامي داخل إقليمها أو في الأقاليم الأخرى الخاضعة لولايتها بأن تعد وتتبنى خلال عامين خطة عمل مفصلة من اجل التطبيق التدريجي لمبدأ التعليم الإلزامي المجاني للجميع وذلك خلال عدد معقول من السنين يجري تحديده في الخطة المذكورة.

المادة (١٥)

١- تقر الدول الأطراف في العهد الحالي بحق كل فرد:

(أ) في المشاركة في الحياة الثقافية.

(ب) في التمتع بمنافع التقدم العلمي وتطبيقاته.

(ج) في الانتفاع بحماية المصالح المعنوية والمادية الناتجة عن الإنتاج العلمي أو الأدبي أو الفني الذي يقوم بتأليفه.

١- تشمل الخطوات التي تتخذها الدول الأطراف في العهد الحالي للوصول إلى تحقيق كلي لهذا الحق تلك التي تعتبر ضرورية من أجل حفظ وتنمية ونشر العلم والثقافة.

٢- تتعهد الدول الأطراف في العهد الحالي باحترام الحرية التي لا يستغنى عنها من أجل البحث العلمي والنشاط الخلاق.

٣- تقر الدول الأطراف في العهد الحالي بالمنافع التي يحققها تشجيع وتنمية الاتصالات والتعاون الدوليين في المجالات العلمية والثقافية.

القسم الرابع

المادة (١٦)

١- تتعهد الدول الأطراف في العهد الحالي بأن تضع، تمشيا مع هذا القسم من العهد، تقارير عن الإجراءات التي اتخذتها والتقدم الذي أحرزته في تحقيق مراعاة الحقوق المقررة في هذه الاتفاقية.

٢- (أ) تعرض جميع التقارير على الأمين العام للأمم المتحدة الذي يقوم بإرسال نسخ منها إلى المجلس الاقتصادي الاجتماعي للنظر فيها طبقا لنصوص العهد الحالي.

(ب) وعلى الأمين العام للأمم المتحدة كذلك أن يبعث إلى الوكالات المتخصصة نسخا من التقارير أو أية أجزاء منها ذات الصلة التي تضعها الدول الأطراف في هذه الاتفاقية والتي تكون أيضا من بين أعضاء الوكالات المتخصصة طالما كانت هذه التقارير أو أجزاء منها متصلة بأي من الأمور التي تدخل ضمن مسؤوليات الوكالات طبقا لمستنداتها الدستورية.

المادة (١٧)

١- على الدول الأطراف في العهد الحالي أن تقدم تقاريرها على مراحل طبقا للبرنامج الذي يضعه المجلس الاقتصادي والاجتماعي خلال عام واحد من بدء نفاذ الاتفاقية الحالية بعد التشاور مع الدول الأطراف والوكالات المتخصصة المعنية.

٢- يجوز أن تشتمل التقارير على بيان العوامل والصعوبات التي تؤثر على درجة أداء الالتزامات المنصوص عليها في العهد الحالي.

٣- ليس هناك ما يستوجب إعادة تقديم المعلومات ذات الصلة إذا سبق للدولة الطرف في هذا العهد أن قدمتها للأمم المتحدة أو لأية وكالة متخصصة ويكتفى في هذه الحالة بإشارة موجزة للمعلومات التي سبق تقديمها.

المادة (١٨)

يجوز للمجلس الاقتصادي والاجتماعي إلحاقا بمسؤولياته طبقا لميثاق الأمم المتحدة في مجال حقوق الإنسان والحريات الأساسية أن يتفق مع الوكالات المتخصصة على أن تتضمن تقاريرها إليه مدى التقدم الذي تم في تحقيق مراعاة نصوص العهد الحالي الواقعة ضمن محيط نشاطها كما يجوز أن تتضمن هذه التقارير تفصيلات القرارات والتوصيات التي اتخذتها أجهزتها المختصة بالنسبة لتطبيق تلك النصوص.

المادة (١٩)

يجوز للمجلس الاقتصادي والاجتماعي أن يبعث إلى لجنة حقوق الإنسان للدراسة ووضع التوصيات أو لمجرد العلم طبقا لما يراه مناسبا تقارير الدول الخاصة بحقوق الإنسان والمقدمة طبقا للمادتين ١٦ و ١٧ وكذلك تلك الخاصة بحقوق الإنسان والمقدمة من الوكالات المتخصصة طبقا للمادة ١٨.

المادة (٢٠)

يجوز للدول الأطراف في العهد الحالي وللوكالات المتخصصة المعنية أن تقدم تعليقاتها إلى المجلس الاقتصادي والاجتماعي حول أية توصية عامة بموجب المادة ١٩ أو إشارة لتلك التوصية العامة في أي من تقارير لجنة حقوق الإنسان أو أية وثيقة مشار إليها فيها.

المادة (٢١)

يجوز للمجلس الاقتصادي والاجتماعي أن يقدم التقارير إلى الجمعية العامة من وقت لآخر مع توصيات ذات طبيعة عامة وملخصا للمعلومات التي جرى استلامها من الدول الأطراف في الاتفاقية والوكالات المتخصصة بشأن الإجراءات المتخذة والتقدم

الذي تم إحرازه من أجل الوصول إلى مراعاة عامة للحقوق المقررة في العهد الحالي.

المادة (٢٢)

يجوز للمجلس الاقتصادي والاجتماعي أن يلفت انتباه أجهزة الأمم المتحدة الأخرى والأجهزة المتفرعة عنها والوكالات المتخصصة المعنية بتوفير المساعدة الفنية، إلى أية أمور ناشئة عن التقارير المشار إليها في هذا القسم من العهد الحالي والتي يمكن أن تساعد هذه الهيئات على وضع القرارات كلا ضمن ميدان اختصاصاتها حول أفضل الإجراءات الدولية القادرة على المساهمة في التطبيق التدريجي الفعال للعهد الحالي.

المادة (٢٣)

توافق الدول الأطراف في العهد الحالي على أن يشمل العمل الدولي من أجل تحقيق الحقوق المقررة في العهد الحالي عقد الاتفاقيات ووضع التوصيات وتقديم المساعدة الفنية وتنظيم الاجتماعات الإقليمية والفنية بالاتفاق مع الحكومات المعنية بقصد التشاور والدراسة.

المادة (٢٤)

ليس في هذا العهد ما يمكن تفسيره بأنه تعطيل لنصوص ميثاق الأمم المتحدة ودساتير الوكالات المتخصصة التي تحدد المسؤوليات الخاصة لأجهزة الأمم المتحدة المختلفة والوكالات المتخصصة فيما يتعلق بالأمور التي يعالجها العهد الحالي.

المادة (٢٥)

ليس في العهد الحالي ما يمكن تفسيره بأنه تعطيل للحق المتأصل لجميع الشعوب في التمتع بثرواتها ومواردها الطبيعية والانتفاع بها كلية وبحرية.

القسم الخامس

المادة (٢٦)

١- يجوز لأي من الدول الأعضاء في الأمم المتحدة أو في أي من وكالاتها المتخصصة التوقيع على العهد الحالي، كما يجوز ذلك لأية طرف في النظام

الأساسي لمحكمة العدل الدولية ولأية دولة أخرى تدعوها الجمعية العامة لتصبح طرفا في العهد الحالي.

٢- يخضع العهد الحالي لإجراءات التصديق وتودع وثائق التصديق لدى الأمين العام للأمم المتحدة.

٣- يجوز لأية دولة من الدول المشار إليها في الفقرة (١) من هذه المادة الانضمام للعهد الحالي.

٤- يصبح الانضمام ساري المفعول عند إيداع وثيقة الانضمام لدى الأمين العام للأمم المتحدة.

٥- يقوم الأمين العام للأمم المتحدة بإبلاغ كافة الدول التي وقعت على العهد الحالي أو انضمت إليها عند إيداع كل وثيقة من وثائق التصديق أو الانضمام.

المادة (٣٧)

١- يصبح العهد الحالي نافذ المفعول بعد ثلاثة أشهر من تاريخ إيداع وثيقة التصديق أو الانضمام الخامسة والثلاثين لدى الأمين العام للأمم المتحدة.

٢- يصبح العهد الحالي نافذ المفعول في مواجهة كل دولة تصدق عليه أو تنضم إليه في وقت لاحق على إيداع وثيقة التصديق أو الانضمام الخامسة والثلاثين، بعد ثلاثة أشهر من تاريخ إيداعها لوثيقة التصديق أو الانضمام الخاصة بها.

المادة (٣٨)

تسري نصوص العهد الحالي على كافة أجهزة الدول الاتحادية دون قيود أو إستثناءات.

المادة (٣٩)

١- يحق لكل دولة طرف في العهد الحالي اقتراح التعديلات عليه وتقديمها إلى الأمين العام للأمم المتحدة، وعلى الأمين العام تبليغ الدول الأطراف في العهد الحالي بالتعديلات المقترحة مع الطلب إليها بإخطاره فيما إذا كانت هذه الدول تفضل عقد مؤتمر للدول الأطراف من أجل النظر في المقترحات والتصويت

عليها، وفي حالة تفضيل ثلث الدول الأطراف على الأقل عقد المؤتمر فعلى الأمين العام أن يدعو إليه تحت رعاية الأمم المتحدة، ويعرض كل تعديل يحظى بموافقة أغلبية الدول الأطراف الممثلة في المؤتمر والمصوتة فيه على الجمعية العامة للأمم المتحدة للموافقة.

٢- تصبح التعديلات نافذة المفعول بعد موافقة الجمعية العامة للأمم المتحدة عليها وقبول ثلثي الدول الأطراف في العهد الحالي لها طبقا لإجراءاتها الدستورية الخاصة.

٣- تكون التعديلات بعد بدء نفاذ مفعولها، ملزمة للدول الأطراف التي قبلت بها، وتبقى الدول الأطراف الأخرى ملزمة بنصوص العهد الحالي وأية تعديلات سبق لها أن وافقت عليها.

المادة (٣٠)

على الأمين العام للأمم المتحدة، فضلا عن الإخطارات الموجهة بموجب المادة (٢٦) فقرة (٥) إبلاغ جميع الدول المشار إليها في الفقرة   (١) من نفس المادة بالتفصيلات الآتية:

(أ) التوقيعات والتصديقات والانضمامات التي تتم استنادا إلى المادة (٢٦) .

(ب) تاريخ سريان مفعول العهد الحالي بموجب المادة (٢٧)   وكذلك تاريخ سريان مفعول أية تعديلات بموجب المادة (٢٩) .

المادة (٣١)

١- يجوز إيداع العهد الحالي التي تعتبر نصوصه الصينية والإنجليزية والفرنسية والروسية والإسبانية متساوية في أصالتها في أرشيف الأمم المتحدة.

٢- على الأمين العام للأمم المتحدة أن يبعث نسخا مصدقة من العهد الحالي إلى جميع الدول المشار إليها في المادة (٢٦).

ثالثا

العهد الدولي الخاص بالحقوق

المدنية والسياسية

الديباجة:

إن الدول الأطراف في العهد الحالي:

حيث أن الاعتراف بالكرامة المتأصلة في جميع أعضاء الأسرة الدولية وبحقوقهم المتساوية التي لا يمكن التصرف بها يشكل، استنادا للمبادئ المعلنة في ميثاق الأمم المتحدة أساس الحرية والعدالة والسلام في العالم.

وإقرارا منها بانبثاق هذه الحقوق من الكرامة المتأصلة في الإنسان.

وإقرارا منها بأن مثال الكائنات الإنسانية الحرة المتمتعة بالحرية المدنية والسياسية والمتحررة من الخوف والحاجة إنما يتحقق فقط إذا قامت أوضاع يمكن معها لكل فرد أن يتمتع بحقوقه المدنية والسياسية وكذلك بحقوقه الاقتصادية والاجتماعية والثقافية.

ونظرا لالتزام الدول بموجب ميثاق الأمم المتحدة بتعزيز الاحترام العالمي لحقوق الإنسان وحرياته ومراعاتها.

وتقديرا منها لمسؤولية الفرد بما عليه من واجبات تجاه الأفراد الآخرين والمجتمع الذي ينتمي إليه في الكفاح لتعزيز الحقوق المقررة في الاتفاقية الحالية ومراعاتها.

توافق على المواد التالية:

القسم الأول

المادة (١)

١- لكافة الشعوب حق تقرير المصير ولها استنادا لهذا الحق أن تقرر بحرية كيانها السياسي وأن تواصل بحرية نموها الاقتصادي والاجتماعي والثقافي.

٢- ولجميع الشعوب تحقيقا لغايات خاصة، أن تتصرف بحرية في ثروات مواردها الطبيعية دون إخلال بأي من الالتزامات الناشئة عن التعاون الاقتصادي الدولي، القائم على مبادئ المنفعة المشتركة ولا يجوز بحال من الأحوال حرمان شعب من وسائله المعيشية الخاصة.

٣- على جميع الدول الأطراف في العهد الحالي، بما فيها المسؤولية عن إدارة الأقاليم التي لا تحكم نفسها بنفسها أو الموضوعة تحت الوصاية أن تعمل من أجل تحقيق حق تقرير المصير وان تحترم ذلك الحق تمشيا مع نصوص ميثاق الأمم المتحدة.

القسم الثاني

المادة (٢)

١- تتعهد كل دولة طرف في العهد الحالي باحترام وتأمين الحقوق المقررة في العهد الحالي لكافة الأفراد ضمن إقليمها والخاضعين لولايتها دون تمييز من أي نوع سواء كان ذلك بسبب العنصر أو اللون أو الجنس أو اللغة أو الديانة أو الرأي السياسي أو غيره أو الأصل القومي أو الاجتماعي أو الملكية أو صفة الولادة أو غيرها.

٢- تتعهد كل دولة طرف في العهد الحالي عند غياب النص في إجراءاتها التشريعية القائمة أو غيرها من لإجراءات باتخاذ الخطوات اللازمة طبقا لإجراءاتها الدستورية ولنصوص العهد الحالي من أجل وضع الإجراءات التشريعية أو غيرها اللازمة لتحقيق الحقوق المقررة في هذا العهد الحالي :

(أ) أن تكفل لكل شخص علاجا فعالا في حالة وقوع أي اعتداء على الحقوق والحريات المقررة له في هذا العهد حتى ولو ارتكب هذا الاعتداء من أشخاص يعملون بصفة رسمية.

(ب) أن تكفل لكل من يطلب بمثل هذا العلاج أن يفصل في حقه به بواسطة السلطات المختصة القضائية أو الإدارية أو التشريعية أو أية سلطة أخرى مختصة بموجب النظام القانوني للدولة وان تطور إمكانات العلاج القضائية.

(ج) أن تكفل قيام السلطات المختصة بوضع العلاج عند منحه موضع التنفيذ.

المادة (٣)

تتعهد الدول الأطراف في العهد الحالي بضمان مساواة الرجال والنساء في حق الاستمتاع بجميع الحقوق المدنية والسياسية المدونة في الاتفاقية الحالية.

المادة (٤)

١- يجوز للدول الأطراف في العهد الحالي في أوقات الطوارئ العامة التي تهدد حياة الأمة والتي يعلن عن وجودها بصفة رسمية، أن تتخذ من الإجراءات ما يحلها من التزاماتها طبقا للعهد الحالي إلى المدى الذي تقتضيه بدقة متطلبات الوضع، على أن لا تتنافى هذه الإجراءات مع التزاماتها الأخرى بموجب القانون الدولي ودون أن تتضمن تميزا على أساس العنصر أو اللون أو الجنس أو اللغة أو الديانة أو الأصل الاجتماعي فقط.

٢- ليس في هذا النص ما يجيز التحلل من الالتزامات المنصوص عليها في المواد ٦ و٧ و٨ (الفقرة ١ و ٢) و ١١ و١٥ و ١٦ و١٨.

٣- على كل دولة طرف في العهد الحالي أن تستعمل حقها في التحلل من التزاماتها أن تبلغ الدول الأخرى الأطراف في العهد الحالي فورا عن طريق الأمين العام للأمم المتحدة، بالنصوص التي أحلت منها نفسها والأسباب التي دفعتها إلى ذلك وعليها كذلك وبالطريقة ذاتها أن تبلغ نفس الدول بتاريخ إنهائها ذلك التحلل.

المادة (٥)

١- ليس في العهد الحالي ما يمكن تفسيره بأنه يجيز لأية دولة او جماعة أو شخص أي حق في الاشتراك بي نشاط أو القيام بأي عمل يستهدف القضاء على أي من الحقوق أو الحريات المقررة في هذا العهد أو تقييده لدرجة أكبر مما هو منصوص عليه في العهد الحالي.

٢- لا يجوز تقييد أي من حقوق الإنسان الحقيقية المقررة أو القائمة في أية دولة طرف في العهد الحالي استنادا إلى القانون أو الاتفاقات أو اللوائح أو العرف،

أو التحلل منها بحجة عدم إقرار الاتفاقية الحالية بهذه الحقوق أو إقرارها بدرجة أقل.

القسم الثالث

المادة (٦)

١- لكل إنسان الحق الطبيعي في الحياة، ويحمي القانون هذا الحق، ولا يجوز حرمان أي فرد من حياته بشكل تعسفي.

٢- يجوز إيقاع حكم الموت في الأقطار التي لم تلغ فيها عقوبة الإعدام بالنسبة لأكثر الجرائم خطورة فقط طبقا للقانون المعمول به في وقت ارتكاب الجريمة وليس خلافا لنصوص العهد الحالي والاتفاق الخاص بالوقاية من جريمة إبادة الجنس والعقاب عليها، ولا يجوز تنفيذ هذه العقوبة إلا بعد صدور حكم نهائي صادر من محكمة مختصة.

٣- ليس في هذه المادة إذا كان حرمان الحياة يشكل جريمة إبادة الجنس ما يخول أية دولة طرف في العهد الحالي التحلل بأي حال من أي التزام تفرضه نصوص الاتفاق الخاص بالوقاية من جريمة إبادة الجنس والعقاب عليها.

٤- لكل محكوم عليه بالموت الحق في طلب العفو أو تخفيض الحكم ويجوز منح العفو أو تخفيض حكم الموت في كافة الأحوال.

٥- لا يجوز فرض حكم الموت بالنسبة للجرائم التي يرتكبها أشخاص تقل أعمارهم عن ثمانية عشر عاما كما لا يجوز تنفيذه بامرأة حامل.

٦- ليس في هذه المادة ما يمكن لأية دولة من الدول الأطراف في العهد الحالي الاستناد إليه من أجل تأجيل إلغاء عقوبة الإعدام أو الحيلولة دون ذلك الإلغاء.

المادة (٧)

لا يجوز إخضاع أي فرد للتعذيب أو لعقوبة أو معاملة قاسية أو غير إنسانية أو مهينة وعلى وجه الخصوص فإنه لا يجوز إخضاع أي فرد دون رضائه الحر للتجارب الطبية أو العملية.

المادة (٨)

١- لا يجوز استرقاق أحد، ويحرم الاسترقاق والاتجار بالرقيق في كافة أشكالهما.

٢- لا يجوز استعباد أحد.

(أ) لا يجوز فرض ممارسة العمل على أي فرد بالقوة أو الجبر.

(ب) لا تحول الفقرة (٣) (أ) دون تنفيذ الأشغال الشاقة تطبيقا لحكم بهذه العقوبة الصادرة عن محكمة مختصة في الأقطار التي يجوز فيها فرض الأشغال الشاقة كعقوبة لإحدى الجرائم.

(ج) لا يشمل اصطلاح العمل بالقوة أو الجبر لأغراض هذه الفقرة :

١. أي عمل أو خدمة مشار إليها في (ب) مما يتطلب القيام به عادة عن كل شخص موقوف نتيجة أمر قضائي قانوني أو خلال الفترة التي يفرج عنه خلالها بشروط.

٢. أية خدمة نالت طبيعة عسكرية وكذلك أية خدمة وطنية يستلزمها القانون من المعترضين لأسباب ضميرية على الخدمة العسكرية في الأقطار التي يعترف فيها بمثل ذلك الاعتراض

٣. الخدمة المفروضة في حالة الطوارئ والكوارث التي تهدد حياة ورخاء المجتمع.

٤. أي عمل أو خدمة تشكل جزءا من الالتزامات المدنية العادية.

المادة (٩)

١- لكل فرد الحق في الحرية والسلامة الشخصية، ولا يجوز القبض على أحد أو إيقافه بشكل تعسفي، كما لا يجوز حرمان أحد من حريته على أساس من القانون وطبقا للإجراءات المقررة فيه.

٢- يجب إبلاغ كل من يقبض عليه بأسباب ذلك عند حدوثه كما يجب إبلاغه فورا بأية تهمة توجه إليه.

٣- يجب تقديم المقبوض عليه بتهمة جزائية فورا أمام القاضي أو أي موظف آخر مخول قانونيا بممارسة صلاحيات قضائية ويكون من حق المقبوض عليه أو

الموقوف أن يقدم إلى المحاكمة خلال زمن معقول أو أن يفرج عنه، ولا يكون إيقاف الأشخاص رهن المحاكمة تحت الحراسة قاعدة عامة ولكن يمكن إخضاع الإفراج للضمانات التي تكفل المثول أمام المحكمة في أية مرحلة أخرى من الإجراءات القضائية وتنفيذ الحكم إذا تطلب الأمر ذلك.

٤- يحق لكل من يحرم من حريته نتيجة إلقاء القبض أو الإيقاف مباشرة الإجراءات أمام المحكمة لكي تقرر دون إبطاء بشأن قانونية إيقافه والأمر بالإفراج عنه إذا كان الإيقاف غير قانوني.

٥- لكل من كان ضحية القبض عليه أو إيقافه بشكل غير قانوني الحق في تعويض قابل للتنفيذ.

المادة (١٠)

١- يعامل جميع الأشخاص المحرومين من حرياتهم معاملة إنسانية مع احترام الكرامة المتأصلة في الإنسان.

٢- (أ) يفصل الأشخاص المتهمون إلا في حالات استثنائية عن الأشخاص المحكوم عليهم كما يعاملون معاملة منفصلة تتناسب مع مراكزهم كأشخاص غير محكوم عليهم.

(ب) يفصل المتهمون من الأحداث عن البالغين منهم ويقدمون للقضاء بأسرع وقت ممكن.

٣- يتضمن النظام الإصلاحي معاملة السجناء معاملة تستهدف أساسا إصلاحهم وإعادة تأهيلهم اجتماعيا، ويفصل المذنبون من الأحداث عن البالغين منهم ويعاملون معاملة تتناسب مع أعمارهم ومراكزهم القانونية.

المادة (١١)

لا يجوز سجن إنسان على أساس عدم قدرته على الوفاء بالتزام تعاقدي فقط.

المادة (١٢)

١- لكل فرد مقيم بصفة قانونية ضمن إقليم دولة ما الحق في حرية الانتقال وفي أن يختار مكان إقامته ضمن ذلك الإقليم.

٢- لكل فرد حرية مغادرة أي قطر بما في ذلك بلاده.

٣- لا تخضع الحقوق المشار إليها أعلاه لأية قيود عدا تلك المنصوص عليها في القانون والتي تعتبر ضرورية لحماية الأمن الوطني أو النظام العام أو الصحة العامة أو الأخلاق أو حقوق وحريات الآخرين وتتماشى كذلك مع الحقوق الأخرى المقررة في العهد الحالي.

٤- لا يجوز حرمان أحد بشكل تعسفي من حق الدخول إلى بلاده.

المادة (١٣)

لا يجوز إبعاد الأجنبي المقيم بصفة قانونية في إقليم دولة طرف في العهد الحالي فقط استنادا إلى قرار صادر طبقا للقانون، ويسمح له ما لم تتطلب أسباب اضطرارية تتعلق بالأمن الوطني غير ذلك، بتقديم أسبابه ضد هذا الإبعاد وفي أن يعاد النظر في قضيته بواسطة السلطة المختصة أو أي شخص أو أشخاص معينين خصيصا من السلطة المختصة وفي أن يكون ممثلا لهذا الغرض أمام تلك الجهة.

المادة (١٤)

١- جميع الأشخاص متساوون أمام القضاء، ولكل فرد الحق عند النظر في أية تهمة جنائية ضده أو في حقوقه والتزاماته في إحدى القضايا القانونية، في محاكمة عادلة وعلنية بواسطة محكمة مختصة ومستقلة وحيادية قائمة استنادا إلى القانون. ويجوز استبعاد الصحافة والجمهور من المحكمة أو جزء منها لأسباب تتعلق بالأخلاق أو النظام العام أو الأمن الوطني في مجتمع ديمقراطي أو عندما يكون ذلك لمصلحة الحياة الخاصة لأطراف القضية أو المدى الذي تراه المحكمة ضروريا فقط في ظروف خاصة إذا كان من شأن العلنية أن تؤدي إلى الإضرار بمصلحة العدالة، على انه يشترط صدور أي حكم في قضية جنائية أو مدنية علنا إلا إذا اقتضت مصالح الأحداث أو الإجراءات الخاصة بالمنازعات الزوجية أو الوصاية على الأطفال إلى غير ذلك.

٢- لكل فرد متهم بتهم جنائية الحق في أن يعتبر بريئا ما لم تثبت إدانته طبقا للقانون.

٣- لكل فرد عند النظر في أي تهمة جنائية ضد الحق في الضمانات التالية كحد أدنى مع المساواة التامة:

أ- إبلاغه فورا وبالتفصيل وبلغة مفهومة لديه طبيعة وسبب التهمة الموجهة إليه.

ب- الحصول على الوقت والتسهيلات الكافية لإعداد دفاعه والاتصال بمن يختاره من المحامين.

ج- أن تجري محاكمته دون تأخير زائد عن المعول.

د- أن تجري محاكمته بحضوره وان يدافع عن نفسه أو بواسطة مساعدة قانونية يختارها هو. وان يبلغ عندما لا يكون لديه مساعدة قانونية بحقه في ذلك. وفي أن تعين له مساعدة قانونية وفي أية حالة تستلزمها مصلحة العدالة ودون أن يدفع مقابل إذا لم تكن موارده كافية لهذا الغرض.

هـ- أن يستوجب بنفسه أو بالواسطة شهود الخصم ضده وفي أن يضمن حضور شهوده واستجوابهم تحت نفس ظروف شهود الخصم.

و- أن يوفر له مترجم يقدم له مساعدة مجانية إذا لم يكن قادرا على فهم اللغة المستعملة في المحكمة أو التحدث فيها.

ز- أن لا يلزم بالشهادة ضد نفسه أو الاعتراف بأنه مذنب.

٤- تكون الإجراءات في حالة الأشخاص الأحداث بحيث يأخذ موضوع أعمارهم والرغبة في إعادة تشجيع تأهيلهم بعين الاعتبار.

٥- لكل محكوم بإحدى الجرائم الحق في إعادة النظر بالحكم والعقوبة بواسطة محكمة أعلى بموجب القانون.

٦- لكل شخص أوقعت به العقوبة بسبب حكم نهائي صادر عليه في جريمة جنائية الحق في التعويض طبقا للقانون إذا ألغي الحكم أو نال العفو بعد ذلك بسبب واقعة جديدة أو واقعة جرى اكتشافها حديثا وكشفت بشكل قاطع إخفاقا في

تحقيق العدالة، ما لم يثبت أن عدم الكشف عن الواقعة المجهولة في حينه يعود في أسبابه كليا أو جزئيا إلى هذا الشخص.

٧- لا يجوز محاكمة أحد أو معاقبته مرة ثانية عن جريمة سبق أن نال حكما نهائيا أو أفرج عنه فيها طبقا للقانون والإجراءات الجنائية للبلد المعني.

المادة (١٥)

١- لا يجوز إدانة أحد بجريمة جنائية نتيجة فعل أو امتناع عن فعل مما لم يشكل وقت ارتكابه جريمة جنائية بموجب القانون الوطني أو الدولي كما لا يجوز توقيع عقوبة أشد من العقوبة واجبة التطبيق في وقت ارتكاب الجريمة. ويستفيد المتهم من أي نص قانوني يصدر بعد ارتكاب الجريمة إذا جاء متضمنا عقوبة أخف.

٢- ليس في هذه المادة ما يحول دون محاكمة أو معاقبة أي شخص عن أي فعل أو امتناع عن فعل إذا كان ذلك يعتبر وقت ارتكابه جريمة طبقا للمبادئ العامة للقانون المقررة في المجتمع الدولي.

المادة (١٦)

لكل فرد الحق في أن يعترف به كشخص أمام القانون.

المادة (١٧)

١- لا يجوز التدخل بشكل تعسفي أو غير قانوني بخصوصيات أحد أو بعائلته أو بيته أو مراسلاته كما لا يجوز التعرض بشكل غير قانوني لشرفه أو سمعته.

٢- لكل شخص الحق في حماية القانون ضد مثل هذا التدخل أو التعرض.

المادة (١٨)

١- لكل فرد الحق في حرية الفكر والضمير والدينة،ويشمل هذا الحق حريته في الانتماء إلى أحد الأديان والعقائد باختياره وفي أن يعبر منفردا أو الآخرين بشك علني أو غير علني عن ديانته أو عقيدته سواء كان ذلك عن طريق العبادة أو التقيد أو الممارسة أو التعليم.

٢- لا يجوز إخضاع أحد لإكراه من شأنه أن يعطل حريته في الانتماء إلى أحد الأديان أو العقائد التي يختارها.

٣- تخضع حرية الفرد في التعبير عن ديانته أو معتقداته فقط للقيود المنصوص عليها في القانون والتي تستوجبها السلامة العامة أو النظام العام أو الصحة العامة أو الأخلاق أو حقوق الآخرين وحرياتهم الأساسية.

٤- تتعهد الدول الأطراف في العهد الحالي باحترام حرية الآباء والأمهات والأوصياء القانونيين عند إمكانية تطبيق ذلك في تأمين التعليم الديني أو الأخلاقي لأطفالهم تمشيا مع معتقداتهم الخاصة.

المادة (١٩)

١- لكل فرد الحق في اتخاذ الآراء دون تدخل.

٢- لكل فرد الحق في حرية التعبير وهذا الحق يشمل حرية البحث عن المعلومات والأفكار من أي نوع واستلامها ونقلها بغض النظر عن الحدود وذلك أما شفاهة أو كتابة أو طباعة وسواء كان ذلك في قالب فني أو بأية وسيلة أخرى يختارها.

٣- ترتبط ممارسة الحقوق المنصوص عليها في الفقرة (٢) من هذه المادة بواجبات ومسؤوليات خاصة. وعلى ذلك فإنها قد تخضع لقيود معينة ولكن فقط بالاستناد إلى نصوص القانون والتي تكون ضرورية.

(أ) من أجل احترام حقوق أو سمعة الآخرين.

(ب) من أجل حماية الأمن الوطني أو النظام العام أو الصحة العامة أو الأخلاق.

المادة (٢٠)

١- تمنع بحكم القانون كل دعاية من أجل الحرب.

٢- تمنع بحكم القانون كل دعوة للكراهية القومية أو العنصرية أو الدينية من شأنها أن تشكل تحريضا على التمييز أو المعاداة أو العنف.

المادة (٢١)

يعترف بالحق في التجمع السلمي. ولا يجوز وضع القيود على ممارسة هذا

الحق غير ما يفرض منها تمشيا مع القانون والتي تستوجبها في مجتمع ديمقراطي، مصلحة الأمن الوطني أو السلامة العامة أو النظام العام أو حماية الصحة العامة أو الأخلاق أو حماية حقوق الآخرين وحرياتهم.

المادة (٢٢)

١- لكل فرد الحق في حرية المشاركة مع الآخرين بما في ذلك تشكيل النقابات العامة أو الانضمام إليها لحماية مصالحه.

٢- لا يجوز وضع القيود على ممارسة هذا الحق غير تلك المنصوص عليها في القانون والتي تستوجبها في مجتمع ديمقراطي، مصالح الأمن الوطني أو السلامة العامة أو النظام العام أو حماية الصحة العامة أو الأخلاق أو حماية حقوق الآخرين وحرياتهم. ولا تحول هذه المادة دون فرض القيود القانونية على أعضاء القوات المسلحة والشرطة في ممارسة هذا الحق.

٣- ليس في هذه المادة ما يخول الدول الأطراف في "اتفاق منظمة العمل الدولية لعام ١٩٤٨ بشأن حرية المشاركة وحماية الحق في التنظيم" اتخاذ الإجراءات التشريعية التي من شأنها الإضرار بالضمانات المنصوص عليها في ذلك الاتفاق أو تطبيق القانون بشكل يؤدي إلى الإضرار بتلك الضمانات.

المادة (٢٣)

١- العائلة هي الوحدة الاجتماعية الطبيعية والأساسية في المجتمع ولها الحق في التمتع بحماية المجتمع والدولة.

٢- يعترف بحق الرجال والنساء الذين في سن الزواج وبتكوين الآسرة.

٣- لا يتم الزواج بدون الرضاء الكامل والحر للأطراف المقبلة عليه.

٤- على الدول الأطراف في العهد الحالي اتخذا الخطوات المناسبة لتأمين المساواة في الحقوق والمسؤوليات عند الزواج وأثناء قيامه وعند فسخه، ويجب النص في حالة الفسخ على الحماية اللازمة للأطفال.

المادة (٢٤)

١- لكل طفل الحق في إجراءات الحماية التي يستوجبها مركزه كقاصر على أسرته وعلى كل من المجتمع والدولة دون تمييز بسبب العنصر أو اللون أو الجنس أو اللغة أو الديانة أو الأصل القومي أو الاجتماعي أو الملكية أو الولادة.

٢- يسجل كل طفل فور ولادته ويكون له أسم.

٣- لكل طفل الحق في أن تكون له جنسية.

المادة (٢٥)

لكل مواطن الحق والفرصة دون تمييز ورد في المادة (٢) ودون قيود غير معقولة في:

(أ) أن يشارك في سير الحياة العامة أما مباشرة أو عن طريق ممثلين مختارين بحرية.

(ب) أن ينتخب وأن ينتخب في انتخابات دورية أصلية وعامة وعلى أساس من المساواة على أن تتم الانتخابات بطريق الاقتراع السري وان تضمن التعبير الحر عن إرادة الناخبين.

(ج) أن يكون له الحق في الحصول على الخدمة العامة في بلاده، على أسس عامة من المساواة.

المادة (٢٦)

إن جميع الأشخاص متساوون أمام القانون ومن حقهم التمتع دون أي تمييز بالتساوي بحمايته. ويحرم القانون في هذا المجال أي تمييز ويكفل لجميع الأشخاص حماية متساوية وفعالة ضد أي تمييز سواء كان ذلك على أساس العنصر أو الأصل القومي أو الاجتماعي أو الملكية أو صفة الولادة أو غيرها.

المادة (٢٧)

لا يجوز إنكار حق الأشخاص الذين ينتمون إلى أقليات أو دينية أو لغوية قائمة في دولة ما، في الاشتراك مع الأعضاء الآخرين مع جماعتهم في التمتع بثقافتهم أو الإعلان عن ديانتهم واتباع تعاليمها أو استعمال لغتهم.

المادة (٣)

تعتبر اللجنة تبيلغا ما غير مقبول بموجب البروتوكول الحالي إذا كان غفلا من التوقيع أو إذا رأت فيه إساءة لاستعمال حقوق تقديم مثل هذه التبليغات أو كان في نظرها ما لا يتماشى مع نصوص العهد.

المادة (٤)

١- مع مراعاة نصوص المادة (٣) تقوم اللجنة بلفت نظر الدولة الطرف في البروتوكول الحالي لأية تبليغات معروضة عليها بموجب البروتوكول الحالي وتتضمن ادعاءات لأي من نصوص العهد.

٢- على الدول التي تتسلم لفت نظر المشار إليه أن تقدم إلى اللجنة خلال شهرين تفسيرات أو بيانات كتابية توضح الأمر والحلول التي قامت باتباعها.

المادة (٥)

١- تنظر اللجنة في التبليغات التي تتسلمها بموجب البروتوكول الحالي على ضوء المعلومات الخطية التي يقدمها كل من الفرد والدولة الطرف المعنية.

٢- لا تنظر اللجنة في أي تبليغ يتقدم به أي فرد ما لم تتحقق:

(أ) أن المسألة نفسها لم يجر بحثها بموجب أي إجراء من إجراءات التحقيق أو التسوية الدولية.

(ب) أن الفرد قد استنفذ كافة الحلول المحلية المتوافرة. ولا تسري هذه القاعدة إذا كان تطبيق الحلول قد تأخر لفترة غير معقولة.

٣- تعقد اللجنة اجتماعات مغلقة أثناء بحث التبليغات بموجب البروتوكول الحالي.

٤- تبعث اللجنة بوجهات نظرها إلى كل من الدولة الطرف المعنية وكذلك إلى الشخص المعني.

المادة (٦)

على اللجنة أن تضمن تقريرها السنوي بموجب المادة (٤٥) من العهد موجزا عن نشاطها بموجب البروتوكول الحالي.

المادة (٧)

لا تحد نصوص البروتوكول الحالي بأي شكل من الأشكال ولحين تحقيق أهداف قرر الجمعية العامة للأمم المتحدة رقم ١٥١٤ (١٥) الصادر في ١٤ ديسمبر ١٩٦٠ بخصوص الإعلان بمنح الاستقلال للأقطار والشعوب المستعمرة، من حق تقديم العرائض الذي يمنحه لهذه الشعوب ميثاق الأمم المتحدة والاتفاقات والصكوك الدولية الأخرى الصادرة في ظل الأمم المتحدة ووكالاتها المتخصصة.

المادة (٨)

١- لكل دولة موقعة على العهد الحق في التوقيع على البروتوكول الحالي.

٢- لكل دولة صدقت على العهد أو انضمت إليه أن تصدق على البروتوكول الحالي وتودع وثائق التصديق لدى الأمين العام للأمم المتحدة.

٣- لكل دولة صدقت على العهد أو انضمت إليه أن تنضم إلى البروتوكول الحالي.

٤- يتم الانضمام بإيداع وثيقة الانضمام لدى الأمين العام للأمم المتحدة.

٥- على الأمين العام للأمم المتحدة إبلاغ كافة الدول التي وقعت البروتوكول الحالي أو انضمت إليه عند إيداع كل وثيقة من وثائق التصديق أو الانضمام.

المادة (٩)

١- مع مراعاة دخول العهد حيز النفاذ يصبح البروتوكول الحالي نافذ المعول بعد ثلاثة أشهر من تاريخ إيداع وثيقة التصديق أو الانضمام العاشرة لدى الأمين العام للأمم المتحدة.

٢- يصبح البروتوكول الحالي نافذ المفعول في مواجهة كل دولة تصدق عليه أو تنضم إليه في وقت لاحق على إيداع ونيقة التصديق أو الانضمام العاشر بعد ثلاثة أشهر من تاريخ إيداع ونيقة التصديق أو الانضمام الخاصة بها.

المادة (١٠)

تسري نصوص البروتوكول الحالي على كافة أجزاء الدول الاتحادية دون قيود أو إستثناءات.

المادة (١١)

١- يحق لكل دولة طرف في البروتوكول الحالي اقتراح التعديلات عليه وتقديمها إلى الأمين العام للأمم المتحدة. وعلى الأمين العام تبليغ الدول الأطراف في البروتوكول الحالي بالتعديلات المقترحة مع طلب إخطاره فيما إذا كانت هذه الدول تفضل عقد مؤتمر للدول الأطراف من أجل النظر في المقترحات والتصويت عليها. وفي حالة تفضيل ثلثا لدول الأطراف على الأقل عقد المؤتمر فعلى الأمين العام أن يدعو إلى عقده تحت رعاية الأمم المتحدة. ويعرض على كل تعديل يحظى بموافقة أغلبية الدول الأطراف الممثلة في المؤتمر والمصوتة فيه على الجمعية العامة للأمم المتحدة للموافقة.

٢- تصبح التعديلات نافذة المفعول بعد موافقة الجمعية العامة للأمم المتحدة عليها وقبول ثلثي الدول الأطراف في البروتوكول الحالي بها طبقا لإجراءاتها الدستورية الخاصة.

٣- تكون التعديلات عندما تصبح نافذة المفعول ملزمة للدول الأطراف التي قبلت بها. وتبقى الدول الأطراف الأخرى ملزمة بنصوص البروتوكول الحالي وأية تعديلات سبق لها أن وافقت عليها.

المادة (١٢)

١- لكل دولة طرف أن تنسحب من البروتوكول الحالي في أي وقت وذلك بموجب إخطار كتابي يوجه إلى الأمين العام للأمم المتحدة. ويسري مفعول الانسحاب بعد ثلاثة أشهر من تاريخ استلام الأمين العام للأمم المتحدة لهذه الأخطار.

٢- لا يؤثر الانسحاب على استمرار تطبيق نصوص البروتوكول الحالي بالنسبة لأي تبليغ قدم بموجب المادة (٢) قبل تاريخ سريان الانسحاب.

المادة (١٣)

على الأمين العام للأمم المتحدة فضلا عن الاخطارات الموجهة بموجب المادة (٨) فقرة (٥) من البروتوكول الحالي، إبلاغ كافة الدول المشار إليها في المادة (٤٨) فقرة (١) من العهد بالتفصيلات التالية :

(أ) التوقيعات والتصديقات والانضمامات التي تتم استنادا إلى المادة (٨) .

(ب) تاريخ سريان مفعول البروتوكول الحالي بموجب المادة (٩) وكذلك تاريخ سريان مفعول أية تعديلات بموجب المادة (١١) .

المادة (١٤)

١- يجري إيداع البروتوكول الحالي الذي تعتبر نصوصه الصينية والإنجليزية والفرنسية والروسية والإسبانية متساوية في أصالتها في أرشيف الأمم المتحدة.

٢- على الأمين العام للأمم المتحدة أن يبعث نسخا مصدقة من البروتوكول الحالي إلى جميع الدول المشار إليها في المادة (٤٨) من العهد.

المراجع

أولا - المراجع الشرعية:

- القرآن الكريم.

- صحيح البخاري - ج٧.

- مسند أحمد - ج٦.

- أبن العربي - أحكام القرآن - ج١.

- ابن هشام السيرة النبوية - مطبعة الحلبي - القاهرة - ط٢- ١٣٧٥ هـ - ١٩٥٥.

- ابن قدامة - المغني - ج١١.

- أبي حامد الغزالي - فضائح الباطنية وفضائل المستظهرية.

- أبي حامد الغزالي - إحياء علوم الدين - ج١- دار الغد العربي - ط٢-
  ١٩٨٦.

- أحمد بن عبد الله القلقشندي - مآثر الاناقة في معالم الخلافة - ج١.

- الكاساني - بدائع الصنائع في ترتيب الشرائع - ج١- مطبعة الجمالية - القاهرة - ١٣٢٨ هـ

- الشوكاني - نيل الاوطار - مطبعة البابي الحلبي - ط٣ - ١٩٦٣.

- الشيخ محمد شلتوت - الإسلام عقيدة وشريعة.

- السيد محمد رشيد رضا - تفسير المنار للشيخ محمد عبده - ج١- مطبعة المنار - القاهرة - ١٣٤٦ هـ -
  ١٩٢٧.

- الشيخ عطية صفر - (س) و (ج) للمرأة المسلمة - الدار المصرية للكتاب - القاهرة - ط١٠ - ١٤٠٩ هـ -
  ١٩٨٩.

ثانيا - المعاجم:

- أبن منظور - لسان العرب - المجلد الثاني.

- المعجم الوسيط - دار إحياء التراث الإسلامي - قطر - ١٩٨٥.

ثالثا - المراجع المترجمة:

-جان وليم لابيير السلطة السياسية - ترجمة الياس حنا الياس - منشورات عويدات - بيروت - باريس - ط٢- ١٩٧٧.

-جورج هو سباين - تطور الفكر السياسي- ترجمة العروسي - دار المعارف -١٩٦٣.

-جون ستيورات ميل - حول الحرية - من سلسلة (اخترنا لك) ع ٦٤.

-روبرت دال - الديمقراطية ونقادها - أصول الديمقراطية الحديثة - ترجمة نمير عباس مظفر - دار الفارس العربي للنشر والتوزيع - ١٩٩٥.

- شتراوس هوب - توازن الغد - ١٩٩٥.

-هارالد مارتين - فخ العولمة - الاعتداء على الديمقراطية والرفاهية - ترجمة د. عدنان عباس علي - مراجعة د. رمزي زكي - سلسلة عالم المعرفة - الكويت - المجلس الوطني للثقافة والفنون والآداب - ١٩٩٨.

-هو برت شييلر- المتلاعبون بالعقول - ترجمة عبد السلام رضوان - سلسلة عالم المعرفة - المجلس الوطني للثقافة والفنون والآداب - ١٩٩٩.

-وليم جيردر - عالم واحد ..... مستعدون أم لا - ١٩٧٧.

-ول ديورانت - قصة الحضارة - ترجمة د. زكي نجيب محمود - المجلد الأول - القسم الثالث.

-جيران في عالم واحد - ترجمة مجموعة من المترجمين - المجلس الوطني للثقافة والفنون والآداب سلسلة عالم المعرفة - الكويت.

رابعا - المراجع العربية:

-د. إبراهيم درويش - علم السياسة - دار النهضة العربية - القاهرة - ١٩٧٥

-د. احمد ظاهر حقوق الإنسان - دراسة مقارنة - دار الكرمل - عمان- ط٢-١٩٩٣.

-د. القطب محمد القطب طبيلية - الإسلام وحقوق الإنسان - دراسة مقارنة - دار الفكر العربي- القاهرة - ١٩٧٦.

-توفيق علي وهبة - حقوق الإنسان بين الإسلام والنظم العالمية - كتب إسلامية - ع ١١٧ - المجلس الأعلى للشؤون الإسلامية - القاهرة - ١٩٧١.

-د. حسام الشيخة - المسؤولية والعقاب عن جرائم الحرب - مع دراسة تطبيقية على جرائم الحرب في البوسنة والهرسك - ٢٠٠١.

-سعيد أبو الشعير - القانون الدستوري والنظم السياسية المقارنة - ج١ - ديوان المطبوعات الجامعية - الجزائر- ط ٢ - ١٩٩١.

-د. سمير أمين - في مواجهة أزمة عصرنا - مؤسسة الانتشار العربي - القاهرة - سينا للنشر - ١٩٩٧.

-د. سمير أمين - إمبراطورية الفوضى - ترجمة سناء أبو شقرا - دار الفارابي - بيروت - ١٩٩١.

-د. شمس الدين الوكيل - الموجز في الجنسية ومركز الأجانب - منشأة المعارف - الإسكندرية - ط- ٩٦٤.

-د. صالح جواد الكاظم - دراسة في المنظمات الدولية - بغداد - ٩٧٥.

-د. عادل الحياري - الضريبة على الدخل العام - ٩٦٨.

-د. عبد الحميد متولي - الوسيط في القانون الدستوري - دار النهضة العربية - القاهرة - ١٩٥٦.

-د. عبد الحميد متولي - القانون الدستوري والنظم السياسية - ج١- ط٤- ١٩٦٥.

-د. عبد الحميد متولي - الحريات العامة - نظرات في تطورها وضماناتها ومستقبلها - منشأة المعارف - الإسكندرية - ١٩٧٥.

-د. عبد الحميد متولي- الحقوق السياسية للمرأة في الإسلام مع المقارنة بالأنظمة الدستورية الحديثة - منشأة المعارف - الإسكندرية - ١٩٨٧.

-د. عبد المنعم محفوظ ود. نعمان أحمد الخطيب - مبادئ النظم السياسية - دار الفرقان للنشر والتوزيع - الأردن - ١٩٨٧.

-د. عبد الغني محمود - المطالب الدولية لإصلاح الضرر - ١٩٨٦.

-د. عبد العزيز محمد سرحان - الإطار القانوني لحقوق الإنسان في القانون الدولي - ١٩٨٧

-د. عبد العزيز محمد سرحان - المدخل لدراسة حقوق الإنسان في القانون الدولي - جامعة الكويت - ط٢- ١٩٨٠.

-د. عبد الواحد الفار- قانون حقوق الإنسان - دار النهضة العربية - القاهرة - ١٩٩١.

-د. عدنان محمد زرزور - العالم المعاصر - مدخل إلى الحضارة البديلة - مؤسسة الرسالة - ١٤١٠ هـ - ١٩٩٠.

-د. عز الدين عبد الله - القانون الدولي الخاص - دار النهضة العربية - القاهرة - ط ١٠ - ١٩٧٧.

-عزت السيد احمد - النظام الاقتصادي العالمي الجديد - من حرب الأعصاب إلى حرب الاقتصاد - مكتبة دار الفاتح - دمشق - ١٩٩٣.

-د. علي عبد الواحد وافي - الأسفار المقدسة في الأديان السابقة للإسلام.

-د. علي محمد علي - دراسات في علم الاجتماع السياسي - دار الجامعة المصرية - مصر- ١٩٧٧.

-د. علي منصور - نظم الحكم والإدارة في الشريعة الإسلامية.

-د. علي يوسف الشكري - النظرية العامة في القانون الدستوري - دار الاتحاد للطباعة - بنغازي - ٢٠٠٣.

-د. علي يوسف الشكري - القانون الدستوري والنظم السياسية - دار إيتراك للطباعة للنشر - القاهرة - ٢٠٠٤.

-د. عمر ممدود مصطفى - القانون الروماني - ١٩٥٤.

-د. محمد انس قاسم جعفر - النظم السياسية والقانون الدستوري - دار النهضة العربية - القاهرة - ١٩٩٩.

-د. محمد السعيد الدقاق - التشريع الدولي في مجال حقوق الإنسان - دار العلم للملايين - ١٩٨٩.

-د. محمد الغزالي - حقوق المرأة بين تعاليم الإسلام وإعلان الامم المتحدة - دار الكتب الإسلامية - ط٣- ١٤٠٤ هـ - ١٩٨٤.

-د. محمد الخالدي - الشورى - دار الجيل - بيروت.

-د. محمد اللافي - الوجيز في القانون الدولي الخاص - دراسة مقارنة - منشورات مجمع الفاتح للجامعات - ١٩٨٩.

-د. محمد حافظ غانم - المسؤولية الدولية - محاضرات ألقيت على طلبة الدبلوم العالي - ٧٧- ١٩٧٨.

-د. محمد سعيد بن سهو أبو زعرور - العولمة وماهيتها - نشأتها - أهدافها - دار البيارق - عمان - ١٤١٨هـ - ١٩٩٨.

-د. محمد سليمان الدجاني - ود. منذر سليمان الدجاني - السياسة - نظريات ومفاهيم - دار بالمينوس - عمان - أوستن - ١٩٨٦.

-د. محمد كامل ليلة - النظم السياسية - دار النهضة العربية - القاهرة - ١٩٦١.

-د. محمد نصر مهنا - علوم سياسية - دراسة في الأصول النظريات - دار الفكر العربي- القاهرة.

-د. منى محمود مصطفى - القانون الدولي لحقوق الإنسان - دار النهضة العربية - القاهرة - ١٩٨٩.

-د. ميلود المهذبي ود. إبراهيم أبو خزام - الوجيز في القانون الدستوري - الكتاب الأول - دار الجماهيرية للنشر والتوزيع والإعلان - ليبيا - ط٢- ١٤٢٦.

-د. مصطفى السباعي - المرأة بين الفقه والقانون - المكتب الإسلامي - بيروت - ط٦ - ١٤٠٤ هـ - ١٩٨٤.

خامسا – الدوريات:

- **أولا- الدوريات العلمية:**

-مجلة كلية الدراسات الإسلامية والعربية - ع ٢٦ شوال ١٤٢٤.

-المستقبل العربي - مركز دراسات الوحدة العربية - بيروت - ع ٢٢٣ - ١٩٩٧.

-المستقبل العربي - مركز دراسات الوحدة العربية - بيروت - ع ٢٢٩ - ١٩٩٨.

-المستقبل العربي - مركز دراسات الوحدة العربية - بيروت - ع ٢٥٦ - ٢٠٠٠.

-مجلة الطريق - ع ٤- تموز - آب - ١٩٩٧.

-مجلة البيان - ع ١٦٧ - أكتوبر ٢٠٠١.

-المجلة المصرية للقانون الدولي - المجلد ١١- ١٩٥٥.

-مجلة السياسة الدولية - ع ٣٩ - يناير ١٩٧٥.

-عالم الفكر - ع٤- المجلد ٣١ - أبريل ٢٠٠٣.

- **ثانيا - الدوريات الثقافية:**

- مجلة العربي - الكويت - ع ١٤٤ - نوفمبر / تشرين ثاني ١٩٧٠.

- مجلة العربي - الكويت - ع ٤٦٦ - سبتمبر / أيلول ١٩٩٧.

- مجلة الطريق - ع٤ - تموز / آب ١٩٩٧.

- **ثالثا – الصحف:**

- الأهرام المصرية - ٣٠ حزيران ٢٠٠١.

- صحيفة السفير - بيروت - ع ٨٠١٢ - السبت / ٦ حزيران ١٩٩٨.

- صحيفة الشعب - القاهرة - ١٦/٩/ ١٩٩٤.

- **رابعا- التقارير:**

- التقرير المقدم للمجموعة البحثية المختصة بشؤون الأموال الشرقية لدى وزارة العدل والشرطة السويسرية - ١٩٩٥.

- تقرير الأمم المتحدة عن التنمية في العالم - ١٩٩٤.

-التقرير الصادر عن معهد التنمية الاجتماعية التابع لمنظمة الأمم المتحدة - ١٩٩٥.

● خامسا - أعمال المؤتمرات والندوات:

- أعمال المؤتمر الأول لمجمع البحوث الإسلامية - الأزهر - ١٩٦٤.

- أعمال المؤتمر السادس لمجمع البحوث الإسلامية - الأزهر - ١٩٧١.

- أعمال مؤتمر سيرا كوزا.

- ندوة المرأة العربية والمشاركة السياسية - عمان- الأردن - ١٩٩٨.

- أعمال ندوة نساء تونس واقع وآفاق حول المرأة - مركز الدراسات والبحوث والتوثيق والإعلام - الكريديف - تونس - ١٩٩٥.

- أعمال الملتقى الثالث حول فكر معمر القذافي - الكاتب الأخضر - الشورى الإسلامية - أصولها - تطبيقها - دراسة قرآنية - الديمقراطية وحقوق الإنسان - ج٢- حقوق الإنسان - إشكالية التدويل والخصوصية - ٣٠ التمور - ٣ الحرث ١٩٩٤ - ط١- ١٩٩٥.

سادسا - المراجع باللغة الإنجليزية:

-Briggs H. W - Law of Nation - second edition - 1953.

- Carol Kennedy - Managing with the Gurus century business Books - London - 1994.

- Gittleman - The African charter on Human rights : A legal analysis - 1981.

-Kelsen (h.) - The Law of the united Nation - London - Stevens & sons - 1951.

-Schreiber (A.) - The Inter- American commission on Human rights _ Leyden - 1970.

- Sohn L. B & Buergent Hos T : International protection of Human rights - New York - 1973.

-Robert son (A. H.) A commission on Human rights for African - RDH / HRJ - vol.2- 1969.

-McKinley - The American Presidency - New York University press - 1955.

-Norris & Shelton - protecting Human rights in the American - 1982.

سابعا - المراجع الفرنسية :

-Accioly (H.) - Traite' de droit international public - Paris - 1940.

-Cassin R- La Declaration universetle ET Lamise EN Oeuvre des droit de L, homme Recueil des cours - 1951.

- H. Gros , Espiell - La convention ame'ricaine des droit de I h'omme - R. C. A. D. I. - 1989.

-J. J. Rosseau - Du contract social.

-Mandestan (A. N.) - La protection Internatinalel des droit de l' homme - R. C. A. D. I. - 1931.

- Pirre Pactet - Le rigime politique ET administritif EN France - L. G. D. J. - Paris - 1988.

-Von Der Heydte (A. F) - L' individual Le Tribiunaux Internationaux - R. C. A. D. I. - 1992.

ثامنا - أعمال المؤتمرات والندوات والتقارير والموسوعات:

-The International Encyclopedia of business & Management - 1996.

-International Monetary fund (I. M. F) , world economic outlook(October - 28 - 1997).

-Financial Action task force working status report - Paris - 1990.

-Final act of the International conference of Human rights - 3 - 4 para - UN. Doc. A conf. 32/41: UN pub E. 68.

-World resource (1996 - 1997) New York , Oxford - 1996.

- World resource (1996- 1997) The urban Environment Washington - D. C.

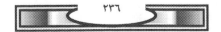

الفهرس

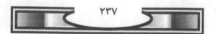

٩٦

الباب الثاني........١٠١

شذرات من حقوق الإنسان

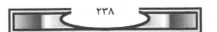

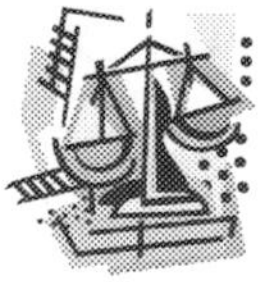

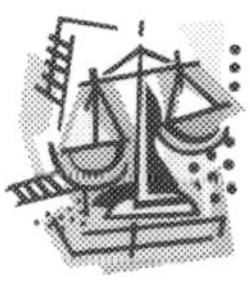

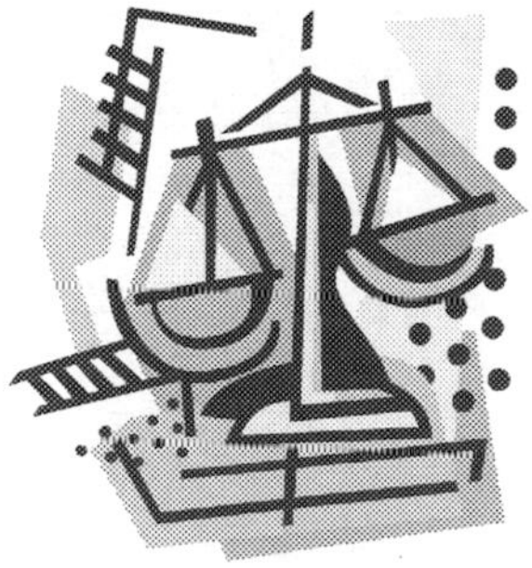

T0208194

Printed in the United States
By Bookmasters